HANGKONGFA

XUELI YANJIU

YU ZHIDU GOUJIAN

航空法
学理研究与制度构建

董念清 ◎ 著

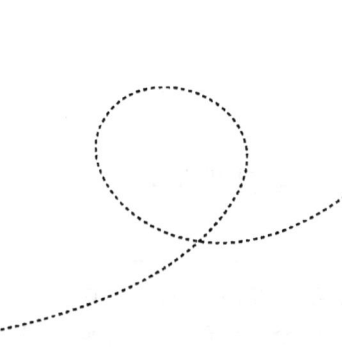

知识产权出版社
全国百佳图书出版单位
—北京—

图书在版编目（CIP）数据

航空法：学理研究与制度构建/董念清著 .—北京：知识产权出版社，2023.12
ISBN 978-7-5130-9042-1

Ⅰ.①航… Ⅱ.①董… Ⅲ.①航空法—研究—中国 Ⅳ.① D922.296.4

中国国家版本馆 CIP 数据核字（2023）第 226411 号

责任编辑：张　荣　　　　　　　　　　责任校对：潘凤越
封面设计：臧　磊　　　　　　　　　　责任印制：孙婷婷

航空法：学理研究与制度构建
董念清　著

出版发行：	知识产权出版社有限责任公司	网　　址：	http://www.ipph.cn
社　　址：	北京市海淀区气象路 50 号院	邮　　编：	100081
责编电话：	010-82000860 转 8109	责编邮箱：	107392336@qq.com
发行电话：	010-82000860 转 8101/8102	发行传真：	010-82000893/82005070/82000270
印　　刷：	北京建宏印刷有限公司	经　　销：	新华书店、各大网上书店及相关专业书店
开　　本：	720mm×1000mm　1/16	印　　张：	19.25
版　　次：	2023 年 12 月第 1 版	印　　次：	2023 年 12 月第 1 次印刷
字　　数：	314 千字	定　　价：	98.00 元
ISBN 978-7-5130-9042-1			

出版权专有　　侵权必究
如有印装质量问题，本社负责调换。

代　序

重新认识航空及航空法

　　航空对于今天的我们来说，已经再熟悉不过了。有关航空的新闻经常见诸媒体，我们经常搭乘飞机去国内各地甚至世界各国旅游，见识了不同彩绘外形的飞机，领略了各家航空公司空乘的风采，品尝了不同航空公司提供的风味各异的餐食，但这只是航空的外表而已。航空运输不仅使距离拉近，旅游便利，而且在推动全球经济发展、文化交流以及重塑世界格局等方面起到了难以估量的重要作用，这些恰恰是容易被我们忽视的。

　　实际上，对于航空的重要性，1944年《国际民用航空公约》就已经给出了前瞻性的预判："国际民用航空的未来发展对建立和保持世界各国和人民之间的友谊与了解大有帮助，而其滥用足以威胁普遍安全。"第二次世界大战后，航空的发展完全印证了上述预判。航空带动或促进了人员、资本、消费品、流行文化、技术在全球的流动和传播，对全球贸易和文化产生了广泛而深远的影响。正是这些要素的全球化，使人们重新认识世界、审视自己、规划未来。可以说，是在飞机的机翼下，全球贸易大踏步发展，文化的交流更是达到了前所未有的高度，世界因此更加繁荣并富有活力。同时，航空重塑了世界权力格局。看看世界两大飞机制造商——波音和空客，以及其身后的两大"集团"——美国和欧盟，就足以证明一切。

比较而言，我国民用航空业在最近十年才有了逐渐深入的发展。党的十八大以来，国家准确定位并快速布局，推进中国航空现代化，取得了骄人的成绩。2015年习近平总书记将航空业定位为"国家战略性产业"，同年我国自主研制的C919大型客机下线。2016年成立中国航空发动机集团有限公司，研制生产航空发动机。2017年成立中俄国际商用飞机有限责任公司，共同研发制造大型宽体客机——C929。2022年，中国商用飞机有限责任公司向中国东方航空股份有限公司交付全球首架C919大型客机，标志着C919作为合格民用航空器投入国内市场使用。C919是我国按照国际通行适航标准自行研制、具有自主知识产权的国产大型客机。

航空法对于航空的发展壮大居功至伟。航空法与航空活动如影随形，同频共振。英国于1911年就颁布《空中航行法》，并且将空域主权写进了该法。1919年签订的《巴黎空中航行管理公约》，第一次以国际条约的形式，确立了领空主权原则。1929年则诞生了第一部国际航空私法条约——《统一国际航空运输某些规则的公约》（即1929年《华沙公约》），用来规范航空公司与旅客及托运人的权利义务关系。想象一下，1911年甚或是1929年，世界航空活动发展到了什么程度？较大的客机可以运载15至20名乘客，巡航速度约为每小时100英里*，航程约为500英里。当时美国最先进、最受欢迎的飞机是洛克希德"织女星"，它能载6名乘客和1名飞行员，巡航速度约为每小时120英里，航程约为550英里。实际上国际民用航空活动到1929年才刚刚起步，也就是在航空刚刚起步阶段，有关航空的国内法和国际法就已经产生了。并且不得不佩服，先贤们在航空活动刚刚起步阶段制定的法律，竟然奠定了整个航空法制度的基础，百年之后的今天，依然稳如泰山，比如领空主权原则，比如《华沙公约》的一系列制度。一个世纪的国际航空实践证明，国际民用航空之所以能安全有序地发展，有赖于其孪生兄弟国际航空法的保驾护航。正是这些航空法律制度，确定了国际航空活动中的主要原则和规则，明确了各方主体的权利义务，推动了国际航空持续向前。

航空天然的国际性，使得航空法在很大程度上是属于国际的，但同时又是属于各国的。无论是国际航空还是国内航空，基本上是在同一法律规则下

---

* 1英里≈1.61千米。

活动的。航空活动要求各国国内航空法尽可能与国际航空法保持一致，尽可能"求同存异"，因为只有如此，才能保证国际航空活动可以安全、有序、健康、持续的发展。因此，航空法的研究，国际是基础，国内是归宿。本书从中国学者的视角，分析国际航空法律制度的生成发展、内涵和意义，以及制度背后的政治、经济、文化的因素，在此基础上，从航空实践中遇到的突出问题入手，考察我国航空法律制度，为我国航空法律制度的完善提供路径选择和制度建议，助推航空强国这一国家战略目标的实现。

2022年中共中央办公厅印发了《国家"十四五"时期哲学社会科学发展规划》，强调深入实施马克思主义理论研究和建设工程，加快中国特色哲学社会科学学科体系、学术体系、话语体系建设，壮大哲学社会科学人才队伍。加快构建中国特色哲学社会科学体系，归根结底是建构中国自主的知识体系，但愿本书能为构建我国自主的航空法学术体系和知识体系贡献一份力量。

目 录

第一章 国际航空法基本理论研究 / 001

第一节 国际航空私法条约适用的强制性 / 001
一、强制性适用的规范表述及制度内涵 / 002
二、强制性适用的传承与发展 / 007
三、强制性适用的理论基础分析 / 011
四、我国司法实践中强制性适用的问题及应对 / 015
五、结语 / 024

第二节 国际航空私法中的管辖权——兼论"第五管辖权" / 025
一、管辖权的确立 / 025
二、"签订合同的承运人的营业地"确定 / 026
三、管辖权的发展演变 / 029
四、"第五管辖权"利弊分析 / 031

第三节 国际航空法几个重要的理论与实务问题辨析 / 035
一、航空器失联、失踪、失事概念的厘清 / 035
二、航空器的搜寻和援救：搜寻期限的讨论 / 039
三、法律事实的认定：国际法的规定与国际实践 / 040
四、马航MH370索赔案件审理：法律适用与管辖权分析 / 042
五、赔偿金额的确定：《蒙特利尔公约》责任制度解析 / 046
六、结语 / 050

第四节 双边航空协定的解释与我国航空法律的完善路径 / 051
　　一、缘起与经过 / 051
　　二、双方的观点及争议所在 / 054
　　三、双边航空协定中相关条款的解释 / 057
　　四、启示与建议 / 065
　　五、结语 / 071

第二章　欧盟 261 条例研究 / 073

第一节 欧盟关于航空旅客权利的第 261/2004 号条例述评 / 073
　　一、条例的立法背景 / 073
　　二、条例的适用范围 / 074
　　三、条例的新规定 / 074
　　四、条例的现实意义 / 077
　　五、我国的应对 / 078

第二节 欧盟 261 条例解读 / 078
　　一、条例的适用对象及范围 / 079
　　二、对"运营承运人"的分析 / 081
　　三、关于拒载的规定 / 082
　　四、关于航班取消的规定 / 083
　　五、关于延误的规定 / 085
　　六、对特殊人群的关照 / 087
　　七、告知义务的履行 / 087

第三章　航空法律制度研究 / 089

第一节 1999 年《蒙特利尔公约》对中国的影响 / 089
　　一、1999 年《蒙特利尔公约》的主要规定 / 089
　　二、对我国航空运输企业的影响 / 091
　　三、对我国相关法律的影响 / 093

第二节 对我国航空人身损害赔偿法律制度及相关问题的思考 / 095
　　一、我国现行的航空旅客人身损害赔偿法律制度 / 096

二、关于国务院第 132 号令的法律效力 / 097

　　三、关于国内人身损害应制定什么样的法律 / 099

　　四、关于航班延误的赔偿问题 / 101

　　五、由空难导致的地面罹难者的赔偿问题 / 102

　　六、未成年人攀扒飞机引起的法律责任问题 / 102

第三节　评《国内航空运输承运人赔偿责任限额规定》/ 104

　　一、《规定》的发展与创新 / 104

　　二、需要进一步探讨的问题 / 106

第四节　我国国内运输中旅客权利保护研究 / 109

　　一、现行国内运输法律中关于旅客损害赔偿的规定 / 110

　　二、一般法中关于旅客损害赔偿的规定 / 116

　　三、现行法律在保护旅客权利方面的缺陷和不足 / 117

　　四、实践中的混乱做法 / 122

　　五、旅客人身损害赔偿法律制度的完善 / 124

第四章　航空法实务问题研究 / 127

第一节　航空公司机票超售的相关问题 / 127

　　一、机票（航班）超售的定义 / 127

　　二、超售对谁有益 / 129

　　三、机票超售的法律性质 / 129

　　四、机票超售的赔偿责任范围 / 130

　　五、国外有关机票超售的法律规定和司法实践 / 132

　　六、国外航空公司在机票超售后的一般做法 / 135

　　七、我国应采取的措施 / 138

第二节　"机会丧失"与损害赔偿 / 138

　　一、存活机会能否受到法律保护 / 139

　　二、拒载与被截肢之间的因果关系 / 140

　　三、拒载的理由是否正当 / 142

　　四、旅客对其病情所负的告知义务 / 144

　　五、结语 / 144

第三节　航空承运人的告知义务 / 145

　　一、承运人告知义务的国内法规定 / 145

　　二、承运人告知义务的域外法规定 / 147

　　三、我国的司法实践 / 149

　　四、承运人告知义务的履行 / 154

　　五、结语 / 158

第五章　航空器机长权力研究 / 160

第一节　机长权力的规范分析及司法实践 / 160

　　一、问题的提出 / 160

　　二、法院分析与判决 / 161

　　三、机长权力的规范分析 / 163

　　四、"必要的而又正当的措施"的解释 / 166

　　五、安全员是否有权对乘客使用手铐 / 168

　　六、结语 / 169

第二节　机长权力及其责任豁免 / 171

　　一、问题的提出 / 171

　　二、《民用航空法》赋予机长广泛的权力 / 172

　　三、机上所有人员均应服从机长管理 / 173

　　四、机长有权管束危害航空安全的行为 / 173

　　五、机长有权采取的管束措施 / 174

　　六、各国法律严惩影响机长履行职责的行为 / 175

　　七、机长因履行职责引起的法律责任应予豁免 / 175

　　八、结语 / 176

第六章　航班延误研究 / 179

第一节　航班延误的法律分析 / 179

　　一、法律意义上的航班延误 / 179

　　二、航班延误后旅客享有的权利和航空公司应尽的义务 / 182

　　三、航班延误的法律责任 / 182

四、国外有关延误的规定 / 184
　第二节　我国航班延误的现状、原因及治理路径 / 186
　　一、我国航班延误的现状及主要原因 / 186
　　二、治理航班延误需要解决的主要矛盾 / 188
　　三、我国航班延误的治理路径 / 193
　　四、结语 / 201

第七章　通用航空研究 / 202

　第一节　我国通用航空的发展现状 / 202
　第二节　我国通用航空发展困境分析 / 206
　　一、困境之一：空域无法有效使用 / 206
　　二、困境之二：通用机场严重不足 / 207
　　三、困境之三：专业技术人员（飞行员）严重短缺 / 208
　第三节　我国通用航空发展对策探析 / 210
　　一、空域资源的使用：以国家立法明确空域的管理与使用 / 211
　　二、通用机场不足：加大政府扶持力度 / 213
　　三、专业技术人员（飞行员）短缺：走市场化道路 / 215

第八章　通用航空争议解决年度观察 / 217

　第一节　争议解决年度观察（2014）/ 217
　　一、我国通用航空发展现状 / 217
　　二、促进通用航空发展的法律法规或其他规范性文件 / 220
　　三、典型案例 / 226
　　四、学术热点 / 230
　　五、总结与展望 / 233
　第二节　争议解决年度观察（2015）/ 234
　　一、概述 / 234
　　二、新出台的法律法规或其他规范性文件 / 238
　　三、典型案例 / 241
　　四、热点问题 / 244

五、总结与展望 / 247
第三节　争议解决年度观察（2016）/ 248
　　一、概述 / 248
　　二、新出台的法律法规或其他规范性文件 / 251
　　三、典型案例 / 254
　　四、热点问题 / 261
　　五、总结与展望 / 264
第四节　争议解决年度观察（2017）/ 265
　　一、五年回顾与概述 / 265
　　二、新出台的法律法规或其他规范性文件 / 278
　　三、典型案例 / 280
　　四、热点问题 / 288
　　五、总结与展望 / 291

后　记 / 293

第一章
国际航空法基本理论研究

第一节　国际航空私法条约适用的强制性[*]

国际航空私法条约的适用是国际法上一个重大的理论问题，也是在国内法院司法审判中必须面对的问题。在国际航空私法条约的适用上，1929年《华沙公约》[①]建立了公约的强制性适用原则，只要满足公约所定义的"国际运输"，公约的规定无条件适用。1999年的《蒙特利尔公约》[②]完整地继承了《华沙公约》的这一原则。强制性适用原则确保了《华沙公约》一系列规则的落地实施，因为"无论责任在何地造成，也无论索赔请求在何地提起，都能确定适用同一法律"[③]，这也是《华沙公约》被公认为是国际私法领域实行统一规则的一个成功范例的原因所在。"公约的作者成功地建立了一个在当时极为先进的制度。它全面、简明，讲究实际；从总体上说，对有关当事各方是公

---

[*] 本节发表于《中国法学》2020年第1期。本书收录时略作修改。

[①] 全称为《统一国际航空运输某些规则的公约》(Convention for the Unification of Certain Rules Relating to International Carriage by Air)，1929年10月12日签署于波兰华沙，1933年2月13日起生效。《华沙公约》已对152个国家生效。参见《现行多边航空法条约缔约国名单》(Current Lists of Parties to Multilateral Air Law Treaties)，载国际民航组织官网，https://www.icao.int/secretariat/legal/List%20of%20Parties/WC-HP_EN.pdf，最后访问时间：2020年1月12日。

[②] 全称为《统一国际航空运输某些规则的公约》(Convention for the Unification of Certain Rules for International Carriage by Air)，1999年5月28日签署于加拿大蒙特利尔，2003年11月4日起生效，现有136个当事国。载国际民航组织官网，https://www.icao.int/secretariat/legal/List%20of%20Parties/Mtl99_EN.pdf，最后访问时间：2020年1月12日。

[③] Robert P. Boyle, The Warsaw Convention-Past, Present and Future, Essays In Air Law, Martinus Nijhoff Publishers, 1982, p.2.

正的。"① 正因为如此，《华沙公约》所建立的统一民事责任制度，"已成为任何一个国家发展和开拓国际航空运输必不可少的法律依据"②，它避免了在国际航空运输中的法律冲突，推动了国际航空运输事业的发展与繁荣。但是，《华沙公约》建立的强制性适用原则，在被国内研究者所忽略或忽视的同时，我国法院在司法实践中也未能准确理解和适用。对于国际航空运输案件来讲，我国法院并未严格遵守强制性适用原则，或以"国籍国"标准确定是否适用公约，或允许当事人选择法律，或直接适用其他法律作为裁判案件的依据，或依据国内法确定法院管辖权。凡此种种，不仅与《华沙公约》所建立的强制性适用原则背道而驰，而且未能履行我国承担的国际条约义务，最终可能导致案件裁判结果的不公。因此，对《华沙公约》的强制性适用原则予以深入分析，透彻理解其含义，在审判实践中予以正确适用，无论是对于国际法条约适用理论的研究，还是我国的司法实践，以及我国国际航空运输的发展，都具有重要的理论和现实意义。

一、强制性适用的规范表述及制度内涵

《华沙公约》于 1929 年制定，是第一部规范国际航空运输法律关系的国际条约，在统一国际航空运输实体私法方面，厥功至伟。《华沙公约》的统一性，是通过规定公约的强制性适用得以实现的。强制性适用，是指只要满足公约所定义的"国际运输"，不管运输合同的双方当事人和受理案件的法院同意与否，公约的内容都必须无条件适用。换言之，公约的适用，不取决于运输合同双方当事人的意愿，也不取决于受理案件的法院的意愿，当事人及法院愿意与否，并不能决定公约的适用或不适用。下面予以具体分析。

（一）公约的适用与当事人的国籍无关

《华沙公约》第 1 条的规定如下：

本公约适用于所有以航空器运送旅客、行李或货物而收取报酬的国际运

---

① Bin Cheng, Fifty Years of the Warsaw Convention: Where Do We Go From Here? 28 Zeitschrift fuer Luft- und Weltraumrecht 373, 373 (1979); Chia-Jui Cheng, Studies in International Air Law: Selected Works of Bin Cheng, Brill Nijhoff, 2018, p.675.

② 王瀚：《华沙国际航空运输责任体制法律问题研究》，西安：陕西人民出版社 1998 年版，第 1 页。

输。本公约同样适用于航空运输企业以航空器履行的免费运输。

　　本公约所称的"国际运输"，系指根据各当事人所订合同的约定，不论在运输中是否有间断或转运，其始发地点和目的地点是在两个缔约国的领土内，或者在一个缔约国的领土内，而在另一个缔约国，甚至非缔约国的主权、宗主权、委任统治权或权力管辖下的领土内有一个约定的经停地点的任何运输。在同一缔约国的主权、宗主权、委任统治权或权力管辖下的领土间的运输，如果没有这种约定的经停地点，对本公约而言，不是国际运输。

　　根据上述规定，是否适用公约的依据或标准，取决于该运输是不是公约意义上的"国际运输"。而确定"国际运输"的核心因素有二：一是运输合同所显示的"始发地点和目的地点"；二是"始发地点和目的地点"所在的国家是否为公约的缔约国。换言之，只要承运人与旅客（或托运人）双方合同显示的始发地点、目的地点所在的国家均为公约的缔约国，或者"始发地点、目的地点是在同一个缔约国内，而在另一国（即使该国为非缔约国）有一约定的经停地点，便是公约所定义的国际运输"[①]，应适用公约的规定。这里的连结点是"始发地点和目的地点"，而非承运人、旅客或托运人的国籍，承运人、旅客（或托运人）的国籍在所不问。"一般而言，国际运输必须是在两个缔约国的领土内，或在往返运输的情况下是在一个缔约国的领土内，而在另一个国家有一个经停地，旅客的国籍、承运人的国籍与国际运输的确定没有关系。"[②]进而言之，承运人、旅客（或托运人）的国籍国是否批准公约，与公约的适用毫无关系。

　　对此，美国佛罗里达南区联邦地区法院法官霍兰德（Holland）进一步分析指出："公约并不关心国民的互惠待遇。它的目的是统一与国际航空运输有关的规则。公约中根本没有规定将国籍作为适用公约的条件，相反，公约的规定将会影响所有的诉讼当事人的权利。应该注意的是，公约与旅客和承运人的国籍没有关联，公约将其适用性完全建立在运输的性质和特征上，正如公约第一章第1条所定义和限定的那样。公约设计的初衷是建立国际航空运

[①] Lawrence B. Goldhirsch, The Warsaw Convention Annotated: A Legal Handbook, Kluwer Law International, 2000, p.19.
[②] Lawrence B. Goldhirsch, The Warsaw Convention Annotated: A Legal Handbook, Kluwer Law International, 2000, p.14.

输当事人权利和责任的国际标准，而且公约也被批准了的国家的法院所适用，如格雷（Grein）诉帝国航空公司（Imperial Airways）案。事实是，旅客和承运人任何一方的国籍在公约的适用上不在考虑之列。"①

正是因为公约以"始发地点和目的地点"所在的国家是否是公约的缔约国为依据确定国际运输，所以是否适用公约，与当事人的国籍无关，与当事人国籍国是否批准公约无关。

（二）公约的适用不能通过特别协议更改

《华沙公约》规定了承运人的责任及其限额，但这种责任和限额有可能被当事人通过协议的方式予以减免，为此，公约第23条规定："旨在免除承运人的责任，或定出一个低于本公约所规定责任限额的任何条款，均属无效，但合同仍受本公约规定的约束，并不因这些条款无效而无效。"这一规定，明确了与公约规定相违背的条款无效，但运输合同仍然有效，实质是排除承运人单方在运输合同中加入于己有利的条款，避免合同双方权利义务的失衡。然而，公约并未就此止步，第32条在此基础上进一步明确了公约适用的强制性："运输合同的任何条款和在损失发生以前达成的所有特别协议，其当事人借以违反本公约规则的，无论是选择所适用的法律还是变更有关管辖权的规则，均属无效。"在合同中选择准据法是当事人意思自治的体现。公约的上述规定，直截了当地告诉合同当事人，企图通过合同条款改变公约适用的强制性，不具有法律效力。正是由于公约的强制性规定，所以承运人在其早期的运输总条件中，一般均写明适用《华沙公约》及其相关议定书。

（三）公约排除了国内法的适用

《华沙公约》第24条规定："（1）在第十八条（托运行李或货物因毁灭、遗失或损坏而产生的损失）、第十九条（旅客、行李或货物在航空运输期间，因延误而产生的损失）规定的情况下，任何责任诉讼，不论其根据如何（however founded），只能按照本公约所规定的条件和限额提起。（2）在第十七条（旅客身体伤害产生的损失）所规定的情况下，同样适用前款规定，但不妨碍确定谁有权提起诉讼以及他们各自的权利。"如果说第1条关于公约

---

① Glenn et al. v. Compania Cubana de Aviation，102 F. Supp.631, 633（S.D. Fla.1952）.

强制适用的规定尚不足以引人注意，那么这一关于所有索赔诉讼就只能按照公约规定的条件和限额提起的条款，却是掷地有声，十分抢眼。"这里的'不论根据如何'有两重含义，其一，强调了华沙规则的强制性，即凡属第十七、十八、十九条范围的旅客、行李、货物的损害赔偿，只能适用华沙规则，排除了另外适用一国国内法规则的可能；其二，不论是根据合同还是侵权行为起诉，一律适用。"[1] 需要指出的是，公约的强制性，并不影响诉讼程序等方面适用当地法或法院地法，对此公约本身也做了明确规定，如关于"促成过失"的认定[2]、赔偿金的定期支付[3]、"有意的不良行为"的解释[4]、诉讼程序问题[5]、诉讼时效的计算方法[6] 等。同时，对于《华沙公约》未做出规定的内容，也不排除适用国内法的可能。

《华沙公约》第24条之所以这样规定，目的在于排除以责任竞合为由规避公约的做法。在许多国家，原告可以选择是根据违约责任还是根据侵权责任来索赔。"如果原告根据违约责任提起诉讼，法院有可能依据违约责任不得附有限额的合同法原则拒绝适用公约中的赔偿责任限额，或者在限额外加判违约金。这必然会减损公约的普遍适用性，破坏公约的完整性和严肃性。"[7]

（四）公约排除了当事人选择法院

管辖权的规定或许是《华沙公约》最大的成就。[8]《华沙公约》第28条规定："有关赔偿的诉讼，应该按原告的意愿，在一个缔约国的领土内，向承运人住所地或其主营业所所在地或签订合同的机构所在地法院提起，或向目的地法院提起。"本条将原告可以起诉的法院限定在上述四个地点所在地的法院，是强制性规定。"第28条限定了可起诉的法院数目，只能向该条明确规

---

[1] 赵维田：《国际航空法》，北京：社会科学文献出版社2000年版，第256页。
[2] 参见《华沙公约》第21条。
[3] 参见《华沙公约》第22条第1款。
[4] 参见《华沙公约》第25条第1款。
[5] 参见《华沙公约》第28条第1款。
[6] 参见《华沙公约》第29条第2款。
[7] 中国民用航空总局政策法规司：《1999年统一国际航空运输某些规则的公约精解》（内部发行），第195页。
[8] Julian Hermida, The New Montreal Convention: The International Passenger's Perspective. 26 Air & Space Law 150, 151 (2001).

定的法院提起。"[1]

航空诉讼实践表明，一旦发生纠纷，特别是涉及旅客人身伤亡的，旅客一方都力图摆脱《华沙公约》关于管辖权的规定，通过挑选法院地，规避公约责任限额的规定，以便获得高额赔偿。有许多案件，当事人选择在美国起诉，企图通过适用美国的国内法，获得较高的赔偿。《华沙公约》则以上述第28条的规定，"排除原告挑选法院或与被告协议选择法院的可能性"[2]，其目的就是防止原告通过挑选法院而规避公约的适用。

对于排除当事人选择法院，公约在制度设计上不仅通过第28条的规定，明确限定当事人可以起诉的法院，而且，公约第32条规定，通过运输合同条款或达成特别协议的方式，变更公约有关管辖权的规定，均属无效。一言以蔽之，只能在公约限定的法院范围内起诉。

不论是不允许当事人通过特别协议更改公约的规定，还是排除国内法的适用，甚至是不允许当事人选择法院，这一切，都是为了确保公约规定的推定过失责任和限额赔偿两大制度得以实施。推定过失责任和限额赔偿构成了《华沙公约》的两大基石。公约规定，旅客因死亡、受伤或任何其他身体伤害而产生的损失，托运的行李或货物的毁灭、遗失或损坏而产生的损失，以及旅客、行李或货物在航空运输期间因延误产生的损失，承运人都应当承担责任。[3] 如果承运人想减轻或免除其责任，必须证明承运人本人及其受雇人为了避免损失的发生，已经采取了一切必要措施，或不可能采取此种措施，[4] 或证明损失是由于受害人的过失造成或促成的。[5] 作为对承运人推定过失责任制的交换，公约在承运人的赔偿责任上，实行限额原则，即承运人承担的赔偿责任不能超过公约规定的限额。[6]《华沙公约》制定之初，航空运输刚刚起步，既要保护尚在襁褓中的航空业，还要照顾到旅客的利益，如何平衡二者的利益，是立法者不得不考虑的问题。公约的制定者通过推定过失责任制，让承

---

[1] Rotterdamsche Bank v. BOAC (and Aden Airways), High Court of Justice, Queen's Bench Division (United Kingdom), 18 February 1953; (1953) USAvR 163.
[2] 王瀚：《华沙国际航空运输责任体制法律问题研究》，西安：陕西人民出版社1998年版，第20页。
[3] 参见《华沙公约》第17、18、19条。
[4] 参见《华沙公约》第20条。
[5] 参见《华沙公约》第21条。
[6] 参见《华沙公约》第22条。

运人承担责任，但同时对承运人赔偿责任予以限制的制度设计，来达到平衡二者利益的目的。航空运输的实践表明，公约的制定者的做法是成功的，因为《华沙公约》从1933年生效到2003年《蒙特利尔公约》生效取代它，施行了整整70年。

综上，《华沙公约》建立了一整套自身独有的适用理论和规则体系：第一，通过规定其适用范围，将强制适用写进了公约。只要运输是公约第1条所称的国际运输，且不存在第2条第2款[①]、第34条[②]的例外情况，公约的规定都必须予以适用。第二，排除了当事人通过协议免除责任或降低责任限额。第三，以公约一般条款的形式，将当事人通过协议约定法律适用或变更管辖权的做法，判定为无效，进一步明确并强化了公约的强制适用。第四，排除国内法的适用。航空运输中有关旅客、行李及货物的损害赔偿，只能依据公约规定的条件和限额提起。第五，法院法定，即通过明确规定有管辖权的法院，排除了当事人选择法院的可能性。由此可以看出，《华沙公约》的上述规定层层递进、由表及里，为公约的强制适用上足了保险，确保了公约责任制度的实施。

二、强制性适用的传承与发展

《华沙公约》生效之后，在长达将近半个世纪的时间里，有多个议定书、公约对其进行了修订或补充[③]，直至1999年《蒙特利尔公约》对其进行了全面修订，实现了《华沙公约》及其相关法律文件的"一体化和法典化"[④]。从

---

① Art. 2（2）："This Convention shall not apply to carriage performed under the terms of any international postal Convention."
② Art. 34："This Convention shall not apply to international carriage by air performed by way of experimental trial by air navigation enterprises with the view to the establishment of a regular lines of air navigation, nor shall it apply to carriage performed in extraordinary circumstances outside the normal scope of an air carrier's business."
③ 对《华沙公约》做出修订和补充的议定书和公约有：1955年《海牙议定书》、1961年《瓜达拉哈拉公约》、1971年《危地马拉议定书》、1975年4个《蒙特利尔议定书》。《华沙公约》与上述议定书、公约被统称为"华沙体制"。
④ 《蒙特利尔公约》第55条规定，该项国际航空运输在本公约当事国之间履行，而这些当事国同为1929年《华沙公约》、1955年《海牙议定书》、1961年《瓜达拉哈拉公约》、1975年《危地马拉议定书》以及1975年的4个《蒙特利尔议定书》的当事国，在此情况下，《蒙特利尔公约》应当优先于国际航空运输所适用的任何规则。即在《蒙特利尔公约》生效后，将在公约当事国之间产生替代《华沙公约》及修订其的相关议定书和条约的效力。

1929年《华沙公约》的诞生到1999年《蒙特利尔公约》的出台，在整整70年不断修订完善的过程中，《华沙公约》所建立的强制性适用原则是否发生了变化？后续的法律文件是坚持还是修正或彻底抛弃了这一原则呢？

（一）"国际运输"的定义未有实质改变

就公约适用的强制性而言，在众多修订《华沙公约》的议定书或条约中，1955年《海牙议定书》和1999年《蒙特利尔公约》对《华沙公约》所界定的"国际运输"的定义进行了修订，但二者的修改并未改变公约强制适用的实质。《华沙公约》所界定的"国际运输"，除始发地点和目的地点分别在两个不同的缔约国内的运输外，还包括另外一种情形：始发地点和目的地点在一个缔约国的领土内，但在另一个缔约国，甚至非缔约国的主权、宗主权、委任统治权或权力管辖下的领土内有一个约定的经停地点的任何运输。《海牙议定书》基于第二次世界大战后许多殖民地、附属国独立的事实，将上述第二种情形简化为始发地点和目的地点在一个缔约国的领土内，但在另一个国家有一个约定的经停地点，即使该国是非缔约国，① 即"主权、宗主权、委任统治权"等领土内的约定经停地点不再包括。1999年《蒙特利尔公约》则在《海牙议定书》的基础上，仅仅将"缔约国"（High Contracting Party）改成了"当事国"（State Party）。② 此外，上述议定书或条约对公约的一些重要修订和增补，如提高责任限额、对实际承运人的规范等，均是在公约最初的框架内进行的，③ 且特别强调修改后的内容均适用于《华沙公约》所定义的国际航空运输。④

（二）不允许通过协议改变公约适用的规定一脉相承

在限制当事人通过协议免除责任或降低责任限额方面，1999年《蒙特利尔公约》第26条可以说是《华沙公约》第23条的翻版。同时，1961年《瓜

---

① 《海牙议定书》第1条。
② 《蒙特利尔公约》第1条第2款。
③ Georgette Miller, Liability in International Air Transport, Kluwer, 1977, p.7.
④ 参见《海牙议定书》第18条、《瓜达拉哈拉公约》第1条（a）项、《危地马拉议定书》第16条、《蒙特利尔第一号附加议定书》和《蒙特利尔第二号附加议定书》的第3条、《蒙特利尔第三号附加议定书》第4条、《蒙特利尔第四号附加议定书》第14条。

达拉哈拉公约》和1999年《蒙特利尔公约》引入了实际承运人的概念，并将相关责任扩展到实际承运人，但不允许通过合同条款免除责任或降低责任限额的公约理念并未改变，不管是免除缔约承运人的责任，还是免除实际承运人的责任，抑或是降低责任限额，所有这样的条款，均属无效。[①]

在限制当事人通过协议更改公约的适用上，1961年的《瓜达拉哈拉公约》，严格遵守《华沙公约》的规定，只字未改。[②]1999年《蒙特利尔公约》只是删除了《华沙公约》第32条中的货物运输可以采用仲裁条款的规定，其他原样保留，并且为该条新加了标题——"强制适用"（mandatory application）。[③]但1999年《蒙特利尔公约》并未就此止步，它明确规定货物运输争议如通过仲裁方式解决，适用公约必须是仲裁条款或仲裁协议的应有内容，如仲裁条款或协议与公约关于货物仲裁的规定不一致，则仲裁条款或协议无效。[④]为了避免当事人规避公约的适用和选择法院，《华沙公约》规定当事人关于选择适用的法律和变更管辖权的任何合同条款或事先特别协议均属无效，但对于货物运输的仲裁条款则网开一面，这就有可能导致货物运输争议不适用公约的情况。《蒙特利尔公约》则通过将仲裁单列一条的方式，详加规定，将此漏洞补上，旗帜鲜明地强调货物运输仲裁也必须适用公约的规定。

（三）"只能按照本公约规定的条件和限额提起"这一根基未曾动摇

同样，对于公约的强制性适用，其后的条约或议定书虽有一些不同程度的修改，但《华沙公约》所确定的原则和基调，即"任何责任诉讼，不论其根据如何，只能按照本公约规定的条件和限额提起"，却未曾动摇。后续的议定书或公约只是在《华沙公约》的基础上，进一步予以完善。这种完善体现在：第一，对于"不论根据如何"做了进一步澄清和解释。针对《华沙公约》的"不论其根据如何"这一语焉不详的表述，1971年的《危地马拉议定书》具体指出了依据所在："不论根据如何，是根据本公约，根据合同，还是

---

① 参见《瓜达拉哈拉公约》第9条第1款和《蒙特利尔公约》第47条。
② 参见《瓜达拉哈拉公约》第9条第3款。
③ 参见《蒙特利尔公约》第49条。
④ 参见《蒙特利尔公约》第34条。

由于侵权行为或任何其他原因。"①这就是说，不管起诉的理由是什么，是依据运输合同，还是侵权行为，抑或是依据公约规定，都只能按照公约的规定进行，除此，别无选择。即便如此，立法者还是觉得不放心，后面又增加了"任何其他原因"，其目的是将试图以各种理由排除《华沙公约》适用的行为统统挡在门外，彰显了立法者统一国际航空运输规则的决心，唯如此，才能确保《华沙公约》的规则得到真正适用。第二，体例上的变化。1999年《蒙特利尔公约》则一改《华沙公约》和《危地马拉议定书》将货物、旅客行李运输分列两款分别规定的做法，而是将其合并规定，即"在旅客、行李和货物运输中，有关损害赔偿的诉讼，不论其根据如何，是根据本公约、根据合同、根据侵权，还是根据其他任何理由，只能按照本公约所规定的条件和限额提起"②。由此可以看出，《蒙特利尔公约》也只是形式方面的变化，内容方面并无任何实质改变。准确地说，《蒙特利尔公约》完整地继承了《危地马拉议定书》的表述。而且，《蒙特利尔公约》对该条新加的标题就是"索赔的根据"（Basis of Claims），这样从名称和内容两方面对公约适用的强制性作了清晰界定。

（四）不允许当事人选择法院的规定始终如一

在管辖权方面，有一个较大的变化，这就是1971年《危地马拉议定书》新增了一个管辖法院，即旅客有住所或永久居所的缔约国法院，且承运人在该法院的管辖范围内设有机构。1999年《蒙特利尔公约》也新增了一个管辖法院，但其表述与1971年《危地马拉议定书》的表述稍有不同：事故发生时旅客的主要且永久居所所在地的当事国法院，且承运人经营到达该国领土或从该国领土始发的航空运输业务及其他旅客运输业务。③从表面上看，具有管辖权的法院增加了，但法院的增加，是公约规定的结果，而不是当事人选择的结果。新增管辖法院并未改变公约对于当事人选择法院的禁止。对于管辖法院，《危地马拉议定书》和《蒙特利尔公约》秉持了《华沙公约》的理念，排除当事人的选择。

---

① 参见《危地马拉议定书》第9条。
② 参见《蒙特利尔公约》第29条。
③ 参见《蒙特利尔公约》第33条第2款。

总之，不管之后的议定书或公约怎么修改，《华沙公约》所确立的强制性适用原则却始终未变，得以传承下来，成为国际航空私法条约的一大特色和亮点。究其原因，是国际航空运输的发展使然。航空运输的国际性需要一套统一的法律规则，以保证国际航空运输的发展。国际商业航空发展之初，航空经营人、乘客、托运人面临着同样的法律难题，即在许多国家，对于乘客人身伤亡有着不同的法律基础和责任限制。个案中如何适用这些不同的法律理论和责任限额是不确定的，在许多情况下取决于审理案件的法院地法律，以及与之相关的冲突法理论。即使是根据法院地法律，是侵权责任还是合同责任也不确定。而且，对航空经营人而言，最为复杂的是，一次航空事故，将会在许多具有不同管辖权的法院提起。[1] 基于上述原因，1925 年召开的第一次国际航空私法会议在制定《华沙公约》之初，就将法律的统一性列为其两大目标之一："航空运输将具有不同语言、习俗、法律制度的国家联结起来，所以，最好从一开始就建立某种程度的统一。"[2] 事实上，从运输凭证到责任制度，从管辖权到诉讼时效，公约都做了明确的规定。对于这样一部统一的规则，如何适用？是强制性适用还是可以选择性适用？如果允许选择性适用，那么公约统一国际航空运输规则、解决法律冲突的初衷就无法实现，限制航空承运人潜在责任以保护襁褓中的航空业的愿望也必将落空。显然，这不是公约的制定者所期望的。确保上述目的实现的唯一途径，就是公约的强制性适用。这也就是在长达 70 年的时间里，无论对公约做怎样的修订，甚至是制定新的公约，强制性适用这一原则稳固如初的原因所在。正是因为有了强制性适用，旅客明白，无论何时何地乘坐飞机，都有一套在一定程度上统一的关于承运人责任的规则；承运人也清楚地知道其责任范围，并据此就可能的损失做出保险方面的安排。[3]

三、强制性适用的理论基础分析

条约适用的一般理论认为，条约对当事国具有效力，这种效力具体体现

---

[1] Robert P. Boyle, The Warsaw Convention-Past, Present and Future, Essays In Air Law, Martinus Nijhoff Publishers, 1982, pp.1-2.
[2] Andreas F. Lowenfeld & Allan I. Mendelsohn, The United States and the Warsaw Convention. 80 Harv. L. Rev. 497, 498（1967）.
[3] Diederiks-Versehoor, An Introduction to Air Law, Kluwer Law International, 2001, p.59.

为"条约必须信守"原则。"一个合法缔结的条约，在其有效期内，当事国有依约善意履行的义务。"①作为条约非当事国的第三国，没有履行条约的义务，这就是条约的相对效力原则。对于条约适用的上述理论，在国际航空私法条约的适用上，又该如何理解并运用呢？

（一）"当事国标准"只是《华沙公约》适用的条件之一

从条约对当事国具有效力的理论出发，当事国有履行条约的义务。"当事国标准"是条约适用的一般原则，也是执行条约义务的前提条件。因为大部分条约，无论是双边条约还是多边条约，主要是由国家签署并批准的，条约主要是国家之间的法律。但是，在这一前提下，在条约的具体适用上，还需要具体问题具体分析。对于政治性或军事性条约，其义务主体是国家，通常只需由国家对外履行。因此，对于这类条约，在履行条约义务上，只需考察该国是否为条约的当事国。如非当事国，依据条约的相对效力原则，无履行条约的义务。

相对于政治性或军事性的国际公法条约，还有大量的设定私人之间权利义务关系的民商事条约。一般来说，"条约的拘束力和条约的效力只与缔约国有关，而与缔约国的国民无关"②。"国际社会历来认为条约是国家之间的行为，只对国家设定权利义务。但进入20世纪后，传统观念发生了变化，认为国家无须另外采取立法措施，可以缔结直接为本国国民设定权利义务的条约。"③对于这类条约，虽仍由国家签署或批准，但其权利义务的主体已不再是当事国，而是具有当事国国籍的自然人或法人。法院在审理这类案件时，一般是以当事人的国籍国是否批准条约作为确定条约适用的标准，即"国籍国标准"。因为无论自然人，还是法人，他们与国家之间联系的纽带是"国籍"，正是通过国籍这一连结点，把自然人、法人与国家联系起来。因此，对于国际民商事条约，以"国籍国标准"确定是否适用也是顺理成章、合乎逻辑的。如果当事人的国籍国没有批准条约，自然该国不用承担履行国际条约

---

① 李浩培：《条约法概论》，北京：法律出版社2003年版，第272页。
② 詹宁斯、瓦茨修订：《奥本海国际法》（第1卷第2分册），王铁崖等译，北京：中国大百科全书出版社1998年版，第654页。
③ 柳炳华：《国际法》（上卷），北京：中国政法大学出版社1995年版，第160页。

的义务，其国民也就不受条约义务的约束。那么这一结论是否适用于《华沙公约》呢？

举例而言，如果 A 国是《华沙公约》的缔约国，A 国就有履行条约的义务，因此 A 国法院在司法实践中有适用条约的义务，这是条约适用理论的必然要求。但是，如果诉讼的双方当事人甲（旅客）和乙（承运人），甲方的国籍国是 A 国，乙方的国籍国是 B 国，B 国并没有批准《华沙公约》，因而 B 国的法院就没有适用《华沙公约》的义务。如果甲在其国籍国 A 国起诉乙，那么 A 国法院可否适用《华沙公约》审理甲和乙之间的航空运输纠纷？

从条约适用的一般理论来说，A 国法院不能适用《华沙公约》，理由很简单：B 国不是公约的缔约国。条约仅对当事国有效，且仅在当事国之间适用。由此得出结论：一国法院如要适用条约解决私主体之间的纠纷，私主体的国籍国必须是公约的当事国，即上文提及的"国籍国标准"。但是，"国籍国标准"不能适用于《华沙公约》，因为《华沙公约》的适用，当事人的国籍根本不予考虑，其首先要确定的是运输合同的始发地点和目的地点，其次是始发地点和（或）目的地点所在的国家是否批准了公约。即在条约适用的"当事国标准"基础上，还要满足"地点标准"。换言之，《华沙公约》的适用需要满足双重条件：始发地点和目的地点在两国（或一国）境内，且这两点所在的国家是公约的缔约国。这与一般的国际法条约的适用是完全不同的。因为《华沙公约》不仅要求一国是公约的当事国，更重要的是对当事国附加了限制条件：两点所在的当事国。

（二）"地点标准"是《华沙公约》适用的核心标准

国际航空运输，是旅客、行李、货物在不同国家之间的流动。具体而言，是承运人将旅客、行李、货物从 A 国的某地运送到 C 国某地，中间或许经停 B 国某地，或许在到达 C 国某地后，还要飞往 D 国某地。总之，是点到点的位置移动。因此，"地点"在航空运输中具有重要意义。它明确了承运人的运营权利，限定了承运人经营的航线范围。与"住所""国籍"等因素比较，它是国际航空运输中最具共性的因素。因为航班上乘客的国籍五花八门，承运人的国籍虽然确定，但有的承运人的国籍国并未批准公约，如果以"国籍国标准"确定公约的适用，势必有相当的困难和不便。但是，不管旅客和承运人的国籍如何，对于搭乘同一航班的旅客和承运人，其始发地点和目的地点是确定的。《华沙公约》的起草者正是看到了这一点，将"地点"从旅客国籍、承运人国籍、航空器国籍等因素中"挖掘"出来，在公约第 1 条明确规定公约适用于国际运输，且"国际运输"是根据各方当事人所订合同的约定，不论在运输中有无间断或转运，始发地点和目的地点是在两个缔约国的领土内……从这个意义上说，"公约的适用完全取决于机票，探寻旅客的住所或国籍是没有意义的。同样地，一旦出具了机票，对于公约的适用，哪家航空公司履行运输已无关紧要，即使这家航空公司所属的国家不是公约的成员国。"[①]

因此，《华沙公约》并不关注当事人的国籍，而是更看重当事人从事行为的"地点"。《华沙公约》将其适用与运输合同的地点绑定，以地点确定公约的适用，其强制性适用是建立在"地点标准"之上的。表面上看是对"地点"的确定，其实质是隐含在地点后面的商业行为或商业存在。这种以"地点标准"确定公约适用的条件，是《华沙公约》的一大创新，它抓住了问题的实质和关键。不仅以"地点标准"定义国际运输，而且在管辖权的规定上也是如此。《华沙公约》确定的四个管辖权，都是以"地点"定法院：承运人住所地、主要营业地、订立合同的营业地以及目的地[②]，即只有上述四个地方所在地的法院才有管辖权。1999 年的《蒙特利尔公约》在管辖权问题上，更是强化了"地点标准"，在新增的第五管辖权的适用上，条件之一是"经营到达该国领土或者从该国领土始发的旅客航空运输业务，并且在该国领土内该承运人通过其本人或者与其有商务协议的另一承运人租赁或者所有的处所从事其旅客航空运输经营"[③]。

《华沙公约》创立的"地点标准"，充分考虑了国际航空运输的特点，摒弃了运输合同双方当事人的国籍、住所、身份等因素，在坚持条约适用的一般理论的同时，又有所创新、有所突破，是条约适用一般理论与航空运输实践相结合的产物。"地点标准"的建立，为国际航空运输法律制度的强制性适用奠定了基础，为国际航空运输规则的统一扫平了道路。

---

① Andreas F. Lowenfeld & Allan I. Mendelsohn, The United States and the Warsaw Convention. 80 Harv. L. Rev. 501（1967）.
② 参见《华沙公约》第 28 条第 1 款。
③ 参见《蒙特利尔公约》第 33 条第 2 款。

（三）"地点标准"之影响

《华沙公约》建立的"地点标准"在国际海运条约中得到了进一步体现，"装货港（启运港）""卸货港"成为确定国际海运公约适用的条件之一。例如，《海牙－维斯比规则》规定的"从一个缔约国的港口起运"[①]；《1978年联合国海上货物运输公约》规定的"装货港（卸货港）位于一个缔约国境内"[②]；《1974年海上旅客及其行李运输雅典公约》（以下简称《雅典公约》）则规定其适用于"始发地点或目的地点（the place of departure or destination）位于公约某一当事国境内的任何国际运输"。[③] 这种以运输合同所规定的"装货港""卸货港""始发地点""目的地点"为公约（规则）适用标准的做法，与《华沙公约》"始发地点""目的地点"的规定如出一辙，这无疑是受《华沙公约》影响的结果。《华沙公约》的影响还不限于此，1980年《联合国国际货物多式联运公约》再一次将"地点标准"作为条约适用的条件之一：只要多式联运合同规定的多式联运经营人接管货物所在地或交付货物所在地在一个缔约国境内，即适用公约的规定。[④] 可以看出，在国际海空运输条约的适用上，有一共同的特点，这就是以"营业地""始发地点""目的地点""装货港""卸货港""起运地"或"到达地"这些地理位置确定公约的国际性，进而以这些地点所在的国家是否是公约的缔约国确定公约的适用，这就是"地点标准"影响力之所在。可以说，"地点标准"的影响长达半个世纪，对国际海运条约的制定起到了先例或示范作用。国际海空条约以"地点标准"确定条约的适用，成为国际条约立法上一道独特和亮丽的景象。

四、我国司法实践中强制性适用的问题及应对

（一）存在的问题

考察我国法院的司法实践，有三种情形比较突出：一是以"国籍国标准"或"当事国标准"确定公约的适用；二是直接适用当事人自己选择的法律；

[①] 《海牙－维斯比规则》第5条第1款（b）项。
[②] 《1978年联合国海上货物运输公约》(《汉堡规则》)第2条第1款（a）、（b）、（c）项。
[③] 《雅典公约》第2条第1款（c）项。
[④] 《联合国国际货物多式联运公约》第2条。

三是依据国内法规定确定法院管辖权。① 下面主要以筛选出的典型案件为例予以分析。

1. 以"国籍国标准"或"当事国标准"确定公约的适用

以"国籍国标准"或"当事国标准"确定是否适用公约,导致两种后果:一种是应适用公约而未适用;另一种是不应适用公约而却适用了公约。

在马某兰诉泰国国际航空大众有限公司一案中,原告通过芒果网购买了被告泰国国际航空大众有限公司由北京出发飞往泰国曼谷再返回北京的往返机票。在北京至曼谷途中,原告乘坐的 TG 675 航班在飞行期间因被告过错导致身体受伤,并在泰国进行了手术治疗。当事人依据《蒙特利尔公约》,向北京市东城区人民法院提起民事诉讼,请求被告承担侵权责任。东城区人民法院以被告所属国泰国并非《蒙特利尔公约》的缔约国为由,裁定驳回起诉。② 原告不服,提起上诉。北京市第二中级人民法院以同样的理由驳回上诉,维持原裁定。③ 原告不服裁定,向北京市高级人民法院申请再审。北京市高级人民法院以与一审法院同样的理由驳回再审申请。④

前已述及,公约的适用与当事人的身份与性质无关,与当事人的国籍无关,更与当事人的国籍国是否批准公约无关,是否适用公约取决于始发地点和目的地点所在的国家是不是公约的缔约国或当事国,即这两点所在的国家是否批准了公约。《华沙公约》第 1 条第 2 款定义的"国际运输"包含两种情

---

① 为了解司法实践的总体状况,本文对相关案例进行了统计分析。通过"中国裁判文书网"进行检索,对 2014—2018 年 5 年的案件进行筛选。具体检索过程如下:(1)在"中国裁判文书网"搜索栏分别输入"华沙公约""蒙特利尔公约"进行检索,共检索出 156 份文书(包括判决书和裁定书)。(2)使用"中国裁判文书网"的"高级检索"工具进行检索。在全文检索中输入"国际航空旅客运输",案件类型、文书类型、案由、法院层级、审判程序、裁判日期分别选择:"民事案件""全部""民事案由""全部""民事一审""2014 年 1 月 1 日—2018 年 12 月 31 日"。然后,在审判程序中分别选择"民事二审""民事审判监督"再次进行检索。以上面同样的方法,在全文检索中输入"国际航空货物运输"进行检索,共获得 118 份文书(包括判决书和裁定书)。(3)剔除重复案件。对比已经检索出的案件,将重复案件剔除。如一审、二审都录入的案件保留二审,相同或相近事实下同一原告或同一被告的案件保留一份。(4)剔除无关案件。(5)剔除 2014 年以前法院裁决的案件。最终得到 46 份文书(38 份判决书、8 份裁定书)。46 份文书中,正确适用公约的有 16 份(14 份判决书,2 份裁定书,其中三份判决书一审判决适用法律错误,二审纠正),占比 35%,应适用而未适用或错误适用公约的有 30 份,占比 65%。

② 参见北京市东城区人民法院(2009)东民初 6008 号民事裁定书。
③ 参见北京市第二中级人民法院(2012)二中民终 3484 号民事裁定书。
④ 参见北京市高级人民法院(2013)高民申 2637 号民事裁定书。

形：一种是"两点"分别在两个国家（单程运输）；另一种是"两点"在同一个国家，但在其他国家有一个经停地点（往返运输）。在公约的适用上，单程运输因始发地点和目的地点分别在两个国家的境内，因此，适用公约的前提条件是这两点所在的国家都批准了公约。但是，与单程运输不同的是，在往返运输中，因始发地点也是最终的目的地点，即这两点都在同一个国家的境内，因此只要始发地点所在的国家批准了公约，就满足了公约的适用条件，至于中间经停地所在的国家是不是公约的当事国，对公约的适用没有任何影响。比如，"如果 A 国和 B 国均为公约的成员国，则两国之间的所有航班，不管是单程运输还是往返运输，公约均适用。如果 A 国是成员国，C 国不是，两国之间的所有单程运输就不在公约的适用范围之内；而如果是 A—C—A 的运输，则公约就适用，如果运输是 C—A—C，公约不适用"[1]。

往返运输是《华沙公约》规定的比较特殊的一个运输情形，在司法实践中往往将往返运输认定为单程运输，导致公约适用上的错误，马某兰案正是如此。马某兰的行程是北京—曼谷—北京，完全符合公约定义的国际运输的第二种情形，因此，经停地曼谷所在的泰国是否批准公约与公约的适用毫无关系。本案中，三级法院完全错误理解了《蒙特利尔公约》的规定，将公约适用的一般条件——当事国批准——机械地套用到《蒙特利尔公约》的适用上，从而做出了错误的裁决。

在楼某某诉俄罗斯航空公司一案中，原告搭乘被告的航班从意大利米兰前往上海，因托运的行李箱被损坏诉至法院。关于本案的法律适用，一审法院指出："本案合同应当适用我国与俄罗斯联邦均为缔约国的《华沙公约》，而非俄罗斯联邦尚未批准的《蒙特利尔公约》，其赔偿应根据《华沙公约》所约定的赔偿标准计算。"[2] 二审法院以同样的理由维持了一审法院的判决。[3] 本案中，始发地点是意大利米兰，目的地点是我国上海，意大利与我国均批准了《蒙特利尔公约》，[4] 当事人俄罗斯航空公司的国籍国是否批准公约根本

---

[1] Andreas F. Lowenfeld & Allan I. Mendelsohn, The United States and the Warsaw Convention. 80 Harv. L. Rev. 501（1967）.
[2] 上海市静安区人民法院（2016）沪 0106 民初 14734 号民事判决书。
[3] 上海市第二中级人民法院（2017）沪 02 民终 10786 号民事判决书。
[4] 《蒙特利尔公约》自 2004 年 6 月 28 日起对意大利生效，载国际民航组织官网，https：//www.icao.int/secretariat/legal/List%20of%20Parties/Mtl99_EN.pdf，最后访问时间：2020 年 1 月 12 日。

不应予以考虑,适用《蒙特利尔公约》不存在任何问题。遗憾的是,两级法院均以"国籍国标准"考量公约的适用,导致本案的法律适用错误。这种以"国籍国标准"确定公约适用的案件在司法实践中并不少见。

以"国籍国标准"或"当事国标准"确定公约的适用,还会导致错误适用公约。在苏某建、张某玺诉法国航空公司一案中,原告苏某建之夫、张某玺之父张某乘飞机回国,在中非班吉机场登上被告 AF883 航班后死亡。当时飞机尚未起飞,正在登机过程中。对于该案的法律适用,法院在判决书中做了如下推论:本案被告法国航空公司系在法国注册成立的公司,故本案属于涉外案件。我国和法国均是 1999 年《蒙特利尔公约》的缔约国,根据《蒙特利尔公约》第 1 条,就本案而言,张某在中非共和国准备乘坐被告航班前往法国,然后回国,符合《蒙特利尔公约》规定的适用范围,本案应优先适用《蒙特利尔公约》。① 事实上,本案中张某所搭乘航班的始发地点是中非共和国的班吉,目的地点是中国北京,我国批准了公约,但中非共和国没有②。巴黎只是双方运输合同约定的经停地点,根据公约规定,经停点所在的国家是否是公约的当事国不影响公约的适用,换言之,法国是否批准公约无关紧要,关键是始发地点和目的地点所在的国家。既然中非共和国没有加入或批准公约,因此本案不能适用《蒙特利尔公约》。判决书中完整地引用了公约第1 条,却无视该条内容的规定,说明了我国法院长期以来的一种惯性思维:条约的适用,首要考虑的是当事人国籍国是否批准。

2. 直接适用当事人选择的法律

在联邦快递(中国)有限公司佛山分公司与佛山市欣荣家具有限公司航空货物运输合同一案中,二审法院认为:"本案为航空货物运输合同纠纷,涉案货物运输的目的地在阿联酋迪拜,故本案为涉外商事案件。双方当事人对原审判决确定的司法管辖权不持异议,本院予以认可。虽然双方当事人对于本案应适用的法律没有作出约定,但庭审中双方当事人均明示选择适用中国法律解决本案争议,故依照《中华人民共和国涉外民事关系法律适用法》(以

---

① 山西省高级人民法院(2015)晋民终 340 号民事判决。
② 中非共和国于 2001 年 9 月 25 日签署了《蒙特利尔公约》,但至今没有加入或批准该公约,载国际民航组织官网,https://www.icao.int/secretariat/legal/List%20of%20Parties/Mtl99_EN.pdf,最后访问时间:2020 年 1 月 12 日。

下简称《涉外民事关系法律适用法》）第 3 条和第 41 条的规定，中国内地法律应当作为处理本案合同争议的准据法。"[1]

本案货物是从中国运往阿联酋的迪拜，中国和阿联酋均为《蒙特利尔公约》的当事国[2]，因此是公约意义上的国际航空货物运输，应适用《蒙特利尔公约》。但在本案法律适用上，法院首先看当事人是否有约定[3]，在没有约定的情况下，在庭审中又以当事人选择的法律作为准据法。前已述及，不管是《华沙公约》还是《蒙特利尔公约》，其适用是强制性的，不允许当事人通过协议对公约的规定作出改变，特别是法律适用和管辖权。即使根据我国《涉外民事关系法律适用法》第 3 条和第 41 条的规定，当事人可以选择适用的法律，但是，应该注意的是《涉外民事关系法律适用法》不仅有第 3 条和第 41 条的规定，更有第 2 条的规定："涉外民事关系适用的法律，依照本法确定。其他法律对涉外民事关系法律适用另有特别规定的，依照其规定"。[4]《中华人民共和国民用航空法》（以下简称《民用航空法》）第 184 条明确规定："中华人民共和国缔结或者参加的国际条约同本法有不同规定的，适用国际条约的规定。"即便我国《民用航空法》没有上述规定，从履行国际条约义务的角度，也应适用《蒙特利尔公约》。

允许国际航空运输的当事人选择适用的法律，使得公约的强制性适用彻底落空。需要指出的是，这种情况并非个案。在筛选出的案件中，艾林敦公司诉利进公司案也很具有代表性。一审法院认定本案是国际航空货物运输合同，因始发地点和目的地点分别是中国广州和美国洛杉矶，中国和美国均为《蒙特利尔公约》的当事国[5]，那么就属于国际航空货物运输合同，自然应适用

---

[1] 广东省佛山市中级人民法院（2014）佛中法民二终 56 号民事判决书。
[2] 《蒙特利尔公约》自 2003 年 11 月 4 日起对阿联酋生效，载国际民航组织官网，https://www.icao.int/secretariat/legal/List%20of%20Parties/Mtl99_EN.pdf，最后访问时间：2020 年 1 月 12 日。
[3] 在"马某兰诉泰国国际航空大众有限公司案"中，法院在其《民事裁定书》中也将双方是否有约定作为公约适用的前提条件："原告不能证明其向被告订飞机票时双方存在关于适用《蒙特利尔公约》的相关约定，故本案不能适用《蒙特利尔公约》。"
[4] 《最高人民法院关于适用〈中华人民共和国涉外民事关系法律适用法〉若干问题的解释（一）》第 3 条又做了进一步规定："涉外民事关系法律适用法与其他法律对同一涉外民事关系法律适用规定不一致的，适用涉外民事关系法律适用法的规定，但《中华人民共和国票据法》《中华人民共和国海商法》《中华人民共和国民用航空法》等商事领域法律的特别规定以及知识产权领域法律的特别规定除外。"
[5] 《蒙特利尔公约》自 2003 年 11 月 4 日起对美国生效，载国际民航组织官网，https://www.icao.int/secretariat/legal/List%20of%20Parties/Mtl99_EN.pdf，最后访问时间：2020 年 1 月 12 日。

《蒙特利尔公约》，但是一审法院在判决书中根本没有提及《蒙特利尔公约》。法院首先将本案认定为涉外商事案件，"因双方没有书面选择适用解决争议的法律，依照《中华人民共和国合同法》（以下简称《合同法》）第 126 条第 1 款之规定，可以适用与合同有最密切联系的国家的法律，鉴于双方当事人在庭审中一致同意适用中华人民共和国法律来解决本案纠纷，故依法适用中华人民共和国法律——《合同法》和《民用航空法》——作为裁判本案的准据法"①。二审法院对此予以认可②。

再如，中国工商银行股份有限公司即墨支行与中外运－敦豪国际航空快件有限公司山东分公司快件运输合同纠纷一案中，工行青岛分行委托敦豪山东分公司快递的单据在到达目的地希腊雅典后丢失。货物的始发地点和目的地点分别为中国青岛和希腊雅典，两点所在的中国和希腊均为《蒙特利尔公约》的当事国③，毫无疑问，应适用《蒙特利利尔公约》，但是，一审法院认为："关于解决本案争议所应适用的准据法问题，根据《中外运－敦豪运输服务合同》的约定，本案争议适用中华人民共和国法律管辖，庭审过程中，双方当事人对于准据法的适用问题并未达成新的一致意见，故本案应依双方的约定适用中华人民共和国实体法律加以裁断"。④ 法院以《中外运－敦豪运输服务合同》中的约定，确定本案争议适用中华人民共和国法律管辖，完全错误。对于一审法院在法律适用上的错误做法，二审法院未予纠正。⑤

3. 依据国内法确定法院管辖权

在郑某元诉马来西亚亚洲航空公司一案中，原告搭乘被告的航班从马来西亚回广州，因托运行李丢失诉至法院。一审法院虽指出本案应适用《蒙特利尔公约》，但在管辖权的确定上，并未适用《蒙特利尔公约》关于管辖权的规定，而是依据《中华人民共和国民事诉讼法》（以下简称《民事诉讼法》）

---

① 广东省广州市越秀区人民法院（2013）穗越法民四初 122 号民事判决书。自《中华人民共和国民典法》施行起，《中华人民共和国民法通则》《中华人民共和国合同法》《中华人民共和国侵权责任法》等同时废止。本书收录的文章涉及此类法律法规时，为让读者一窥当时真实情况，故未作修改原貌保留。
② 广东省广州市中级人民法院（2014）穗中法民四终 89 号民事判决书。
③ 《蒙特利尔公约》自 2003 年 11 月 4 日起对希腊生效，载国际民航组织官网，https://www.icao.int/secretariat/legal/List%20of%20Parties/Mtl99_EN.pdf，最后访问时间：2020 年 1 月 12 日。
④ 山东省青岛市中级人民法院（2013）青民四初 59 号民事判决书。
⑤ 山东省高级人民法院（2015）鲁商终字第 151 号民事判决书。

第 27 条确立其管辖权："因铁路、公路、水上、航空运输和联合运输合同纠纷提起的诉讼，由运输始发地、目的地或者被告住所地人民法院管辖。本案运输目的地位于本院辖区，本院有涉外商事案件管辖权，且起诉标的额在本院受案标的范围内，故本院对本案享有管辖权"。[1] 对此，二审法院未予纠正[2]。根据《蒙特利尔公约》第 33 条，也可确定广州市白云区法院具有管辖权（目的地点的法院），必须指出的是，虽然结果相同，但在适用《蒙特利尔公约》的情况下，应按公约的规定确定管辖法院，因为公约优先于国内法适用，且公约对管辖权有明确规定。

在马某诉中国东方航空股份有限公司一案中，原告乘坐被告的 MU750 航班自悉尼经武汉至西安。原告在北京铁路运输法院起诉，被告主张，根据《民事诉讼法》第 27 条之规定，应将本案移交被告住所地——上海市有管辖权的法院审理。法院裁定，被告的异议成立，本案移送上海市浦东新区人民法院审理。[3] 本案为国际航空旅客运输，被告的住所地上海市的法院以及目的地西安市的法院都有管辖权，但法律依据应是《蒙特利尔公约》，并且在哪个地方的法院起诉，是原告选择的结果，不应由法院依据《民事诉讼法》的规定进行裁定。

在张某本诉德国汉莎航空公司一案中，原告乘坐被告的航班抵达北京，在出舱时身体受伤。因原告以人身损害责任纠纷为由提起诉讼，请求赔偿医疗费等，故法院认定本案属于因侵权行为提起的诉讼。法院依据《民事诉讼法》第 28 条[4] 和《最高人民法院关于适用〈中华人民共和国民事诉讼法〉的解释》第 24 条[5] 的规定确定有管辖权的法院，根本没有考虑《蒙特利尔公约》关于管辖权的规定。

综上，在国际航空私法条约的适用上，我国法院在部分案件中表现出了较大的随意性，允许当事人选择适用的法律，依据国内法确定法院管辖权，完全无视条约的强制性规定。即使是适用公约，首先考虑的是当事人的

---

[1] 广东省广州市白云区人民法院（2016）粤 0111 民初 641 号民事判决书。
[2] 广东省广州市中级人民法院（2017）粤 01 民终 6146 号民事判决书。
[3] 北京铁路运输法院（2018）京 7101 民初 659 号民事裁定书。
[4] 《民事诉讼法》第 28 条："因侵权行为提起的诉讼，由侵权行为地或者被告住所地人民法院管辖。"
[5] 《最高人民法院关于适用〈中华人民共和国民事诉讼法〉的解释》第 24 条："侵权行为地包括侵权行为实施地、侵权结果发生地。"

国籍国是否批准了公约，批准则适用，未批准则不适用。究其原因，就是将条约适用的一般理论机械地套用到国际航空私法条约的适用上，未考虑公约自身关于其适用的规定。上述做法违背了公约适用的强制性规定，背离了公约统一国际航空运输规则的初衷和目的，不利于国际航空运输业的发展。

（二）解决问题之思路

上述三方面的问题，只是在审判实践中较为突出的问题。此外，从筛选出的案例中还可看出，允许当事人选择法院，以最密切联系原则确定适用国内法也是存在的问题。那么，在审判实践中，如何避免出现上述问题？

从上引案例中不难看出，我国法院在国际航空运输案件中的基本裁判理念有二：一是条约的适用以当事国批准为前提；二是充分尊重当事人的意思自治。正是在上述理念指导之下，法院对于国际航空运输案件的审理，遵循了以下思路：（1）确定是否为涉外案件；（2）如是，以原告或被告住所地是否在法院管辖的行政区域范围内，确定法院管辖权；（3）确定法律适用，双方有约定从约定，无约定适用与合同有最密切联系的法律。这一思路已成为法院审理此类案件的一种基本的定式或套路。在这样的裁判理念和裁判思路的指导下，自然不可能适用《华沙公约》或《蒙特利尔公约》。因为条约适用的"当事国标准"或"国籍国标准"是如此根深蒂固，以至于条约的性质、条约自身的规定，都不在裁判者的考量范围之内。进而言之，裁判者只看到了一般性，而忽略了特殊性，即只见森林，不见树木。条约对当事国有效，这是一般性，但对于不同性质的条约或性质相同的条约，由于条约自身内容的不同，在适用上又有所不同，这是特殊性。不考虑特殊性，一把尺子量到底，出现偏差在所难免。因此，改变裁判理念，正确认识条约适用的"当事国标准"，是判断条约适用的前提条件，但它不是所有条约适用的前提条件或唯一标准。在国际公法条约的适用上，"当事国标准"是条约适用的前提条件，但在国际航空私法条约的适用上，它只是条件之一。在司法实践中，不能将其推而广之，不能将其作为所有条约适用的唯一标准或唯一条件，如此才可为条约的正确适用厘清思路，指明方向，铺平道路。

同时，从条约文本规定出发，探究条约条款的内在含义，是正确适用条约的关键。这方面，美国法院的做法为我们提供了借鉴。美国联邦最高法院在以色列航空诉曾（Tseng）案中指出[1]：第一，《华沙公约》的主要目的是制定统一的规则，用来规范产生于国际航空运输中的诉讼。《华沙公约》的一个补充性目的是，在因人身伤害寻求赔偿的旅客的利益和寻求限制潜在责任的航空承运人的利益之间进行平衡。为此，公约的起草者设计了第17条、第22条和第24条，作为承运人和它们世界范围内的顾客之间各自利益的妥协方案。在第17条，规定了对旅客人身伤害承担责任的条件。在第22条和第24条，限制了旅客可获得的赔偿金的数额，以及将旅客可提起的诉讼限制在公约规定的条件和限额之内。如果按照上诉法院的解释，在《华沙公约》不允许赔偿时允许旅客根据当地法主张权利，将会导致不利后果：其一，允许旅客依据当地法主张权利，因各地的法律制度不同，将使承运人承担无限责任，统一性将不复存在；其二，将破坏《华沙公约》在责任制度方面的可预见性。第二，第17条的立法历史与我们对公约的优先效力的理解是一致的。公约的起草者不可能在第17条缩小航空承运人承担责任的条件的同时，又在第24条允许旅客跳过这些条件以当地法主张权利。第三，《蒙特利尔第4号附加议定书》[2]对《华沙公约》第24条的修订仅仅是澄清公约规则的排他性，而不是改变。美国最高法院正是从公约的具体规定出发，结合公约的立法历史，认为公约的适用具有强制性，排除了当地法的适用。

美国法院之所以如此坚定地维护公约的强制性适用，是因为"美国法院也一贯认可《华沙公约》的首要目标就是创设统一的法律体系来调整旅客、货主的权利、义务，以及承运人在旅客、行李和货物国际航空运输中的责任。如此，在解释公约条款、适用责任规则时，这些法院一直在有意维护这一目标"[3]。前引"以色列航空诉曾（Tseng）案"是如此，"齐歇尔曼（Zicherman）

---

[1] El Al Israel Airlines, Ltd. v . Tseng, 525 U.S. 155, 169–176 (1999).

[2] 美国于1975年9月25日签署，自1999年3月4日起对美国生效，载国际民航组织官网，https://www.icao.int/secretariat/legal/List%20of%20Parties/MP4_EN.pdf，最后访问时间：2020年1月12日。

[3] 乔治·汤普金斯：《从美国法院实践看国际航空运输责任规则的适用与发展》，北京：法律出版社2014年版，第4页。

诉大韩航空公司"等案[①]也是一样。后续相继有多个案件[②]，审理法院都遵循了以色列航空诉曾（Tseng）案中联邦最高法院所确定的原则，驳回了原告的起诉。

综上，抛弃惯性思维，避免先入为主，尊重条约自身的规定，是正确适用条约、保证公正裁判、忠实履行国际条约义务的不二选择。

五、结语

对于条约的适用，不仅要关注条约适用的一般理论，更应考虑相关条约自身对其适用的规定，具体问题具体分析。国际公法条约，只对缔约国有效，只能适用于缔约国，缔约国有遵守的义务，但是对于国际私法条约而言，其适用不能一概而论。以《华沙公约》为代表的国际航空私法条约，其适用并不以当事人国籍国是否批准公约为前提条件，而是取决于运输合同所确定的两点所在的国家是不是公约的缔约国或当事国。"地点标准"是《华沙公约》适用的核心标准，它在一定程度上突破了条约适用的一般理论——"当事国标准"或"国籍国标准"。它不仅发展了条约适用的一般理论，是条约适用上的重要创新，而且对海运条约立法产生了先例性影响。强制性适用以"地点标准"为基础，排除了当事人的意思自治，不允许当事人通过协议减轻、免除承运人责任，也不允许当事人通过协议选择适用的法律或变更公约对法院管辖权的规定，以此保证公约规定的推定过失责任制和限额赔偿责任制的实施，最终达到统一国际航空运输规则、促进国际航空运输发展的目的。正确认识这一点，有利于案件的公正裁判，有利于条约义务的履行，有利于我国国际航空运输的发展。

[①] Zicherman v. Korean Air Lines Co., Ltd., 516 U.S 217（1996）. 在该案中，美国最高法院承认公约的中心任务是 "促进有关国际航空运输的法律规则的统一"。其他如 Swaminathan v. Swiss Air Transport, Co., Ltd., 962 F. 2d 387, 390（5th Cir. 1992）、Floyd v. Eastern Airlines, Inc., 872 F. 2d 1462（11th Cir.1989）等案中，法院表达了同样的意思。

[②] 如 Gibbs v. American Airlines, Inc., 191 F. Supp. 2d 144（D. D. C. 2002）; Bloom v. Alaska Airlines., 36. Fed. Appx. 278（9th cir. 2002）.

第二节　国际航空私法中的管辖权
——兼论"第五管辖权"*

管辖权，可以从国内法和国际法两方面来说。在国内法意义上，是指据以确定某个或某类案件应由哪个或哪类法院受理的标准，只适用于本国人之间的民事、行政和刑事纠纷。在国际法意义上，又可区分为国际公法上的管辖权和国际私法上的管辖权。国际公法上的管辖权是指国家对其领域内的一切人与物行使的最高权力，即国家的统治权，亦即国家的主权，包括立法、司法和行政的权力。国际私法上的管辖权是指一个国家审理、裁判涉外民事案件的权利，即各类涉外民事案件应由哪个国家审理，每个国家法院是个整体。至于该涉外案件应由哪个国家的哪一级（类）法院审理，它是不予过问的，这完全由管辖国国内法来确定。[①] 本节要讨论的管辖权属于国际航空私法中的管辖权，主要涉及的是在国际航空旅客、行李和货物运输过程中，一旦造成旅客伤亡、行李和货物丢失或损坏以及旅客、行李和货物在运输延误的情况下，权利人（受害者）可在哪国法院起诉。换句话说，哪国法院具有管辖权？管辖权问题与原告的诉讼权利的限制以及期望的判决结果休戚相关，又往往与国家主权这一敏感问题牵连在一起，因此，自1929年《华沙公约》诞生到1999年《蒙特利尔公约》通过，都是一个既复杂而又富有争议性的问题。[②]

一、管辖权的确立

1929年的《华沙公约》最早对国际航空运输中的民事管辖权做出了规定。《华沙公约》第28条规定：（1）有关责任的诉讼，应当由原告选择，在一个

---

* 本节发表于《兰州大学学报》（社会科学版）2008年第4期，本书收录时略作修改。
① 董立坤：《国际私法论》（修订本），北京：法律出版社2000年版，第159页。
② 中国民用航空总局政策法规司：《1999年统一国际航空运输某些规则的公约精解》（内部发行），1999年，第211页。

缔约国的领土内，向承运人住所地或其主要营业地所在地或签订合同的承运人的营业地法院提出，或向目的地法院提出；（2）诉讼程序应根据受理案件的法院的法律规定办理。根据该条，由原告选择，在缔约国领土内的以下四个地方的法院中选择其一：（1）承运人住所地；（2）承运人的主要营业地；（3）签订合同的承运人的营业地；（4）目的地。

实际上，在上述四个地点中，第一和第二两个地方通常是同一个地方，因此，对大多数旅客而言，也就有三个地点可选择。从旅客的角度而言，在这四个地点中，恐怕只有第三个地点对于旅客更加便利，因为签订合同的地点很有可能是旅客的住所地或居所地。至于第四个地点——目的地，在单程运输的情况下，目的地根本不是旅客的住所地或居所地，只有在往返运输的情况下，目的地才有可能是旅客的住所地或居所地。因此，《华沙公约》所规定的诉讼地，整体上说是有利于承运人的，一旦发生诉讼，对承运人十分便利。

需要强调的是，《华沙公约》所确立的这种管辖是一种强制性管辖，因为《华沙公约》第32条明确规定：运输合同的任何条款和在损失发生以前的任何特别协议，如果运输合同各方借以违背本公约的规则，无论是选择所适用的法律或变更管辖权的规定，都不生效力。但是，如果仲裁在第28条第1款所规定的法院管辖地区进行，货物运输可以在本公约的范围内采用仲裁条款。可见，该条不仅排除了当事人的协议管辖，而且当事人不能通过仲裁协议改变旅客运输的法院管辖。

二、"签订合同的承运人的营业地"确定

公约规定了四个地点，但是却没有对此做任何进一步的解释。对于住所地和主要营业地，在实践中不会发生太大的争议，虽然各国国内法有一定的差异，但基本上均可依据国内法确定这两个地点。例如，关于法人的住所，有些国家规定法人以其机关所在地为住所，如果机关分设数地，则以主要机关所在地为住所。有些国家规定以法人业务中心为住所。法人进行登记时，住所是必须登记的事项；如有变更，应变更登记。我国以法人登记的主要办事机构所在地为住所。《中华人民共和国民法通则》（以下简称《民法通则》）第39条规定："法人以它的主要办事机构所在地为住所。"最高人民法院《关

于适用〈中华人民共和国民事诉讼法〉若干问题的意见》第 4 条亦规定，"公民的住所地是指公民的户籍所在地，法人的住所地是指法人主要营业地或者主要办事机构所在地"。在实践中争议较大的则是第三个地点——签订合同的承运人的营业地。因为随着航空运输的发展，承运人（航空公司）将其业务扩展到全球，其不仅在全球许多地方设立分支机构、办事处，还委托许多代理机构销售其产品（服务），同时，航空公司之间的合作达到了新的高度，如开展代码共享[①]，进行战略联盟[②]。此外，纸质机票逐渐由电子客票[③]代替，通过网络订票已日渐普及。所有这些，都对确定"签订合同的承运人的营业地"提出了挑战。

（一）销售代理人

销售代理人可分为客票销售代理人（客代）和货物销售代理人（货代）。大部分客票都是由客运代理人销售出去的，航空货物运输也是一样，承运人自己销售的只占一小部分。当然，随着网络订票的推广和普及，客运代理人销售机票的份额在全球范围内已经在逐步降低，我国也不例外。现在的问题是，销售代理人的住所地或营业地可否视为"签订合同的承运人的营业地"？根据我国《民用航空运输销售代理业管理规定》[④]第 3 条规定："民用航空运输销售代理业（以下简称空运销售代理业），是指受民用航空运输企业委托，在约定的授权范围内，以委托人名义代为处理航空客货运输销售及其相关业务

[①] 代码共享（code-sharing），是将一家航空公司的航班代码用于另一家航空公司经营的航班上，即旅客在全程旅行中有一段航程或全程航程乘坐的不是出票航空公司的航班，而是非出票航空公司承运的航班。对于航空公司而言，不仅可以在不投入成本的情况下完善航线网络、扩大市场份额，而且越过了某些相对封闭的航空市场壁垒。对于旅客而言，则可以享受到更加便捷的服务，比如众多的航班和时刻选择，一体化的转机服务、优惠的环球票价、共享的休息厅以及常旅客计划，等等。

[②] 航空公司联盟是指联盟各方通过达成战略性协议，以将各自的主要航线网络连接起来，并在一些关键的业务领域开展合作。目前，国际上有三大航空联盟：星空联盟、天合联盟和寰宇一家。我国的国航、南航、东航分别加入其中。

[③] 电子客（机）票，是普通纸质机票的一种电子映象，是一种电子号码记录，简称电子客票。电子客票将票面信息存储在订座系统中，可以像纸票一样执行出票、作废、退票、换、改转签等操作。它作为世界上最先进的客票形式，依托现代信息技术，实现无纸化、电子化的订票、结账和办理乘机手续等全过程，给旅客带来诸多便利以及为航空公司降低成本。电子机票的出现顺应了信息时代的市场需求，已成为航空旅行电子商务化的重要标准之一。

[④] 1993 年 7 月 5 日经国务院批准，1993 年 8 月 3 日中国民用航空总局令第 37 号公布。

的营利性行业。"因此，销售代理人无论是销售机票还是组织货源，都是以委托人（承运人）的名义进行的，并且其开展业务的前提条件是，通过销售代理人和承运人之间的合同，承运人授权销售代理人以其名义销售客票或组织货物，同时在航空旅客运输合同的基本表现形式——客票上，均显示承运人的名称或两字代码[1]，航空货物运输也是如此，销售代理人在收受货物后，要给托运人（货主）出具承运人的航空货运单。因此，销售代理人在承运人的授权之下所进行的客票销售和组织货源，并与旅客或托运人签订运输合同，均可看作是代表承运人所进行的业务活动，因此，销售代理人的住所地或营业地可以看作是"签订合同的承运人的营业地"。另外，如果旅行社在承运人的授权之下开展航空客运销售业务，也可以认定是承运人的代理人。国外法院的判例也说明了这一点。在埃克（Eck）诉阿拉伯联合航空公司（United Arab Airlines）[2]一案中，美国纽约州上诉法院认为，只要国内有承运人的代理人销售客票的地方，均可对承运人提起诉讼。

（二）代码共享伙伴或联盟伙伴

代码共享和航空公司联盟是承运人合作方式不断推陈出新的结果，也是目前在全球影响较大的合作方式。现在的问题是，如果承运人的代码共享伙伴（或其联盟伙伴）销售承运人的客票，在这种情况下，如何确定诉讼地？在航空运输实践中，事实是代码共享伙伴及联盟伙伴互为销售对方的客票。换言之，承运人以自己的名义销售其代码共享伙伴的客票，但该承运人并不提供该航班运输，而是由其代码共享伙伴或联盟伙伴来提供。这种基于代码共享协议或联盟协议而进行的商业活动，同样是在承运人的相互授权之下进行的，在法律上是代理和被代理的关系。因此，笔者认为，代码共享也好，联盟也罢，尽管其表面形式不同，但实质是一样的，即都是在对方的授权之下进行的，所以，这种由代码共享伙伴或联盟伙伴进行的商业行为完全可以看作是承运人自己的行为，代码共享伙伴或联盟伙伴销售客票的地点，均可认为是《华沙公约》第28条意义上的"签订合同的承运人的营业地"。

---

[1] 如中国国际航空公司的代码是"CA"，中国南方航空公司的代码是"CZ"。
[2] Eck v. United Arab Airlines, 9 Avi 18, 146, 360 F2d 804.

（三）电子客票

互联网的普及，使通过网络订票成为现实，这就是电子客（机）票。在通过网络订票的情况下，旅客进入承运人或旅行社的主页，然后登录承运人的订票系统，根据页面所提供的信息，达成航空运输合同。客票款则通过信用卡的方式支付，承运人不会给旅客出具旅行文件（如纸质机票），旅客仅仅得到一个电子机票订单号，凭该订单号，旅客可在机场取得登机牌。

电子客票的产生，对"签订合同的承运人的营业地"提出了新问题。这就是，如何认定"签订合同的承运人的营业地"。因为旅客可以随时随地上网订票，不受时间和空间的限制，只要身边有可以上网的电脑。代理人或承运人的网络主页不能被看作是明确的处所，也很难界定主页的地理位置。因此，在通过网络订票的情况下，已很难界定"签订合同的承运人的营业地"。在无法确定的情况下，《华沙公约》第28条所规定的第三个诉讼地将不再存在，可以说是形同虚设，对旅客而言不具有任何实质意义。

（四）客票自助销售机

在客票销售方式上，除了航空公司自己销售、代理人销售、代码共享伙伴销售、联盟成员销售以及通过网络订票等方式外，航空公司采取的另外一种新的客票销售形式逐渐流行，这就是在机场设置自助售票机。如果这种机器是由航空公司永久设立，且长期在机场进行客票销售，并且明确标明是作为承运人的客票销售的场所，那也满足了公约第28条意义上的"签订合同的承运人的营业地"的要求。因此，一旦旅客是在机场通过这种自助机器购买机票，那么，"签订合同的承运人的营业地"就是该机场所在地，旅客有权在机场所在地的法院起诉承运人。

三、管辖权的发展演变

对于《华沙公约》规定的上述管辖权，1955年修订《华沙公约》的《海牙议定书》[①]，没有做任何修订。重大的变化出现在1971年《危地马拉议定

---

① 1955年9月28日签订于荷兰海牙，1963年8月1日起正式生效。1975年11月18日起对我国生效。

书》[1]和1999年《蒙特利尔公约》[2]，这就是规定了"第五管辖权"。

（一）1971年《危地马拉议定书》——第五管辖权的提出

1971年《危地马拉议定书》第12条修改了《华沙公约》第28条的规定，将《华沙公约》的第28条的第2款改为第3款，另增加第2款如下："对于旅客因死亡、身体损害、延误以及行李毁灭、损失、损坏或延误而产生的损失，责任诉讼可向本条第1款所列的法院之一提起，或者在旅客有住所或永久居所的缔约国内，向在法院辖区内承运人设有营业机构的该法院提起"。这样，《危地马拉议定书》第一次正式提出了"第五管辖权"，即在《华沙公约》规定的四个可起诉的法院地之外，又增加了一个：旅客有住所或永久居所地的法院。但有一个限制条件：在该法院辖区内承运人设有营业机构。这是《危地马拉议定书》的一项重要革新。虽然《危地马拉议定书》规定了第五管辖权，但自1971年3月8日签订后，一直没有生效，因此《危地马拉议定书》规定的管辖规则并没有发挥实际作用，但它却为1999年《蒙特利尔公约》中写进该规则奠定了基础。

（二）1999年《蒙特利尔公约》——第五管辖权的确立

1999年《蒙特利尔公约》在第33条以"管辖权"为标题做了如下规定：（1）损害赔偿诉讼必须在一个当事国的领土内，由原告选择，向承运人住所地、主要营业地或者订立合同的营业地的法院，或者向目的地的法院提起。（2）对于因旅客死亡或者伤害而产生的损失，诉讼可以向本条第一款所述的法院之一提起，或者在这样一个当事国领土内提起，即在发生事故时旅客的主要且永久居所在该国领土内，并且承运人使用自己的航空器或者根据商务协议使用另一承运人的航空器经营到达该国领土或者从该国领土始发的旅客航空运输业务，并且在该国领土内该承运人通过其本人或者与其有商务协议的另一承运人租赁或者所有的处所从事其航空旅客运输经营。

---

[1] 1971年3月8日签订于危地马拉，目前尚未生效。我国没有签署，也没有批准该议定书。
[2] 为了使《华沙公约》及其相关文件现代化和一体化，国际民航组织（ICAO）起草定稿了《蒙特利尔公约》，并于1999年5月在加拿大蒙特利尔召开的国际航空法大会上由参加国签署。2005年7月31日起对我国生效。

从第 33 条的规定可以看出，索赔人取得第五管辖权须同时满足以下三个条件：（1）发生事故时，旅客的主要且永久居所在该国领土内。"主要且永久居所"是指事故发生时旅客的那一个固定和永久的居住地[①]。但应当注意的是，旅客的国籍不作为决定性的因素，因为单单以旅客的国籍作为连接点是有违现代国际法发展趋势的。（2）承运人使用自己的航空器或者根据商务协议使用另一承运人的航空器经营到达该国领土内或者从该国领土始发的旅客航空运输业务。所谓"商务协议"是指承运人之间就其提供联营旅客航空运输业务而订立的协议[②]，不过并不包括诸如机票代售协议、货运代理协议等代理协议。它包括承运人自己的航班，以及其代号共享、航空联盟公司的航班。（3）在该国领土内该承运人通过其本人或者与其有商务协议的另一承运人租赁或者所有的处所从事其旅客航空运输运营。处所（premise）是指经营场所，且不论该经营场所是承运人自己所有的或其租赁的，还是其代号共享伙伴、航空联盟伙伴所有的或租赁的。而航空运输经营的范围则比"航空运输业务"要宽得多，是指与航班有关的一些经营活动，而不仅限于航班本身，如机票销售、揽货、广告推介等活动都应当属于航空运输经营的范围。

这样，1999 年《蒙特利尔公约》在《华沙公约》的基础上，借鉴 1971 年《危地马拉议定书》的规定，正式规定了"第五管辖权"，并且随着 1999 年《蒙特利尔公约》的生效，而成为一个新的诉讼地。但与 1971 年《危地马拉议定书》比较，首先，1999 年《蒙特利尔公约》规定的"第五管辖权"，仅适用于旅客死亡或伤害，而后者还包括了旅客延误、行李的损失和延误等；其次，1999 年《蒙特利尔公约》对于索赔人行使"第五管辖权"比 1971 年《危地马拉议定书》规定了更严格的限制条件。

四、"第五管辖权"利弊分析

事实上，在 1999 年《蒙特利尔公约》规定第五管辖权之前，航空运输中发生的损害赔偿，大多数索赔人往往首先在美国法院起诉承运人，而美国法院一旦查明其没有管辖权，一般均予以驳回。如在奥斯本（Osborne）诉

---

① 1999 年《蒙特利尔公约》第 33 条第 3 款。
② 1999 年《蒙特利尔公约》第 33 条第 3 款。

英国航空公司（British Airways PLC Corp）一案中[1]，16 名原告在美国得克萨斯南区联邦地区法院起诉英国航空公司，起因是一名旅客企图控制飞机导致飞机在 10 000 英尺（1 英尺 =0.304 8 米）突然急速下降，造成原告受伤。《华沙公约》第 28 条规定了位于四个地方的法院有管辖权：（1）英国航空公司的住所地；（2）英国航空公司的主要营业地；（3）签订合同的承运人的营业地；（4）原告的目的地。依据先例，美国的地区法院认为，如果美国不是上述第 28 条规定的四个潜在的诉讼地中的其中之一，那么它就对该诉讼不具有公约规定的管辖权。因为美国不是上述四个指定地的其中之一，从而对原告的索赔缺乏诉讼标的管辖权（subject matter jurisdiction），所以驳回了原告的起诉。因此，为了保护所谓"漫游的美国人"免受不公正的待遇或在外国法院寻求赔偿，在美国的努力之下，企图改变《华沙公约》的管辖权规定，那就是航空公司之间通过一个特别协议，将旅客的住所地作为第五管辖权的根据，包括在航空公司的"运输条件"中。

1996 年 4 月，在 IATA[2] 于蒙特利尔召开的会议上，当时 IATA 企图达成一个实施 IIA[3] 的协议，美国航空运输协会（ATA）提出了一个解决办法，那就是在 IIA 的实施协议中包括一个条款，根据该规定，航空公司同意允许案件在旅客的住所地起诉。但是，非美国的航空公司由于担心美国法院的高判赔额，这些努力均未实现。即便是作为选择性的条款，也未能加入 MIA[4] 中。"漫游的美国人"，像漫游的德国人、英国人和意大利人一样，仍然在 IIA—MIA 体制之下漫游。

实际上，在 1999 年《蒙特利尔公约》草案起草初期，世界各国对公约是否引入"第五管辖权"产生了激烈争议。以美国为首的高赔偿额国家，力主引入"第五管辖权"，而以中国、埃及为代表的发展中国家则对"第五管辖权"的引入表示反对。双方不仅对是否引入进行了争论，即便是引入，对采

---

[1] 见 198.F.Supp.2d 901（S.D. Tex.2002）. 转引自董念清：《中国航空法：判例与问题研究》，北京：法律出版社 2007 年版，第 266 页。
[2] IATA 是国际航空运输协会（International Air Transport Association）的英文缩写。国际航协始建于 1919 年，是目前世界上最具活力的、发展步伐很快的航空业的行业协会。全世界近 300 家航空公司是国际航协的会员，这些航空公司提供了全球 95% 以上的国际定期航班。
[3] 1995 年《国际航空运输协会关于旅客责任的承运人间协议》，又称《吉隆坡协议》，英文简写 IIA。
[4] 1996 年《关于实施国际航空运输协会承运人间协议的措施的协议》，英文简写 MIA。

取何种方式、何种条件引入"第五管辖权",也进行了激烈辩论。以美国为主的支持方要求引入"第五管辖权"的理由主要有:第一,索赔人在旅客的居住国提出法律诉讼,是旅客的正当权利,新公约没有理由继续否定旅客的这一权利;第二,旅客的居住国是大多数索赔者定居的地方,因而该国法院通常会适用这些索赔者(受害者)所期望的法律和赔偿标准,索赔人也能够在他们最熟悉的法院提起诉讼,"第五管辖权"的引入将确保索赔人能受到公正对待,得到充分赔偿;第三,目前的航空联盟、代码共享、电子订座、互联网订票,已对1929年确立的华沙司法管辖权提出了严重挑战,使得确定司法管辖权的任务日益复杂化,而"第五管辖权"的引入将使这一任务变得简单。第四,如今大多数国内航班至少承载一些与国际航线相关联的旅客,国际航空旅行者的数量日益增多,载运他们的航空联盟也日益复杂,这些都导致那些根据《华沙公约》无法在国内获得司法管辖权的索赔者数量增加。这些环境的变化,要求新公约的司法管辖规则有所改变。

发展中国家认为,现行华沙体制为旅客提供的四种管辖权是充分的,而"第五管辖权"的引入,将导致全球航空运输业成本的增加,其中的保险成本、经营成本的增加,会最终反映在运价的增长上,增加的费用还是由广大旅客来承担。索赔人对"慷慨法院"的挑选同时会导致诉讼体制更加复杂化。除此之外,广大发展中国家普遍认为"第五管辖权"涉及极为敏感的国家主权问题。①

笔者认为,从旅客的角度而言,"第五管辖权"制度的确立,是最大限度地方便了旅客诉讼,保护了旅客的权利。《华沙公约》规定的四个诉讼地点,从某种程度上看,是更加有利于承运人。因为四个地点中至少有三个(承运人的住所地、主要营业地、签订合同的承运人的营业地)与承运人有紧密的关系,只有第四个地点——目的地似乎与承运人关系不大。一般来说,目的地与旅客的联系也不紧密。因为一般情况下,目的地是旅客办事或旅游的地点,在目的地旅客不会久留,更不会长期居住,只是一个短期的停留。在这四个地点中,与旅客有最大联系的是签订合同的机构所在地,因为这一地点有可能是旅客居住或工作的地点,但也有可能不是。因此,《华沙公约》规定

---

① 解兴权:《航空事故索赔人赔偿诉讼的新途径》,《国际航空》2002年第6期,第36-38页。

的管辖权，更加有利于承运人。既然可以在承运人的住所地起诉，基于对等原则，也应该可以在旅客住所地提起诉讼，并且承运人在当地也有直接的义务存在。国外的航空法专家也指出："关于第五管辖权的争论似乎是过于夸大了。事实上，第五管辖权通常是最合乎逻辑的管辖权，如果被告在原告的居所地有商业存在的话，原告理所当然可以在其居所地起诉被告。这个最合乎逻辑的管辖权，竟然没有写进1929年《华沙公约》，听起来有点不可思议。"①

另外，在本节前面的分析中已经指出，《华沙公约》所规定的四个管辖地点中的第三个，即"签订合同的承运人的营业地"，在航空运输快速发展的情况下，对旅客已经不具有任何实质意义，换言之，在电子客票即将取代纸质机票的情况下，这一地点已经无法确定，形同虚设。

从赔偿额而言，有一种观点认为，增加第五管辖权，将导致大幅度提高赔偿额。笔者并不这样认为。因为不管旅客在哪一国起诉，美国也好，法国也罢，第五管辖权只是确定某一国家的法院对此案有权审判，具体赔多少都以所适用的法律为准。即便是美国的法院审理案件，对于国际航空运输中发生的旅客人身损害赔偿，一般情况下所适用的法律应该是1999年《蒙特利尔公约》，而《蒙特利尔公约》对于赔偿额是有规定的，即两个梯度②。所以，赔偿额并不会因此而提高。

还有人指出，增加第五管辖权，旅客将会"挑选法院"，导致管辖权向美国的转移。如果说第五管辖权是将导致管辖权向美国的转移，这也同样使部分索赔案件脱离美国法院的管辖。美国现在依据"不方便管辖原则"，驳回了许多应在其他国家起诉的索赔，尤其是当争议的焦点只是赔偿金的数额时。

总之，1999年《蒙特利尔公约》最终确立了"第五管辖权"制度。虽然规定了较为严格的限制条件，但毕竟还是肯定了"第五管辖权"的存在，为索赔人提供了一个新的诉讼途径。它顺应了全球经济一体化和各国人员快速

---

① Paul Stephen Dempsey & Michael Milde, International air carrier liability : the Montreal Convention of 1999, Mcgill University, 2005, p.221.
② 1999年《蒙特利尔公约》第21条规定："一、对于根据第十七条第一款所产生的每名旅客不超过100 000特别提款权的损害赔偿，承运人不得免除或者限制其责任。二、对于根据第十七条第一款所产生的损害赔偿每名旅客超过100 000特别提款权的部分，承运人证明有下列情形的，不应当承担责任：（一）损失不是由于承运人或者其受雇人、代理人的过失或者其他不当作为、不作为造成的；或者（二）损失完全是由第三人的过失或者其他不当作为、不作为造成的。"

流动这一趋势，进一步便利了旅客，同时也将促进航空运输的发展，对航空公司而言，也应该是利大于弊。

第三节　国际航空法几个重要的理论与实务问题辨析 *

2014年3月8日，由马来西亚吉隆坡飞往中国北京的马来西亚航空公司MH370航班与地面失去联系。① 3月24日，马来西亚总理纳吉布宣布客机在南印度洋"终结"，没有发现该机的任何残骸。2017年1月，澳大利亚、马来西亚、中国三国政府表示，暂停MH370客机的深海搜寻工作，因为未能发现飞机的具体位置。至此，经过近三年的搜寻后，还是未能找到该架飞机。马航MH370航班事故，因航空器至今下落不明，使其不同于一般的航空事故。正是因为此次事故具有这一特殊性，使得许多问题急需解答，诸如航空器的搜寻、航空器事故调查、乘客死亡事实的法律认定、法律适用、法院管辖权以及乘客赔偿，等等。② 对这些问题的研究，不仅关乎对相关航空法律文件的正确理解，更为重要的是，有助于航空器的搜寻援救与航空纠纷的解决。本节将依据国际航空法的相关规定，就民航MH370航班事故所引起的上述问题，从理论和实践两个方面做一分析，以期对政府部门处理航空事故有所裨益，对相关当事人解决他们之间的赔偿纠纷有所帮助，对司法机关正确适用国际条约裁决案件有所启发。

一、航空器失联、失踪、失事概念的厘清

"失联""失踪""失事"这三个中文词在媒体有关马来西亚航空公司

---

* 本节发表于《月旦法学杂志》2022年12月第331期，本书收录时略作修改。
① MH370航班上有227名乘客，12名机组人员，共239人，其中有154名中国籍乘客。
② 《北京市高级人民法院关于北京铁路运输法院撤销后调整相关案件管辖的规定》（北京市高级人民法院审判委员会2018年第12次会议讨论通过，自2018年9月9日起施行）第二条第二款规定："自2018年9月9日起，原北京铁路运输法院已经受理但未审结的以失联马航MH370航班乘客为被申请人的宣告死亡案件、涉失联马航MH370航班乘客的索赔纠纷案件，由北京市朝阳区人民法院以北京市朝阳区人民法院名义、以原有案号继续审理。" 2021年10月，北京市朝阳区人民法院开始审理马航MH370航班索赔纠纷案件。

MH370 航班的报道中频频出现，因此提出了两个急需回答的问题：第一，这三个词含义有什么不同？第二，这三个词蕴含的法律意义究竟是什么？因为中文报道来自对马来西亚航空公司和马来西亚政府发布的有关声明的翻译，所以要了解这三个词的确切含义，必须首先考察马来西亚航空公司和马来西亚政府发布的有关陈述或声明原文，再结合相关的航空法律文献探寻之。

（一）马来西亚航空公司和马来西亚政府的相关表述

马来西亚航空公司 2014 年 3 月 8 日发布的第一份关于 MH370 航班的媒体声明中就提出了 "has lost contact"[①]。2014 年 3 月 12 日马来西亚代理交通部长发表声明："…I give you my assurance that we will not reduce the tempo, or spare any efforts to find the *missing plane*"。马来西亚总理纳吉布 2014 年 3 月 15 日发表的声明中，第一句话就是 "Seven days ago Malaysia Airlines flight MH370 *disappeared*"（7 天前马来西亚航空公司的 MH370 失踪了）。之后不论是马来西亚航空公司还是马来西亚政府发布的多份文件，均提到航空器 "disappeared" 或者 "missing"。2015 年 1 月 29 日马来西亚民航局局长发布声明，明确宣布 MH370 航班是一次 "accident"[②]。查阅《牛津高阶英汉双解词典》，"has lost contact" 的字面意思是 "失去联系"，"missing" 或 "disappear" 是 "失踪"之意，"accident"意指（交通）事故，意外遭遇，不测事件。[③] 可见，中文 "失联" "失踪" "失事" 分别是由英文 "has lost contact"、"disappeared" 或 "missing"、"accident" 翻译而来。

（二）《国际民用航空公约》及其附件的相关规定

从航空飞行和运行的国际条约来看，航空器在飞行过程中与空中交通管制台（中心）以及航空公司保持持续的通信联系是法定要求和法定义务。为

[①] 马来西亚航空公司官网，http：//www.malaysiaairlines.com/my/en/site/mh370.html，最后访问时间：2021 年 10 月 2 日。

[②] Press Statement by Director General of Department of Aviation on 29 January 2015，6.00 pm，载马来西亚航空公司官网，http：//www.malaysiaairlines.com/content/dam/malaysia-airlines/mas/PDF/MH370/Announcement_of_MH370_by_DOA_english.pdf，最后访问时间：2021 年 10 月 2 日。

[③] 参见《牛津高阶英汉双解词典》（牛津大学出版社、商务印书馆 2004 年版）第 359 页 "contact"、第 1110 页 "missing"、第 480 页 "disappear"、第 10 页 "accident" 的词条释义。

了确保在飞行中的航空器与地面的联系，《国际民用航空公约》附件6规定了航空器运营人和机长三方面的义务：一是安装无线电通信设备。这种设备的安装是强制的，目的是：（1）出于机场管制目的进行双向通信；（2）在飞行中随时接收气象资料；（3）在飞行中的任何时间，至少和一个航空电台以及有关当局规定的其他航空电台和频率进行双向通信。[①] 二是建立通信联络。受管制飞行的航空器必须在规定的通信频率上保持不间断的收听有关空中交通管制单位的空—地话音通信，必要时与其建立双向通信联络。[②] 三是报告其所在位置。这种报告是受管制的飞行必须将飞越每一指定强制报告点的时间和高度层，连同任何其他所需要的资料，尽快向有关的空中交通服务单位报告。按照有关空中交通服务单位的要求，飞越其他报告点时亦须作同样位置报告。上述附件的规定，虽然不具有强制适用的效力，但航空运输的国际性，使得许多国家及其航空承运人接受了上述规定，并按上述规定修订其国内法和运行手册。

既然航空器在飞行过程中必须与地面保持不间断的通信联系，因此一旦在规定的时间内没有建立通信联络，空中交通管制台（站）收不到航空器的相关信息，就将启动"告警服务"，视情况通知援救协调中心。《国际民用航空公约》附件11——《空中交通服务》在第五章"告警服务"中将民用航空器紧急情况按照危险程度分为三个阶段：（1）情况不明阶段；（2）告警阶段；（3）遇险阶段。情况不明阶段包括两种情形：第一种是"在应该收到电信的时间之后的30分钟内没有收到电信，或从第一次设法和该航空器建立通信联络而未成功时起30分钟内仍未与该航空器取得联络"；第二种是"按航空器最后通知空中交通服务单位的预计到达时间或该单位所计算的预计到达时间以后30分钟内仍未到达"。[③] 应注意的是，不明阶段将时间限定在"30分钟内"，因此有可能在30分钟后与航空器建立联系，也有可能还是无法建立联系。马来西亚航空公司发布的第一份声明中提到的"失联"，就是该航空器未

---

① 参见《国际民用航空公约》附件6——《航空器的运行（第一部分 国际商业航空运输）》（2010年7月第9版，2014年11月13日修订）第7.1.1条。
② 参见《国际民用航空公约》附件2——《空中规则》（2005年7月第10版，2014年11月13日修订）第3.6.5.1条。
③ 参见《国际民用航空公约》附件11——《空中交通服务》（2001年7月第13版，2013年11月14日修订），第5.2.1条a款。

能在上述时间内与苏邦空中管制台取得联系。"在不明阶段之后,继续设法和该航空器建立通信联络而未成功,或通过其他有关方面查询仍未得到关于该航空器的任何消息",①则由情况不明阶段进入告警阶段。在与MH370航班失去联系后,空中交通管制部门持续与MH370航班联系,但还是无法与MH370航班取得联系,正是基于这种情况,马来西亚政府宣布MH370"失踪"。在对失踪的MH370航班进行了将近一年的搜寻后,马来西亚政府宣布MH370航班发生了"事故(失事)"。

《国际民用航空公约》对"事故"没有定义,但其第26条"事故调查"却对《国际民用航空公约》附件定义"事故"给出了指引。该条规定:"一缔约国的航空器如在另一缔约国的领土内发生事故(accident),致有死亡（death）或严重伤害（serious injury）或表明航空器或航行设施有重大技术缺陷（indicating serious technical defect in the aircraft or air navigation facilities）时,事故所在地的国家应在该国法律许可的范围内,依照国际民航组织建议的程序,着手调查情形。"附件11——《空中交通服务》和附件13——《航空器事故和事故征候调查》均在第一章定义中对"事故"给出了同样的定义:在任何人登上航空器准备飞行直至所有这类人员下了航空器为止的时间内,所发生的与该航空器的运行有关的事件,在此事件中:（1）人员遭受致命伤或重伤;（2）航空器受到损害或结构故障;（3）航空器失踪或处于完全无法接近的地方（the aircraft is missing or is completely inaccessible）。②可以看出,航空器事故包括三种情形,且航空器失踪也是航空器事故的其中一种。何谓"航空器失踪"？附件13规定:"在官方搜寻工作已结束仍不能找到残骸时,即认为航空器失踪。"

结合上述《国际民用航空公约》及其附件的规定,可以更好地理解马来西亚航空公司或马来西亚政府发表的声明。马来西亚航空公司发布的第一份声明中提到的"失联",是按照《国际民用航空公约》附件11的规定,试图与航空器建立联系而未成功这样一种情形,即航空器处于"情况不明阶段"。第二份声明中提到"失去了全部（所有）的联系",意指附件11中告警阶段

---

① 参见《国际民用航空公约》附件11——《空中交通服务》第5.2.1条b款。
② 参见《国际民用航空公约》附件13——《航空器事故和事故征候调查》（2010年7月第10版,2013年11月14日修订）。

的第一种情形，即穷尽各种办法还是无法与航空器取得联系。这时候，表明航空器已经处于失踪状态，因此紧接着 2014 年 3 月 9 日的声明就提出了航空器失踪。如果航空器处于失联状态，还有可能与航空器重新建立联系，而处于失踪状态的话，则表示彻底与航空器失去了联系，航空器不知所终。马来西亚民航局局长宣布航空器"发生事故"，其明确指出是依据《国际民用航空公约》附件 12 和附件 13 宣布 MH370"失事"。

综上，在中文语境下的航空器"失联""失踪""失事"，仅是通常意义而言，与马来西亚航空公司或马来西亚政府所发布相关声明中的用词不可同日而语，等量齐观。

二、航空器的搜寻和援救：搜寻期限的讨论

在航空器的搜寻和援救方面，国际社会已经建立起了一整套制度和程序。《国际民用航空公约》附件 12——《搜寻与援救》[①] 规定了国际上协商一致的标准和建议措施，即国际民航组织缔约国在其领土之内和公海上的搜寻与援救服务的设立、维持和运作。同时，《国际航空和海上搜寻与援救（IAMSAR）手册》（Doc 9731）对附件 12 加以补充。一般情况下，航空器的搜寻不会持续太长时间，大部分遇险的航空器在短时间内就能被发现或找到。MH370 航班的特殊性在于，在长达 34 个月（2014 年 3 月—2017 年 1 月）的时间里，搜寻无果，不知所终。因此提出的问题是，对于失踪的航空器，在什么情况下可以结束搜寻工作？是不是要无限期地搜寻下去？

（一）《国际民用航空公约》附件 12 中的搜寻期限

《国际民用航空公约》附件 12 对于航空器搜寻期限并没有规定一个统一的期限。实际上，在法律上规定统一的期限是不现实的，也是不可能的，因为每一次航空事故的情况并不一样。正是考虑到现实情况，附件 12 采取了一种更切合实际的做法，即"搜寻与援救工作必须按照实际情况继续进行，直到所有幸存者被送到安全地点或直到失去援救幸存者的全部合理希望为止"。[②] 根据这一表述，航空器搜寻救援工作可以在两种情况下结束：第一，所有幸

---

① 2004 年 7 月第 8 版，2007 年 11 月 22 日修订。
② 参见《国际民用航空公约》附件 12——《搜寻与援救》第 5.5.1 条。

存者安全获救；第二，援救幸存者的全部合理希望已经丧失，即幸存者已经死亡，或已经超过了幸存者可能的最长存活时间。马航 MH370 航班，从 2014 年 3 月失联至今，幸存者存活的希望非常渺茫，因此，按照附件 12 的上述规定，完全可以停止搜寻工作。

（二）国际上航空器的搜寻期限

国际航空搜寻实践表明，失踪航空器的搜寻期限依据具体情况而定。从可以检索到的资料来看，20 世纪 50 年代以来，失踪的航空器有五十多架，既有定期、不定期民航客运和货运航班，也有军用飞机。[1]从对这些失踪航空器的搜寻可以看出：其一，一旦航空器失踪，相关各方会组织大量人力和物力进行搜救；其二，从搜救时间看，有的几天，有的好几个月；其三，在两种情况下结束搜寻：一是找到飞机残骸和乘客遗体，二是在穷尽了当时可用的设备、技术手段后，还是无法找到航空器，被迫宣布放弃或停止搜寻。应该说，在航空器失踪之后，航空器的搜寻是一个漫长的过程。确定航空器坠落或坠毁地点只是第一步，找到乘客遗体和航空器残骸才是至关重要的。[2]往往是航空器的坠落或坠毁地点比较容易确定，而遗体和残骸的打捞则艰难得多，特别是航空器坠毁于海上的话。但是具体到 MH370 航班，至今却无法确定坠落地点，更不用说寻找乘客遗体和飞机残骸，这也是澳大利亚、马来西亚、中国三国政府于 2017 年 1 月宣布停止搜寻工作的原因所在。

综上所述，可以得出以下几点结论：第一，现行国际航空法并未对搜寻期限作出明确规定。第二，航空器的搜寻期限是各方面因素综合作用的结果。第三，搜寻结果有二：一是发现飞机残骸和乘客遗体，结束搜寻；二是长时间搜寻无果，则推定飞机失踪，乘客死亡。

三、法律事实的认定：国际法的规定与国际实践

航空器失事，通常情况下可以确定失事地点，找到航空器残骸和遇难者

---

[1] 如 1950 年 1 月 26 日失踪的美国空军飞机、1950 年 6 月 23 日失踪的美国西北航空公司 2501 航班、1962 年 3 月 16 日失踪的飞虎航空 739 航班。以上航空器失踪事件的相关信息及搜寻情况可参见维基百科，http: //en.wikipedia.org/wiki/List_of_aerial_disappearances。

[2] 法航 447 航班，2009 年 5 月 31 日起飞，6 月 1 日发现航空器失踪，6 月 6 日发现部分乘客遗体和飞机残骸，找到黑匣子是在 2011 年 5 月。2012 年 7 月 5 日法国公布了最终事故调查报告。

遗体。MH370 航班的特殊性在于，迄今为止未能确定失事地点并发现航空器残骸，即航空器失踪了。这就提出了一个问题：乘客是否死亡？这一事实的认定，直接关系着乘客家属能否在法院起诉马来西亚航空公司。MH370 航班从 2014 年 3 月 8 日失联至今杳无音信，乘客存活的可能性几乎没有，完全可以推定乘客已经死亡，但中国法院能否如此推定或认定？有观点认为，应按照《中华人民共和国民事诉讼法》的相关规定，启动特别程序，通过法院宣告乘客死亡，以确认乘客死亡这一法律事实的存在。[①] 在乘客是否死亡这一法律事实没有确定的情况下，乘客家属只能先向法院申请提起死亡宣告程序。在法院宣告乘客死亡后，才可以起诉马来西亚航空公司并向其提出索赔。这种说法虽不无道理，但是前引《国际民用航空公约》附件 11 和附件 13 均将航空器失踪认定为航空器事故的一种情形，且在国际航空事故处理实践中，通常不会通过法院的特别程序来认定乘客死亡这一法律事实，而是由航空器登记国政府明确宣布航空器发生事故，推定乘客死亡，也就是说以官方声明的形式确认这一事实。在世界航空史上，但凡航空器失踪，由政府部门宣布航空器失事并推定乘客死亡是惯常做法。以美国为例，上引在 1950 年、1962 年发生的三起航空器失踪事件，均是如此。马来西亚政府遵循了这一做法。2015 年 1 月 29 日，马来西亚民航局局长宣布："我代表马来西亚政府正式宣布，根据《芝加哥公约》附件 12、13 的有关规定，马来西亚航空公司 MH370 航班失事，并推定机上所有 239 名乘客和机组人员已遇难。"[②] 至于马来西亚政府的推定能否被相关国家的法院所认可，则取决于该国的法律规定和司法实践。中国虽有《民法典》等法律关于宣告死亡的实体和程序性规定，但法院在审理 MH370 索赔案件时，并未要求以宣告死亡程序为实体索赔诉讼的前置程序，实际上是对马来西亚政府推定 MH370 航班乘客死亡这一事实的认可。对于航空器失踪案件，因涉及人数众多，认可航空器登记国政府的推定，减轻了当事人和法院的负担，可以快速推进审理程序，尽快处理纠纷，可谓两全其美。

---

① 张起淮：《MH370 案若干民事诉讼问题研究》，《法学杂志》2016 年第 7 期，第 104 页。
② Press Statement by Director General of Department of Aviation on 29 January 2015, 6.00 pm，载马来西亚航空公司官网，http://www.malaysiaairlines.com/content/dam/malaysia-airlines/mas/PDF/MH370/Announcement_of_MH370_by_DOA_english.pdf，最后访问时间：2021 年 10 月 3 日。

综上，航空器失踪期间能否起诉的关键，是乘客是否死亡这一法律事实的认定。一旦这一事实得到认定，乘客近亲属当然可以起诉马来西亚航空公司。在国际航空运输中，对于失踪航空器上乘客死亡事实的认定，一般是由航空器登记国政府通过发布声明的形式，推定航空器发生事故，乘客死亡。对于航空器登记国政府的推定，诉讼地法院可按照其法律规定或司法实践处理。本节想强调的是，对失踪航空器上人员的损害赔偿诉讼，一旦航空器登记国依据国际航空法明确推定乘客死亡，在此情况下，法律事实已经确定，为了减少诉累，法院可按照国际航空法的规定，认可航空器登记国关于航空器失事的推定，可以受理案件并进入实体审理程序，没必要再通过法院诉讼程序对事实予以确认，除非法院地法有明文要求。中国法院正是基于上述事实，受理并审理马航MH370索赔案件。申请宣告死亡对于财产继承、婚姻关系消灭等更具有现实意义。事实上，正是由于涉及家庭财产继承、债务清偿等问题，有部分MH370航班乘客的利害关系人向法院提起了死亡宣告申请，法院受理并做出判决。①

四、马航MH370索赔案件审理：法律适用与管辖权分析

（一）《蒙特利尔公约》是否适用

需要特别指出的是，《蒙特利尔公约》的适用具有强制性和排他性。② 一旦确定是《蒙特利尔公约》所规定的国际运输，则强制适用公约的规定。航空私法条约的强制和排他适用是与生俱来的。1929年《华沙公约》在其制定之初就予以明确规定，《蒙特利尔公约》则毫无保留地继承了这一点。《华沙公约》和《蒙特利尔公约》各自的第1条第1款均规定："本公约适用于所有以航空器运送旅客、行李或货物而收取报酬的国际运输。本公约同样适用于航空运输企业以航空器履行的免费运输。"该款非常清楚地表明了公约的强制适用：其一，只要是以航空器履行的旅客、行李或货物的国际运输，公约就

---

① 国内法院审理并判决了多起涉及MH370航班申请宣告死亡的案件，如南京市秦淮区人民法院（2016）苏0104民特32号民事判决、北京铁路运输法院（2017）京7101民特7号民事判决、北京铁路运输法院（2018）京7101民特2号民事判决、北京市朝阳区人民法院（2019）京0105民特797号、北京市朝阳区人民法院（2020）京0105民特4号民事判决等。

② 董念清：《论国际航空私法条约适用的强制性》，《中国法学》2020年第1期，第184页。

适用，一点也不含糊；其二，有关旅客、行李和货物的任何赔偿诉讼，不论其根据如何，是根据本公约，还是合同、侵权或其他任何理由，只能按照公约规定的条件和限额提起；①其三，这种强制适用还表现在，承运人、旅客以及托运人均不能在损害发生之前通过合同条款或达成特别协议的方式，就所适用的法律或有关管辖权作出约定。②

公约适用上的强制性和排他性，在许多国家的司法实践中得到了遵循。例如，在斯杜（Sidhu）案中，英国上议院在考察《华沙公约》的文本、结构和立法历史后指出："公约被设计用来确保在所有有关承运人责任的问题上，公约的规定应被适用。乘客或许可以在其提起诉讼的某一国家依据普通法或其他法律主张权利，但不管是依据普通法律还是其他法律，乘客都不能获得任何其他救济。"③ 在曾（Tseng）案中，美国最高法院大法官金斯伯格（Ginsburg）指出："公约的文本、立法历史和所强调的目的，都建议我们坚持公约排他性这一观点，且这一观点是被其他缔约伙伴所共同认可的。基于上述原因，我们认为，当乘客的索赔不能满足《华沙公约》规定的责任条件时，《华沙公约》阻止她依据当地法就人身损害赔偿提起诉讼。"④ 斯杜案和曾案所确立的公约适用的排他性原则被其他国家和地区法院的判决所遵循。⑤ 中国法院在司法实践中也明确应优先适用《蒙特利尔公约》的规定。⑥ 因此，认为

---

① 《华沙公约》第24条第1款、《蒙特利尔公约》第29条。
② 《华沙公约》第32条："运输合同的任何条款和在损失发生以前达成的所有特别协议，其当事人借以违反本公约规则的，无论是选择所适用的法律还是变更有关管辖权的规则，均属无效。但是，如果仲裁在第二十八条第一款规定的法院管辖地区进行，货物运输可以在本公约的范围内采用仲裁条款。"《蒙特利尔公约》第49条删除了《华沙公约》第32条的"但书"条款，其余不变。
③ Sidhu v. British Airways, Plc, [1996] UKHL 5, [1997] 1 All ER 193.
④ El Al Israel Airlines, Ltd. v. Tsui Yuan Tseng, 525 U. S. 176.
⑤ 如 South Pacific Air Motive Pty Ltd v. Magnus（157 ALR 443, 1998），Ong v. Malaysian Airlie System Berhad（[2008] HKCA 88），Air Canada v. Thibodeau（[2012] FCA 246），Stott v.Thomas Cook（[2014] UKSC 15）。
⑥ 如赵某等诉卡塔尔航空集团公司，见北京市朝阳区人民法院（2019）京0105民初74331号民事判决书、北京市第三中级人民法院（2020）京03民终5683号民事判决书；三星财产保险（中国）有限公司天津分公司诉北京康捷空国际货运代理有限公司，见天津市滨海新区人民法院（2019）津0116民初2397号民事判决书、天津市第三中级人民法院（2021）津03民终1419号民事判决书；长春比邻国际进出口贸易有限公司诉联邦快递（中国）有限公司长春分公司，见吉林省长春市经济技术开发区人民法院（2020）吉0191民初1816号民事判决书、吉林省长春市中级人民法院（2021）吉01民终193号民事判决书。

"《蒙特利尔公约》不具有强制性和排他性，因此各国根据自己的情况，在对公约的具体执行上有所不同"的观点，[①]是对公约的误读或错误解释。

具体到 MH370 航班索赔案件，对于机票上载明的始发地点和目的地点分别是吉隆坡和北京的乘客来说，不论其国籍如何，1999 年的《蒙特利尔公约》适用于本案，因为他们的始发地点和目的地点分别位于中国和马来西亚境内，中国和马来西亚均批准了《蒙特利尔公约》，其运输是《蒙特利尔公约》意义上的国际航空运输。除上述始发地点和目的地点分别是吉隆坡和北京的乘客外，对于机票载明其旅行是北京—吉隆坡（或马来西亚另一地点）—北京的乘客，或吉隆坡（或马来西亚另一地点）—北京—吉隆坡（或马来西亚另一地点）的乘客，《蒙特利尔公约》也适用。当然，还有其他一些情况，这需要根据旅客的始发地点、目的地点以及这两个地点所在的国家是否批准了《蒙特利尔公约》来确定，此处不再进一步分析。

（二）中国法院是否有管辖权

有观点认为，中国法院对马航 MH370 航班上遇难者家属的索赔无管辖权，这一说法过于笼统和武断。从法院的管辖权来说，《蒙特利尔公约》规定了五个地方的法院有管辖权：（1）承运人住所地；（2）承运人主要营业地；（3）订立合同的营业地；（4）目的地；（5）旅客的主要且永久居所地。[②] 具体到 MH370 航班，承运人马来西亚航空公司的住所地在马来西亚，主要营业地也在马来西亚，因此马来西亚的法院对此案具有管辖权。订立合同的营业地，因乘客会以不同的方式在不同的地点购买机票，在不知道乘客的确切购买方式和购买地点的情况下，无法判断哪国的法院具有管辖权。目的地法院，可以分为三种情形讨论：（1）吉隆坡（始发地点）—北京（目的地点），因北京是运输的目的地，中国法院的管辖权毋庸置疑。（2）第三国某地（如奥克兰）—吉隆坡—北京，在这种情况下，虽然目的地是北京，但哪国法院具有管辖权，取决于始发地点所在地的第三国是否是公约的当事国，如果第三国是公约的当事国，则该运输是公约所界定的国际运输，目的地是北京，中国

[①] 白天亮：《专家：宣布失踪不意味着不再搜寻》，载人民网，http://hlj.people.com.cn/n/2014/0503/c222646-21120789.html，2014 年 5 月 3 日刊载，最后访问时间：2021 年 10 月 3 日。

[②] 《蒙特利尔公约》第 33 条第 1 款、第 2 款。

法院当然具有管辖权；如果第三国不是公约的当事国，则因该运输不是公约意义上的国际运输，不能适用公约关于管辖权的规定。（3）吉隆坡—北京—第三国某地（如奥克兰），该运输中，北京只是双方当事人约定的经停地点，如果第三国是公约的当事国，则该运输是国际运输，因目的地是在第三国，中国法院自然无管辖权；如果第三国不是公约的当事国，同样，因该运输不是公约所界定的国际运输，公约关于管辖权的规定自然不能适用。因此，对于行程为吉隆坡（始发地点）—北京（目的地点）的旅客，以及行程为第三国某地（始发地点，该第三国为公约的当事国）—吉隆坡—北京（目的地点）的旅客，其目的地均为北京，毫无疑问，中国法院具有管辖权。

除上述四个管辖权外，《蒙特利尔公约》还有自己的"创新"，这就是引入了"主要且永久居所地"法院。乘客的"主要且永久居所地"，是指"事故发生时旅客的那一个固定和永久的居住地。在此方面，旅客的国籍不得作为决定性因素"。[1] 学理上认为，"主要且永久居所，实际上是指旅客的惯常居住地。"[2] 具体如何确定"主要且永久居所地"，应由受理案件的法院依据法院地法确定。在我国法律中，虽规定了自然人的"住所""经常居住（所）地"，但并未对"经常居住（所）地"做出明确的界定。[3] "在大多数国际立法和外国立法中，经常居所只是一个事实问题。事实问题应由法官判定。因此，在经常居所的界定上，法官通过分析案件的具体情形并主要通过分析当事人的居住事实和居住意图进行自由的权衡。"[4] 根据司法解释，中国法院判定自然人的经常居所地的依据是：连续居住一年以上且作为其生活中心的地方。[5] 在司法实践中，法院也是据此予以认定"经常居所地"。[6] 具体到马航MH370索

---

[1] 《蒙特利尔公约》第33条第3款。
[2] 中国民用航空总局政策法规司：《1999年统一国际航空运输某些规则的公约精解》（内部发行），1999年10月第1版，第218页。
[3] 《中华人民共和国涉外民事法律关系适用法》第11、12、13、15、19条规定："……适用经常居所地法律。"《中华人民共和国民法典》第25条规定："自然人以户籍登记或者其他有效身份登记记载的居所为住所；经常居所与住所不一致的，经常居所视为住所。"
[4] 何其生：《我国属人法重构视阈下的经常居所问题研究》，《法商研究》2013年第3期，第90页。
[5] 《最高人民法院关于适用〈中华人民共和国涉外民事关系法律适用法〉若干问题的解释》（一）第13条规定："自然人在涉外民事关系产生或者变更、终止时已经连续居住一年以上且作为其生活中心的地方，人民法院可以认定为涉外民事关系法律适用法规定的自然人的经常居所地，但就医、劳务派遣、公务等情形除外。"
[6] 如王某玲诉烟台正大葡萄酒有限公司民间借贷纠纷案，见最高人民法院（2019）最高法民申6155号民事裁定书。

赔纠纷，对于在中国有经常居所地的乘客来说，中国法院具有管辖权。① 综上所述，对于机票载明的目的地点是北京的乘客来说，或者是在中国有"主要且永久居所地"的乘客，中国法院具有法定的管辖权。

五、赔偿金额的确定：《蒙特利尔公约》责任制度解析

MH370失踪后，对遇难乘客的赔偿一直是国内外最为关心并持续讨论的问题之一。讨论的焦点不是应否赔偿，而是如何赔偿、赔偿多少的问题。根据上文分析，对于始发地点和目的地点分别是吉隆坡和北京的乘客，适用的法律是《蒙特利尔公约》。因此，赔偿数额应依据《蒙特利尔公约》的规定来确定。

（一）《蒙特利尔公约》的核心是无限额责任制度

《蒙特利尔公约》规定了承运人的赔偿责任。这一责任制度的核心内容是②：对于不超过10万特别提款权③的索赔，实行严格责任制，承运人不得免除或限制其责任；对于超过10万特别提款权的部分，实行推定过错制，除非承运人能证明损失不是由于承运人或者其受雇人、代理人的过失或者其他不

---

① 在马航索赔纠纷案件中，对于中国法院的管辖权，马航提出了管辖权异议。例如，王某某诉马航人身损害赔偿纠纷案［北京铁路运输法院（2016）京7101民初999号］。马航认为，乘客王某某持新西兰护照，系新西兰公民，其妻子和女儿也定居于新西兰，因此其"主要且永久居所地"为新西兰而不是中国。但是，在本案事故发生时，乘客王某某系河北大学在职职工，与河北大学存在劳动关系，享有副教授职称并每月在河北大学领取工资。河北大学的教职工作是全职工作，该工作从工作性质上显然需要王某某长期、固定地出勤，因此王某某客观上必须定居在中国境内。河北大学的教职工作是王某某的唯一工作，故王某某将其在中国境内的住所作为固定和永久居所的意愿显而易见。

② 《蒙特利尔公约》第17条和第21条。

③ 即特别提款权（Special Drawing Right，SDR），是国际货币基金组织创设的储备资产。此数额已两次调整，现已提高到128 821特别提款权。根据《蒙特利尔公约》第24条规定，公约规定的责任限额由公约保存人（国际民航组织）在公约生效后每隔五年复审一次，并在复审结果表明通货膨胀因素已超过10%时，修改责任限额。2009年，根据国际货币基金组织公布的数据，国际民航组织确定的通货膨胀因素为13.1%。在经过默认生效程序后，国际民航组织确定经修改的责任限额自2009年12月30日起对1999年《蒙特利尔公约》所有当事国生效。根据《蒙特利尔公约》第21条，对于因旅客死亡或者身体伤害而产生的损失，对每名旅客第一梯度的赔偿责任限额100 000特别提款权（约合人民币1 069 120元）提高至113 100特别提款权（约合人民币1 209 174.72元）。2019年，国际民航组织对限额进行了第二次审核，将第21条的限额由113 100提高到128 821特别提款权，自2019年12月28日起生效。参见国际民航组织官网，https://www.icao.int/Pages/default.aspx，最后访问时间：2021年10月3日。

当作为、不作为造成的；或者损失完全是由第三人的过失或者其他不当作为、不作为造成的，否则，承运人应承担责任。

《蒙特利尔公约》彻底颠覆了其前身《华沙公约》的责任制度。《华沙公约》规定了航空承运人的最高赔偿限额，一般情况下其规定的赔偿限额不能被突破[1]。《蒙特利尔公约》则一改《华沙公约》的做法，以 10 万特别提款权为一中间点，在此数额之下的索赔，承运人无条件承担赔偿责任。高于此数额的部分，如果承运人不能证明存在《蒙特利尔公约》第 21 条第 2 款所规定的两种情形之中的一种，还需承担赔偿责任。换言之，对于超过 10 万特别提款权的部分，承运人也应承担。这是一种完完全全的无限额责任制度。"新公约规定了对旅客死亡或受伤的无限责任。正是因为这一原因，法院和评论者认为《华沙公约》的首要目的——限制承运人责任，并没有被《蒙特利尔公约》所复制，《蒙特利尔公约》的首要目的是确保公正和充分的赔偿。"[2] "承运人对于旅客死亡或身体伤害的责任不再有任何限制。……《蒙特利尔公约》对赔偿金规模未作任何规定。"[3] "在现实操作中，《蒙特利尔公约》应被视为确立了承运人对经证明的旅客死亡或身体伤害所遭受损害承担严格责任且无任何赔偿金限额的基础，除非根据《蒙特利尔公约》第 29 条，当地法律允许。"[4] 欧盟 889/2002 号条例[5]也认为，《蒙特利尔公约》确立的是一种无限责任："鉴于：……（4）《蒙特利尔公约》规定了航空旅客死亡或受伤的无限责任制度"。

---

[1] 《华沙公约》规定承运人对每一旅客的责任以 125 000 法郎为限。只有在承运人的"有意不良行为"造成损失的情况下，承运人就无权引用公约关于免除或限制承运人责任的规定。见《华沙公约》第 22 条、第 25 条。修改《华沙公约》的《海牙议定书》将赔偿限额提高到 25 万法郎，突破限额的条件是承运人存在轻率的作为或不作为。见《海牙议定书》第 11 条、第 13 条。

[2] Lee S. Kreindler. Aviation Accident Law. Volume 2, LexisNexis, 2006：§ 10.02 [3] [a], 10-8.

[3] Giemulla/Schmid（editors）, Montreal Convention Annotated, Kluwer Law International, 2006：Article 17-39.

[4] 乔治·汤普金斯：《从美国法院实践看国际航空运输责任规则的适用与发展》，本书译委会译，北京：法律出版社 2014 年版，第 32 页。

[5] 该条例的英文全称是："Regulation（EC）No 889/2002 of the European Parliament and of the Council of 13 May 2002 amending Council Regulation（EC）No 2027/97 on air carrier liability in the event of accidents"［Official Journal L 140，30/05/2002］，载欧盟官网，http：//eur-lex.europa.eu/legal-content/EN/TXT/?uri=uriserv：OJ.L_.2002.140.01.0002.01.ENG，最后访问时间：2021 年 5 月 20 日。

（二）128 821 特别提款权既非赔偿的上限更非赔偿的下限

128 821 特别提款权并不是一个赔偿额度，它只是公约设定的双梯度责任的一个分水岭或临界点，以此为界，承运人责任承担实行不同的原则。在此数额之下，承运人承担责任实行严格责任。如果索赔人的索赔数额超出这一数额的部分，则实行推定过错，除非承运人可以证明第 21 条第 2 款所规定的两种情形中的一种，不然也还要承担超过部分的赔偿责任。[1] 如果认为 128 821 特别提款权是最高赔偿额，那么第 21 条的第 2 款就没有存在的必要。同样，如果认为是赔偿的下限，也无法对第 21 条做出合理的解释。

（三）赔偿金额需要索赔人举证证明并由法院认定

对于索赔人而言，至关重要的是证明其遭受的损失数额，并且该损失是由于公约第 17 条的事故所造成。如果索赔人举证证明的损失数额被法院认定，且该数额在 128 821 特别提款权之下，承运人应该承担；如果超出 128 821 特别提款权，承运人也应该承担。除非承运人证明第 21 条第 2 款规定的一项或两项抗辩。

（四）公约规定的承运人的两项抗辩理由难以证明

索赔人或旅客能否获得全额赔偿，取决于承运人能否证明第 21 条第 2 款的一项或两项抗辩。对于承运人而言，面临着一个选择："是全额支付已证明损害，包括超过 128 821 特别提款权的部分，还是通过证明第 21 条第 2 款的一项或两项抗辩而避免 128 821 特别提款权以上部分的赔偿责任。如果承运人选择放弃辩护和证明第 21 条第 2 款的一项或两项抗辩，旅客将获得已证明损害 100% 的赔偿。如果承运人选择并成功做到辩护，证明了第 21 条第 2 款的一项或两项抗辩，旅客将仅获得已证明损害 128 821 特别提款权以下部分的赔偿。如果承运人选择，但未能成功辩护并证明第 21 条第 2 款的一项或两项抗辩，旅客将获得已证明损害 100% 的赔偿。"[2] 当然，以上讨论只是基于承运人要不要举证证明和能否证明法定抗辩理由而言，在共同过失的情况下，相应

---

① 董念清：《马航 MH370 事件损害赔偿论》，《北京航空航天大学学报》2014 年第 5 期，第 31 页。
② 乔治·汤普金斯：《从美国法院实践看国际航空运输责任规则的适用与发展》，本书译委会译，北京：法律出版社 2014 年版，第 31 页。

全部或者部分免除承运人的责任[①]。

"商用航空器事故的历史表明：在事故引发旅客死亡或身体伤害时，承运人或其受雇人、代理人完全没有导致或部分导致事故的'过失或其他不当作为或不作为行为'的情况是极少的。因此，就航空器坠毁导致的旅客死亡或身体伤害索赔，承运人选择主张第21（2）（a）条抗辩的情况也是极少的。因此，索赔人可基于严格责任原则高效地获得已证明损害的全额赔偿。第21（2）（b）条规定的第二项抗辩——旅客死亡或身体伤害中所遭受的损害'完全由第三方的过失或其他不当作为或不作为行为'所致也因'完全由'的标准而难以证明。"[②] 当然，由于"空中交通管制服务（不包含承运人自身的任何因素）、有生产瑕疵的航空器、发动机或电子元件、旅客、行李或货物的不正确或不充分的安全检查（当航空承运人不负责直接或间接提供安全检查时）等引发航空器事故的情况，第21（2）（b）条抗辩，可能发挥作用。"[③]

在航空器失踪的情况下，对于承运人来说，无论是事实上还是法律上都几乎不可能证明第21条第2款所规定的两种情形。因为机组航空器不知所终，不可能对驾驶舱话音记录器（Cockpit Voice Recorder）和飞行数据记录器（Flight Data Recorder）的数据进行分析，从而判断出是哪个程序或哪个环节出现问题导致事故发生。也就是说，关于该航班的一切都是未知数，承运人根本无法证明第21条第2款的一项或两项抗辩。"通常大部分的航空事故牵涉承运人某种程度的差错，要么是在驾驶舱，要么是在地面，如地面维修、培训或其他规程方面。"[④]

[①] 《蒙特利尔公约》第20条规定："经承运人证明，损失是由索赔人或者索赔人从其取得权利的人的过失或者其他不当作为、不作为造成或者促成的，应当根据造成或者促成此种损失的过失或者其他不当作为、不作为的程度，相应全部或者部分免除承运人对索赔人的责任。旅客以外的其他人就旅客死亡或者伤害提出赔偿请求的，经承运人证明，损失是旅客本人的过失或者其他不当作为、不作为造成或者促成的，同样应当根据造成或者促成此种损失的过失或者其他不当作为、不作为的程度，相应全部或者部分免除承运人的责任。本条适用于本公约中的所有责任条款，包括第二十一条第一款。"

[②] 乔治·汤普金斯：《从美国法院实践看国际航空运输责任规则的适用与发展》，本书译委会译，北京：法律出版社2014年版，第31-32页。

[③] 乔治·汤普金斯：《从美国法院实践看国际航空运输责任规则的适用与发展》，本书译委会译，北京：法律出版社2014年版，第32页。

[④] Lee S. Kreindler, Aviation Accident Law. Volume 2, LexisNexis, 2006：§10.06［1］［b］, 10-81.

综上，无限额责任制度是《蒙特利尔公约》的核心所在，这是其与《华沙公约》的本质不同。公约所确定的 128 821 特别提款权，不是公约规定的赔偿责任限额。在无限额责任制下，旅客或索赔人只需证明因航空事故导致的实际损失，一旦这一损失额被受理案件的法院认定，承运人就应全部赔偿，除非承运人可以证明公约第 21 条第 2 款所规定的两项抗辩中的任何一项。航空事故实践表明，在航空器坠毁或失踪的情况下，要证明公约第 21 条第 2 款所规定的两项抗辩是非常困难的。认为赔偿额为 128 821 特别提款权的观点，是对公约的误读，《蒙特利尔公约》并未就赔偿规定具体的数额。

六、结语

马航 MH370 航班事故，关涉国际航空法重要的理论与实务问题。马来西亚航空公司和马来西亚政府关于此事故的新闻发言或声明，其法律基础是《国际民用航空公约》及其相关附件。其发言或声明的用词看上去是通常的词语，但其含义却不同于我们一般所理解的意思。航空器的搜寻是航空器登记国以及相关国家的国家义务，但在搜寻期限上，国际航空法没有明文规定，实际搜寻期限受制于诸多因素，取决于具体个案。对于失踪的航空器，国际航空事故搜寻实践是，在搜寻无果的情况下，通常由航空器登记国宣布航空器失事，推定乘客死亡。在每一次大的空难发生后，遇难者的赔偿不仅是涉事的航空承运人必须面对的问题，也是政府部门以及社会各界必须共同面对的问题。如果是国际航空运输的话，可能还会牵涉更多的利益相关方，如航空承运人、航空承运人所属国、航空器制造国、乘客国籍国等。空难赔偿不仅关乎遇难乘客的基本民事权利的实现，也是对涉事航空承运人及其他相关方的考验。对于始发地点和目的地点分别是吉隆坡和北京的乘客来讲，应适用的法律是《蒙特利尔公约》，中国法院具有管辖权。在赔偿数额上，《蒙特利尔公约》并未规定一个具体的赔偿限额，128 821 特别提款权既不是"地板价"，更不是"天花板价"。索赔人的实际获赔额在很大程度上取决于其证明的损失额。《蒙特利尔公约》第 21 条规定的承运人的抗辩条件，对于承运人而言非常困难。正确理解《蒙特利尔公约》的规定，不仅对于承运人和索赔人双方都至关重要，对于受理案件的法院同样重要，因为它关涉法院能否正确适用法律并做出公正的裁决。

第四节　双边航空协定的解释与
我国航空法律的完善路径 *

航空运输是中美经贸活动、文化交流的桥梁和纽带，往日中美间平均每日上万人的客运量足以证明其角色的重要性和不可替代性。中美自1980年签署双边航空运输协定以来，四十多年的时间里，航空运输平稳发展，为中美乃至世界经济文化的发展交流做出了重大贡献。新冠疫情发生后，针对中国民航局限制美国航空公司航班运力的做法，美国运输部宣布暂停中国航空公司往返美国的所有航班。至此，中美间的航空运输四十年来第一次面临"断航"的风险，中美之间的航空运输必将成为新问题。既然争议不可避免，防范、化解争议就成为不得不思考的问题。如何掌握解决争议的主动权，有理有据地解决争议，使争议解决"有里有面"，改变被动接受的局面，需要理论支持和制度建构，也需要对争议实践进行分析评判。此次中美航权之争，为研究中美之间的航空争议提供了一个绝佳的样本。分析总结这一样本，对今后类似的争议解决无疑具有重要的现实意义，也必将有助于中美间的航空运输行稳致远。

一、缘起与经过

开展国际航空运输的前提是获得航权。1944年《国际航空运输协定》规定了五种"空中自由"：（1）不降停而飞越其领土的权利；（2）非商业性降停的权利；（3）卸下来自航空器国籍国领土的旅客、货物、邮件的权利；（4）装载前往航空器国籍国领土的旅客、货物、邮件的权利；（5）装卸前往或来自任何其他缔约国领土的旅客、货物、邮件的权利。① 在获得上述"自由"的同时，还需要确定承运人、航点、航线、运力及运价等，所有这些要素构成

---

* 本节内容发表于《太平洋学报》2021年第8期，本书收录时略作修改。
① 参见《国际航空运输协定》第1条。

了航权的主要内容①,即一国允许他国航空承运人在确定的航线上以什么样的价格,承运多少旅客和货物。简言之,航权是一国给予他国航空承运人从事国际航空运输的权利。中美于1980年9月17日签署了《中美航空运输协定》②,授予了双方的承运人在两国之间开展航空运输的权利。新冠疫情发生后,双方之间的航空运输不可避免地受到了影响。围绕着是否允许美国承运人复航以及双方每周运营的航班班次,中美相关政府部门之间展开了多轮的"较量"。

(一)中国调减国际航班总量的措施:"五个一"政策

为防止境外疫情输入,2020年3月19日,中国民航局发布了《关于疫情防控期间控制国际客运航班量的通知》,③以3月12日民航局官网发布的"国际航班信息发布(第5期)"为基准,每家航空公司在每条航线上的航班量只减不增。随着疫情在国外的蔓延,外防输入已经成为国内疫情防控的重中之重。为遏制境外疫情输入风险高发态势,3月26日,中国民航局发布了《关于疫情防控期间继续调减国际客运航班量的通知》,④以上述"国际航班信息发布(第5期)"为基准,国内航空公司经营至任一国家的航线只能保留1条,且每条航线每周运营班次不得超过1班;外国航空公司经营至中国的航线只能保留1条,且每周运营班次不得超过1班,这就是"五个一"政策("一司一国一线一周一班")。⑤

---

① WTO《服务贸易总协定》下的《航空运输服务附件》第6条对航权给出了明确的定义:"(d) 'Traffic rights' mean the right for scheduled and non-scheduled services to operate and/or to carry passengers, cargo and mail for remuneration or hire from, to, within, or over the territory of a Member, including points to be served, routes to be operated, types of traffic to be carried, capacity to be provided, tariffs to be charged and their conditions, and criteria for designation of airlines, including such criteria as number, ownership, and control." 该条关于航权的定义涵盖了空中自由(权利)、航点、航线、运力、运价等要素。
② 后分别于1982年、1992年、1999年、2004年、2007年进行了5次修订。
③ 民航发〔2020〕11号,载中国民航局网,http://www.caac.gov.cn/XXGK/XXGK/TZTG/202003/t20200319_201555.html,最后访问时间:2021年1月5日。
④ 民航发〔2020〕12号,载中国民航局网,http://www.caac.gov.cn/XXGK/XXGK/TZTG/202003/t20200326_201746.html,最后访问时间:2021年1月5日。
⑤ 参见《关于疫情防控期间继续调减国际客运航班量的通知》第1条。

（二）美国的应对之举："禁航"令

2020年5月初，美国达美航空和联合航空向中国民航局提出复航申请，计划6月初恢复运营中美之间的定期客运航班。因达美航空和联合航空在2月初即自行停止了客运航班，不具备3月12日当周航班计划的前提条件，中国没有立刻批准上述两家航空公司的申请。5月14日，美国运输部向中国民航局表示，"五个一"政策的限制措施与《中美航空运输协定》的规定不相符。当日，中国民航局表示，将考虑取消3月12日航班计划的前提条件，但是每条中国航线每周只限一班的规定将继续有效。5月22日，美国运输部发布2020-5-4号行政命令[1]：作为对中国政府未能允许美国承运人开展前往中国的定期国际航班业务的回应，要求7家具备中美航线运营资质的中国航空公司必须在2020年5月27日之前提交与中美航线有关的详细航班计划信息，以便运输部确定这些航班或其中的部分航班是否违反了相关法律或损害了公共利益。5月25日，中国民航局回复称，其不希望通过对美国承运人采取反制措施的方式作出回应，要求美国运输部撤回2020-5-4号行政命令。6月3日，美国运输部发布了2020-6-1号行政命令[2]：因中国没有允许美国航空公司提供往返中国的航班服务，美国将暂停中国航空公司运营的往返美国的所有航班服务，该命令将于6月16日起生效，此即"禁航令"。因之前美国航空公司已经停运了中美之间的所有航班，如果美国运输部暂停中国航空公司运营的往返美国的所有航班，中美面临"断航"的风险。

（三）双方对各自政策法规的调整：同意复航与取消禁令

2020年6月4日，中国民航局发布《关于调整国际客运航班的通知》[3]，调整"五个一"政策，在奖励与熔断机制下，允许更多外国航空公司复航中国。"自2020年6月8日起，所有未列入'第5期'航班计划的外国航空公

---

[1] 2020-5-4 Order to File Schedules，载美国运输部官网，https://www.regulations.gov/document?D=DOT-OST-2020-0052-0001，最后访问时间：2021年1月5日。

[2] Notification and Order Disapproving Schedules，载美国运输部官网，https://www.transportation.gov/sites/dot.gov/files/2020-06/China%20Part%20213%20Phase%20Order%202020120-6-1%20Final.pdf，最后访问时间：2021年1月5日。

[3] 民航发〔2020〕27号，载中国民航网，http://www.caac.gov.cn/XXGK/XXGK/TZTG/202006/t20200604_202928.html，最后访问时间：2021年1月5日。

司，可在本公司经营许可范围内，选择1个具备接收能力的口岸城市，每周运营1班国际客运航线航班。"[①] 按照这一规定，所有在疫情发生之初就停航中国的外国航空公司，均可在每周1班的前提下复航中国。因美国只有达美航空和联合航空提出了复航申请，所以每周的航班总量是2个往返航班。6月5日，美国运输部发布2020-6-3号行政命令[②]，修订其2020-6-1号行政命令，允许中国航空公司继续运营往返美国的航班，但实行总量控制，每周总共2个往返班次。虽然有航班数量限制，但至少避免了"断航"的后果。6月12日，中国民航局通知美国运输部，允许已申请复航的每一家美国航空公司每周运营2个往返客运航班。6月15日，美国运输部发布2020-6-6号行政命令[③]，对2020-6-1号行政命令做出第二次修改，允许中国航空公司每周运营4班往返定期客运航班。至此，中美航权争议暂告一个段落。[④]

二、双方的观点及争议所在

（一）双方的理由及依据

美国运输部在2020-5-4号行政命令中指出，根据《中美航空运输协定》，就美国政府指定的承运人而言，除其他权利外，拥有运营从美国国内任意一地到中国国内对定期航班开放的任意一地的权利。[⑤] 协定还确立了"每一方应采取所有适当的措施，以确保双方指定的承运人在规定的航线上运营协议航班的公正和平等的权利，以便达到机会均等、合理平衡、相互有利"。[⑥]

[①] 参见《关于调整国际客运航班的通知》第2条。
[②] China Part 213 Order Amendment Final 2020-6-3，载美国运输部官网，https：//www.transportation.gov/sites/dot.gov/files/2020-06/China%20Part%20213%20Order%20Amendment%20Final%202020-6-3.pdf，最后访问时间：2021年1月6日。
[③] China Part 213 Order Amendment 2020-6-6，载美国运输部官网，https：//www.transportation.gov/sites/dot.gov/files/2020-06/China%20Part%20213%20Order%20Amendment%202020-6-6.pdf，最后访问时间：2021年1月6日。
[④] 2020年8月18日，美国运输部发布2020-8-6号行政命令，再次修订2020-6-1号行政命令，允许中国航空公司将航班班次从此前的每周4班增至每周8班，立即生效。载美国运输部官网，https：//www.transportation.gov/sites/dot.gov/files/2020-08/Order%202020-8-6.pdf，最后访问时间：2021年1月6日。2020年8月以后，中国民航局按照"一国一策"对航班运力进行调整，2021年7月中美之间每周执飞的客运航班有17班。
[⑤] 参见《1999年修订的中美航空运输协定》第3条。
[⑥] 参见《中美航空运输协定》第12条第2款。

中国民航局 3 月 26 日发布的"五个一"政策，是以 3 月 12 日发布的"国际航班信息发布（第 5 期）"为基准，而在此之前，美国的航空公司已经全部停止运营中美航线上的航班，而在此期间中国的航空公司仍然保留一定数量往返美国的航班。通过 3 月 12 日这一基准日期确定的航班计划，中国民航局有效地阻止了美国承运人复航中国，不能行使其全部的双边权利，而中国承运人依然能够经营到美国的定期客运航班。美国认为，"五个一"政策强加的运力限制超出了双方航空运输协定的规定，该政策给中国承运人提供了更优惠的待遇，剥夺了美国承运人公正和平等竞争的机会，中国违背了《中美航空运输协定》第 12 条第 2 款、附件 1 第一部分[①] 以及附件 5[②] 的规定。

　　对于美国的上述看法，中国并不认同。在 2020 年 5 月 25 日中国民航局给美国运输部的回函中，明确指出"五个一"政策并不违反《中美航空运输协定》，因为该规定平等地适用于国内外所有航空承运人，并且是公正、公平、透明的。虽然中国民航局在 2020 年 3 月 26 日发布的《关于疫情防控期间继续调减国际客运航班量的通知》中未提及调减航班数量的法律依据，但在 2020 年 6 月 4 日发布的《关于调整国际客运航班的通知》中，明确指出了其法律依据，即依据《中华人民共和国国境卫生检疫法》（以下简称《国境卫生检疫法》）、《中华人民共和国突发事件应对法》（以下简称《突发事件应对法》）和《中华人民共和国民用航空法》（以下简称《民用航空法》）等有关规定，对国际客运航班运力进行调整。

---

① 《修订中美航空运输协定的 1999 年议定书》第 3 条规定："协定有关航线权利的附件一修改如下：
A. 协定第一部分（第一条航线）、第二部分（第二条航线）和第三部分（全货运航线）的规定将被下面第一部分（美国承运人运营的航线）和第二部分（中国承运人运营的航线）替代：
1. 美国承运人的航线：
航线 A：被美国政府指定的运营航线 A 的任意一家航空公司，在下列航线上，有权利经营混合和全货运往返航班，并且拥有全部的航权：从美国境内的任意一点，经日本东京或日本境内的另一点，到中国上海、广州、北京，以及美国选定的中国境内对定期国际航班开放的另外两点之间的航线。
航线 B：被美国政府指定的运营航线 B 的任意一家航空公司，在下列航线上，有权利经营全货运往返航班，并且拥有全部的航权：从美国境内的任意一点，经任意中间点，到中国境内对定期国际航班开放的任意一点，以及到中国境外的任意一点……"

② 附件 5 是关于中美双方各自运力的规定。《修订中美航空运输协定的 2007 年议定书》第 2 条对原协定附件 5 做了大幅修订，主要是分阶段大幅增加双方各自的运力。

（二）双方的争议所在：如何解释公平竞争的机会

《中美航空运输协定》第 12 条第 2 款明文规定了"公平竞争的机会"，附件 1 第一部分明确规定，美国的航空公司拥有运营从美国国内任意一地到中国国内对定期国际航班开放的任意一地航班的权利，附件 5 又对双方可以运营的航班班次做了规定。不管是航点的选择还是航班的班次，其实都是"公平竞争机会"的应有之义。

其实，如果仔细研读美国运输部 5 月 22 日发布的 2020-5-4 号行政命令，就会发现美国运输部要求的是"公平竞争的机会"，具体体现就是《中美航空运输协定》规定的"全部双边权利"，再具体一点，就是在疫情发生之前美国承运人运营的中美航线上的全部航班。但是，对于"公平竞争的机会"，中美双方的理解是不同的。中国的理解是，无论是中国的航空公司还是美国的航空公司，都一视同仁，既不优待也不歧视任何国家的航空公司，《关于调整国际客运航班的通知》明确规定国内外航空公司均可在"五个一"政策下恢复至中国的航线航班。

美国运输部于 6 月 5 日、6 月 15 日发布的两份行政命令，与 5 月 22 日的行政命令一脉相承，也再次强调中国剥夺了美国承运人公正和平等地实施协定项下运营权利的机会。所以，当美国运输部在收到中国民航局 5 月 25 日的回函时，发现中国民航局的"五个一"政策不会改变，难以达成其期望的结果时，便于 6 月 3 日发布了 2020-6-1 号行政命令，这样中美面临停航或断航。当中国民航局于 6 月 4 日发布《关于调整国际客运航班的通知》，同意美国承运人复航，但每周 1 班的限制仍然不变时，美国运输部 6 月 5 日发布的 2020-6-3 号行政命令指出，中国民航局的修订依然阻止了美国航空公司全面地实施协定下的权利。在 6 月 15 日发布的 2020-6-6 号行政命令中，美国运输部坚持同样的看法。美国将"公平竞争的机会"解释为协定赋予的全部航班运营权利，这与中国民航局所理解的"一司一线一班"相去甚远。换言之，美国要求的是全面复航，中国只同意"一司一线一班"。

综上，美国是以《中美航空运输协定》为依据，要求恢复美国承运人在疫情发生之前运营的所有航班，恢复美国承运人运营这些航班的全部权利，中国对其航线航点、航班班次不能做任何限制，不然，就是违反了《中美航空运输协定》规定的"公平竞争的机会"。但中国认为,"五个一"政策平等地适用于中美承运人,赋予了美国承运人"公平竞争的机会",因此,中国并未违背《中美航空运输协定》的规定。

三、双边航空协定中相关条款的解释

在讨论中国是否违背了中美航权协定之前,有必要明确航权的权利来源及其权利属性,因为只有明确了航权的权利来源及其属性,才能正确理解《中美航空运输协定》。同时,中国是否违反了《中美航空运输协定》,必须放在全球新冠疫情这一大背景下予以考察,唯其如此,才可得出比较客观的判断和结论。

(一)航权是主权的体现和延伸

国际航空运输,航空器必然要飞入一国领空并在该国领土上降落,或飞越一国领空而在第三国领土上降落,因此,必须解决空气空间的法律地位问题。1919年《巴黎航空管理公约》确立了领空主权原则:"各国对其领土上空的空气空间拥有完全的和排他的主权。"[1] 这意味着领空主权已成为国际法上的一项既定权利。[2] 1944年《国际民用航空公约》再次确认了这一一般国际法原则,[3] 其第一条便是对这一原则的宣示。"由此把国际法中的'领土主权'概念扩大为一个立体的倒圆锥体",[4] 领空主权原则得到了国际社会的广泛认可和接受。[5]

在领空主权原则下,《国际民用航空公约》对航权作出了安排:对于不定期航班,缔约各国同意给予其他缔约国的不定期国际航班的"飞行自由",即"在遵守本公约规定的条件下,不需要事先获准,有权飞入或飞经其领土

---

[1] 参见《巴黎航空管理公约》第1条。
[2] Ruwantissa Abeyratne, Convention on International Civil Aviation: a Commentary, Springer International Publishing, 2014, p.15.
[3] Chia-Jui Cheng, Studies in International Air Law: selected works of Bin Cheng, Brill Nijhoff, 2018, p.38.
[4] 赵维田:《国际航空法》,北京:社会科学文献出版社2000年版,第48页。
[5] 联合国193个会员国均批准了《国际民用航空公约》,见"Current lists of parties to multilateral air law treaties",载国际民航组织官网,https://www.icao.int/secretariat/legal/List%20of%20Parties/Chicago_EN.pdf,最后访问时间:2021年1月6日。

而不降停，或作非商业性降停，但飞经国有权令其降落"。① 而对于定期国际航班，则采取了完全相反的做法：定期航班在一国领土上空飞行或进入该国领土，必须经该国特准或其他许可并遵照此项特准或许可的条件。② 事先获准或许可成为定期国际航班飞行的基本原则，这是领空主权原则的必然要求，也是主权原则在航空运输领域的具体体现和延伸。可以说，是《国际民用航空公约》，特别是公约的第1、2、5、6条，为航权交换的"芝加哥体系"提供了框架和骨干。③ 但是，芝加哥会议未能达成航权交换的多边协议，通过双边协定交换航权成为必然选择。④ 因为航权关涉国家主权和重大的航空运输利益，试图在一个国际条约中予以全部解决，这是许多国家所不愿意的，这也是至今《国际航空运输协定》只有极少数国家批准的原因所在。因为各国的经济发展水平不同，航空运输能力也有极大的不同，如果在一个国际条约中全部"让渡"航权，经济发展滞后、航空运输能力弱小的国家自然认为自己的利益受损，不愿放弃自己的权利。后虽又有多次努力，希望通过签署多边国际条约，交换经营权，但均未成功。⑤ "在多边国际公约未能解决的情况下，航权只能通过双边条约予以交换。虽然芝加哥公约和协定对国际民用航空提供了一般法律的重要基础，但建立特定业务所需要的商业特权，有赖于芝加哥之后，并在很大程度上有赖于双边协定。"⑥ 双边航空运输协定成为国家间交换航权的主要形式，中美也不例外，《中美航空运输协定》及此后的5份议定书就是双方航权交换的具体体现。

综上，国家主权是航权的权利基础，航权是主权的体现和延伸，是基于主权基础上的权利交换，体现的是一国对其领空资源的管理。

---

① 参见《国际民用航空公约》第5条。
② 参见《国际民用航空公约》第6条。
③ Steven Truxal, Economic and Environmental Regulation of International Aviation, Routledge, 2017, p. 24.
④ Francis. Murphy, United States Methods of Evaluating Air Routes in Bilateral Air Agreements, Lawyer of the Americas, No. 2, 1970, p. 371.
⑤ 如1947年国际民航组织主持的日内瓦多边协定谈判、1957年的欧洲民航会议马德里会议，均未达成一致意见。
⑥ 詹宁斯、瓦茨修订：《奥本海国际法》（第1卷第2分册），王铁崖等译，北京：中国大百科全书出版社1998年版，第57页。

（二）新冠疫情下确保国家安全是主权国家的首要责任和义务

"在主权原则的前提下，承认国际空中航行最大自由的愿望，但这种自由不应与国家安全、与缔约国允许航空器入境有关的合理规章及国内立法相矛盾。"[①] 维持内部和平和社会秩序，保障国民安全是每个国家的首要目标和职责。对于国家的这一职责和义务，各国都制定了相关法律法规，规定了政府的责任和义务，以期保护本国人民的生命财产安全和国家安全。我国《突发事件应对法》第1条就对此作出了明确的回应："为了预防和减少突发事件的发生，控制、减轻和消除突发事件引起的严重社会危害，规范突发事件应对活动，保护人民生命财产安全，维护国家安全、公共安全、环境安全和社会秩序，制定本法。"《国境卫生检疫法》规定："在国外或者国内有检疫传染病大流行的时候，国务院可以下令封锁有关的国境或者采取其他紧急措施。"民航局作为国务院民用航空主管部门，有权根据法律和国务院的决定，在本部门的权限内，发布有关民用航空活动的规定、决定。[②] "五个一"政策，就是民航局根据上述法律及国务院的决定，发布的应对疫情的具体规定。

虽然条约义务是对主权的部分让渡，但"当国家之生存或其切要的发展与条约义务冲突之时，即当牺牲后者，因为自保与发展为一切国家之首要的义务"[③]。已有案例表明，如果必要，一国仍可以在其控制的领土内阻止任何人为旅行或通商过境、中止任何交通运输线，禁止在其河流航行，即使以前曾允许过这种航行。一国可以关闭其港口，即使有授予外国人停泊权的条约存在，或有授予使用者特殊权利的特许权，一国可以命令其银行延期偿付，或禁止某些商品出口，虽然有确保贸易自由的条约规定。[④] 可以说，每当国家安全受到威胁，无论原因为何，该国有权在其领土上采取必要措施以确保公共安全。

在新冠疫情暴发初期，病毒感染直接威胁到个人生命安危，乃至国家的

---

① D.W.弗利尔：《国际民航发展史》，张志良译，北京：北京航空航天大学出版社1991年版，第20页。
② 参见《民用航空法》第3条。
③ 王铁崖、周忠海：《周鲠生国际法论文选》，深圳：海天出版社1999年版，第265页。
④ 郑斌：《国际法院与法庭适用的一般法律原则》，韩秀丽等译，北京：法律出版社2012年版，第54-55页。

安全，任何一个国家都有义务保护其国民的身体健康和生命安全，使他们免受新冠病毒的伤害。而对付新冠病毒最有效的措施是阻止其传播，切断其传播途径。在疫情发生的初期，美国政府发布疫情4级旅行警告，并禁止14天内到过中国的外国公民进入美国，美国的这一做法也是在履行保护其国民的义务和维护国家安全。同样，中国政府也有义务保护自己的国民免受新冠病毒的危害，为此采取的限制美国航空公司航班运力的做法是维护国家安全的需要，无可厚非。

（三）新冠疫情导致履约的基础完全丧失

毫无疑问，中国政府有义务履行《中美航空运输协定》下中方的义务。但是，在国际条约的传统习惯法中，有一个著名的"情势不变"条款。"情势不变"亦称为"情势如恒"，是指缔结条约时的情势应持续存在，如果缔结条约时的情势发生了重大变化，条约就要失去效力。"任何条约在缔结时必然含有如下暗示含义：只有当时所依据的基本势态无变化时，条约义务才存在。反过来说，当缔结条约所依据的势态发生基本改变时，条约的法律约束力自然消失。"[1]"情势不变"在实质上是体现"契约目的消失"或发生不可能履行主义等所表现的一项一般法律原则。[2] 安齐洛蒂（Anzilotti）和胡伯（Huber）法官在温尔布顿（the Wimbledon）案（1923年）中指出："在此方面，必须牢记国际条约，尤其是那些涉及商业和交通的条约通常主要针对正常和平状态而缔结的。……国家采取其认为最适于其安全存在的紧急情况并维护其领土完整的行动的权利是一项基本权利，如果发生疑义，条约规定不能解释为限制这种权利，即使这些规定与这一解释并不冲突。"[3] "情势变更"原则也得到了《维也纳条约法公约》的确认。[4]

毋庸置疑，《中美航空运输协定》是基于正常状态而签署的，它的签署

---

[1] 赵维田：《世贸组织（WTO）的法律制度》，长春：吉林人民出版社2000年版，第215页；李浩培：《条约法概论》，法律出版社2003年版，第437页。
[2] 詹宁斯、瓦茨修订：《奥本海国际法》（第一卷第二分册），王铁崖等译，北京：中国大百科全书出版社1998年版，第680页。
[3] 郑斌：《国际法院与法庭适用的一般法律原则》，韩秀丽等译，北京：法律出版社2012年版，第58页。
[4] 参见《维也纳条约法公约》第62条。

有一个暗含的条件,这就是航空运输能够在一个正常的、和平的状态下进行,没有发生影响航空运输的事件,比如疫情。只要双方同意,两国间的航空运输就可正常运行,航空运输不仅不会给一方或双方的国民健康、国家安全带来任何影响或损害,而且会增进两国人民的福祉和利益。这是一个假定的、潜在的前提条件。但是,新冠疫情的发生,使这一前提条件不复存在。新冠疫情具有极强的传染性,在初期,世界卫生组织评估认为COVID-19具有全球大流行的特征,对其传播程度和严重程度深感担忧。[1] 随后,新冠疫情在全球的暴发蔓延以及前期较高的死亡率证明了世界卫生组织评估结论的正确性。航空运输在为人员的快捷流动提供便利的同时,也会加速疫情在全球的传播,可以说,国际航空运输成为疫情传染的主要渠道之一。如果中国严格履行协定规定的义务,不对美国承运人的运力进行限制,允许美国行使全部双边权利,必将导致疫情在中国境内快速传播,危及中国人民的生命安全。总之,新冠疫情的发生,使得中美双方签约的基础已经完全丧失,履行协定义务的基础不复存在。

在履约基础丧失的情况下,不管是中国还是美国,都有权撤销、暂停给予对方的权利,或对此权利作出限制。换言之,一方或双方均可暂停、中止履行协定义务。美国三大航空公司在疫情发生之初即停飞到中国的所有航班,就是基于疫情考虑,担心疫情传播到美国国内,从而主动停飞。随后,特别是中国国内的疫情得到有效控制,而美国国内的疫情大规模暴发蔓延之时,中国完全有权要求美国承运人暂停其航空运输。但是,为了保证两国间人员来往的畅通,中国并未完全停止协定义务的履行,而仅仅是对航班班次予以了限制。这一限制,平等地适用于国内外航空承运人,美国如此,中国也不例外。

综上所述,每一个条约只有在情势保持相同状态时才能得以遵守。[2] 不可否认,新冠疫情属于重大的情势变迁,而此等情势变迁已至如此严重的程

---

[1] 参见世卫组织总干事2020年3月11日在2019冠状病毒病(COVID-19)疫情媒体通报会上的讲话,载世界卫生组织官网,https://www.who.int/zh/dg/speeches/detail/who-director-general-s-opening-remarks-at-the-media-briefing-on-covid-19-11-march-2020,最后访问时间:2021年1月6日。

[2] 万鄂湘、石磊、杨成铭等:《国际条约法》,武汉:武汉大学出版社1998年版,第363页。

度，使履约的基础完全丧失，中国完全可以据此对自己义务的履行做出相应调整，或者停止协定义务的履行，这符合"情势不变"原则的要求。

（四）中国并未剥夺美国承运人"公平竞争的机会"

中国的"五个一"政策，部分限制了美国航空公司可以运营的航班班次和可以选择的航线地点，那么，这种限制是否剥夺了美国承运人"公平竞争的机会"？

1. 何谓"公平竞争的机会"

"公平竞争的机会"是美国国际航空运输政策长期追求的目标之一。在1944年芝加哥国际民航会议上，美国主导制定了"双边协定标准格式"，明确提出"缔约双方应使各指定的航空公司在经营双方领土间的协议航班时享有公正和平等的机会（fair and equal opportunity to operate…）"。1946年英国和美国达成的《百慕大协定》，"公正和平等的机会"成为该协定的基本原则，也是协定所创立的"百慕大运力条款"（Bermuda capacity clauses）的核心内容之一。①《百慕大协定》为大多数国家所接受，成为双边航空运输协定的典范。②《中美航空运输协定》第12条"运力和业务运载"，几乎是"百慕大运力条款"的翻版。今天，"公平竞争的机会"成为双边航空运输协定的标准和必备条款。③但如何判断是否享有"公平竞争的机会"？换言之，确定"公平竞争的机会"的标准是什么？在芝加哥民航会议上确定的标准是"缔约双方间的总运力原则上应等分"，1946年《百慕大协定》则规定："缔约一方应考虑到缔约另一方航空公司的利益而不影响他们按本协议提供航班的机会"。④1980年，《中美航空运输协定》照搬了《百慕大协定》上述规定的同时，⑤还有如

---

① 《百慕大协定》的"Final Act"第4条："两国的承运人应当有经营本协定及其附件内含有的、他们各自领土（按本协定的定义）之间的任何航线的公正和平等的机会。"

② I. H.Ph. Diederiks-Verschoor, An Introduction To Air Law, Ninth Revised Edition, Kluwer Law International, 2012, pp. 65-66.

③ 如《中德民用航空运输协定》（1975年签署）第7条第1款、《中国和加拿大航空运输协定》第10条第1款都有如下类似规定："The designated airline or airlines of one Contracting Party shall have a fair and equal opportunity to compete with the designated airline or airlines of the other Contracting Party."上述协定载中国民航局网，http：//www.caac.gov.cn/XXGK/XXGK/index_172.html?fl=40，最后访问时间：2021年1月16日。

④ 参见《百慕大协定》"Final Act"第5条。

⑤ 参见《中美航空运输协定》第12条第4款。

下的表述:"为了实现第12条第2款规定的目标,双方同意,各自指定空运企业在规定航线上载运的业务,就在另一方领土内上下的旅客人数和货物吨数而言,应合理平衡。"① 上述规定,总体而言,仍然是一种原则性的规定,未能提供一种可以界定的方法或标准。双边协定中这些抽象的表达,最终是通过指定承运人的数量、航线、运力和运价将之具体化。《中美航空运输协定》的历次修订充分说明了这一点。1980年《中美航空运输协定》第12条第2款规定了运营协议航班的公正和平等的权利,并对这一权利在附件五中进一步予以明确和强调,即附件五第1条规定的可以运营的航班班次和第2条规定的"合理平衡"。但是,从1999年修订《中美航空运输协定》的议定书开始,2004年议定书、2007年议定书,均对原协定附件五做了大刀阔斧的修订:附件五的第1条和第2条被删除,代之以从特定时间开始可以增加运营的航班班次。②

应该说,"公平竞争的机会"是原则性规定,航线、运力等条款是其具体表述。只要双方达成协议,不管双方协议中指定承运人的数量、航线、运力是否相等,起码在协定签订之时,双方均认为给予了对方"公平竞争的机会"。《中美航空运输协定》签署后的几次修订表明,"公平竞争的机会"已经具体化为特定航线上的航班班次。

2. 中美双方的机会是均等的

前已述及,美国认为中国通过2020年3月12日这一基准日期确定的航班计划,阻止了美国承运人复航中国。有一个事实必须明确,就是2月初美国的航空公司就停止了中美航线的运营,在3月12日之前未向中国申报过航班计划,对此,美国运输部也在其2020-5-5号行政命令中予以承认。正因为美国早在疫情之初就停运了航班,所以中国在3月12日发布的第5期航班计划中,自然不可能包含美国航空公司的航班计划。因此,美国不能以中国3月12日的航班计划作为依据,从而认定中国剥夺了其"公平竞争的机会"。事实是美国航空公司主动放弃权利,不是中国剥夺其权利。同样,在中国同意复航后,也是美国的部分航空公司放弃行使权利。中国在6月4日的通知中指出,"所有未列入第5期航班计划的外国航空公司"可以复航,就美国航

---

① 参见《中美航空运输协定》附件五第2条。
② 参见1999年议定书第4条、2004年议定书第2条、2007年议定书第2条。

空公司而言，除达美航空和联合航空之外，其他之前经营中美航线的美国航空承运人，如美利坚航空，同样可以恢复运营，只是包括美利坚航空在内的其他美国航空公司没有提出复航申请。因此，中国并未剥夺美国承运人的公平竞争的机会。就运力而言，"一司一线一班"的政策平等地适用于中美航空承运人，中国承运人并未因此享受更优惠的待遇，中国承运人与美国承运人是一样的待遇，均为每周1班。运力限制的政策不仅适用于运营中美间航线的中美双方的承运人，而且适用于所有运营至中国航线的外国承运人，也适用于运营中国至其他国家间航线的中国承运人。一句话，无论是中国承运人还是美国承运人，机会是均等的，只是美国的部分承运人自动放弃了这一机会或权利，或者说是因疫情或其他考虑不愿意行使这一权利而已。

3."公平竞争的机会"不等于实质对等

《中美航空运输协定》规定的"公平竞争的机会"，并不意味着或等同于航班班次的"对等"或相等。美国虽强调"公平竞争的机会"，其实要求的是绝对的"对等"或"相等"。这是对协定的错误解读，不符合协定的原意。美国只有两家航空公司申请复航，并不代表中国只同意批准两家。换言之，协定或中国并没有限制可以运营的美国承运人的数量[①]，并没有将美国每周可以运营的航班班次限制为2班，只是美国的部分承运人不愿意行使这一权利。在美国部分承运人不行使权利的情况下，美国却通过限制中国航班总量的做法，限制了可以运营中美航线的中国承运人的数量。美国打着公平竞争的旗号，实质上要求的是绝对对等。但必须指出的是，公平竞争的机会不等于实质的对等，也不是航班班次的完全相等。运力相等是中美通航之初的要求[②]，随后这一规定逐渐被打破。2007年修订后的《中美航空运输协定》规定，客货混合航班自2012年3月25日起，中美双方各自可以运营的周航班量是180班，全货运航班则自2011年3月25日起不做限制。[③] 之后在客货混合航班班次上，虽未有明文规定，但已经不再按照2007年修订后的议定书确定的航

---

① 根据2007年修订后的《中美航空运输协定》附件二第1条，对于可以经营中美航线的航空公司的数量，中美双方分别自2007年8月1日、2011年3月25日起不再受数量限制。
② 1980年《中美航空运输协定》附件五第1条规定，双方指定的空运企业每周有权经营两个班次的航班。
③ 董念清：《中美航空运输协议研究》，《中国民航大学学报》2008年第4期，第47页。

班量执行，事实是在 2020 年新冠疫情蔓延之前，中美航线上中国航空公司每周运营的混合航班是 197 班，美国航空公司是 136 班，美国的航班量只是中国的 69%，即双方航空公司运营的航班并不相等。

综上，航权是主权的体现，是基于主权基础上的权利交换，是由一国给予他国的"特种权利"或"许可"。在新冠疫情下确保国家安全是主权国家的首要责任和义务。新冠疫情导致履约的基础丧失，在此情况下，中国有权暂停或中止授予美国的航权权利，这一做法符合国际法理论和国际实践。"公平竞争的机会"是《中美航空运输协定》的核心要义和精神所在，航线、班次是其具体内容，但其含义绝不是航班班次的对等或相等，将"公平竞争的机会"等同于航班班次的对等或相等，是对航权协定的错误解读。中国的"五个一"政策完全符合《中美航空运输协定》规定的"公平竞争的机会"，不考虑新冠疫情这一特定情势的存在，也不考虑双方签署协定的宗旨和目的，机械地依照字面意思解释协定，难以得出客观公正的结论。

四、启示与建议

在新冠疫情发生时，中美之间发生航权争议，在这一过程中，美国运输部娴熟地运用了法律手段，依据《中美航空运输协定》的规定及美国国内法，特别是其国内法中的"公共利益"条款，频频出招施压，"迫使"中国民航局同意美国达美航空和联合航空的复航请求，在世人面前找回了"面子"。美国运用法律手段，实现了其部分目的。中国沉着应战，冷静处理，可圈可点。综观此次中美航权之争，有以下几点启示与建议。

（一）提升运用国际法理论解释国际条约的能力

《维也纳条约法公约》规定了条约解释的基本原则，即"善意解释"。[①] 具体言之，就是"条约应依其目的，善意地予以解释，以使其发生合理的效果"[②]。但是，自利的行为体往往在单个条约的适用性、范围或含义方面作出有利于自己的解释，美国对中美航权协定的解释也不例外。此次航权争议，美国声称是中国违背了航权协定，其之所以如此认为，完全是从字面意思片

---

① 《维也纳条约法公约》第 31 条。
② 李浩培：《条约法概论》，北京：法律出版社 2003 年版，第 361 页。

面解释协定的结果。对于美国的说辞，已公布的材料表明，中国只是强调"五个一"政策无歧视地适用于国内外所有航空承运人，除此之外，未有其他论证。其实，对于美国的主张，中国完全可以从以下三方面证明自身行为的正当性与合法性：第一，一般国际法原则。如国家主权原则、情势变更原则等。第二，缔约的宗旨或目的。"在双边条约，由于这种条约的实质在于缔约双方权利义务的平衡，解释时应注重探求缔约双方缔约时的共同意思，以发现条约的目的而据以解释。"[①] 同时，"条约义务的履行，应当根据缔结条约时当事方的共同真实意图，换言之，应当根据条约的精神而不仅仅是条约的字面意思履行条约义务。"[②] 中美签署航权协定的目的是"希望发展两国的相互关系，增进两国人民的友谊，便利国际航空运输"[③]，这是协定的目的所在，也是中美双方的共同真实意图。第三，条约履行的效果或结果。在新冠疫情发生后继续履行条约义务，不仅达不到双方缔约时的目的或期望的结果，反而会引起众所周知的严重后果。因此，美国对协定的解释，不符合条约解释的基本原则，也不符合双方签约的宗旨和目的，更不考虑协定履行给中国带来的负担和不利后果。中国对美国的解释是否进行了反驳不得而知，但提升运用国际法理论解释国际条约的能力，应是我们今后努力的方向。

（二）确立"内外一体"的立法理念

此次中美航权之争，在法律依据上，可供中国用来规范外国航空承运人的规定尚付阙如，这其实反映了我国长期以来在航空立法理念上的偏差。虽然我国已初步建立起较为完整的民航法律体系，但我国现有的航空法律制度尚不完善。检索我国的航空法律，其规范对象主要是国内承运人，规范外国承运人特别是其商业经营行为的法律屈指可数。体现在立法理念上，"管内不管外"，立法的重点是规范国内承运人，所以航空涉外立法少之又少。制度的缺失，导致在具体的个案中无法可依，难以有效规制外国承运人的违法行为，更不用说在双边航空争议中提供法律依据。

---

① 李浩培：《条约法概论》，北京：法律出版社2003年版，第361页。
② 郑斌：《国际法院与法庭适用的一般法律原则》，韩秀丽等译，北京：法律出版社2012年版，第118页。
③ 1980年《中美航空运输协定》序言。

相比较，美国的航空立法，无论是《1958年联邦航空法》《联邦法规法典》，还是美国运输部或联邦航空局制定的规章，虽然有针对外国承运人的一些特别规定，但更多的是对国内外航空承运人的"一体"规范。这方面一个最为典型的例证是1966年《蒙特利尔协议》[①]。根据该协议，如果航空运输合同约定的始发地、目的地或经停地有一个在美国，则承运人对旅客伤亡的责任限额为75 000美元（包括法律费用），不再适用《华沙公约》或《海牙议定书》的赔偿限额。换言之，只要飞入、飞出、经停美国任一地的航班，不管是美国承运人运营的，还是外国承运人运营的，均应遵守1966年《蒙特利尔协议》的上述规定。美国民航委员会以其行政命令，强行更改了国际条约关于承运人责任制度的规定，虽然对此有争议，但其立法不分承运人的国籍，"一体"规范的做法，体现了规则适用的平等性、一致性和统一性。

美国航空立法的"内外一体"理念，是建立在"商业行为"或"商业存在"（飞入、飞出、经停）基础上的，立法上承运人的国籍不是考虑的重点，而是"商业存在"这一标准。通过"商业存在"这一标准，确立了其对外国航空企业的管辖权。正是因为"内外一体"的立法理念，才使美国的航空法律具有广泛的适用性，也使得美国运输部在处理相关涉外航空事务方面得心应手，有理有据。[②]在中美航权争议期间，美国运输部发布的5份行政命令，均有其联邦法律依据。

综上，我们应把握航空运输的特点，摒弃"内外有别"的管理思路，以"商业行为"为标准，确立"内外一体"的立法理念，制定统一适用于国内外承运人的航空法律，为规范外国承运人的经营行为和双边航空运输争议提供制度保障。

（三）引入"公共利益"条款

"公共利益"条款在美国航空法律中虽不能说是随处可见，但也是一个

---

① 即美国民航委员会第18900号协议（Agreement CAB 18900）。
② 如中国东方航空因违反美国《联邦法规法典》第14卷第259部（14 CFR Part 259）和《美国法典》第49编第41712节（49 U.S.C. § 41712）的规定，被美国运输部处以247 000美元的罚款（Order 2019-12-7），载美国运输部官网，https://www.transportation.gov/sites/dot.gov/files/docs/resources/individuals/aviation-consumer-protection/360366/china-eastern-consent-order-2019-12-7.pdf，最后访问时间：2021年1月20日。

高频词。纵观疫情防控期间美国运输部发布的前述5份行政命令，在每一份行政命令的"决定"部分，都有"公共利益（public interest）要求……"的表述。如果向上追溯的话，美国运输部发布的上述行政命令中的"公共利益"的表述，源自美国《1958年联邦航空法》的规定。如《1958年联邦航空法》第102条A款规定："（民用航空）委员会在洲际和海外空运方面根据本法的规定行使其权利、履行其职责时，除应考虑其他事项外，还应考虑下列逐项，是否为公共利益所系，且符合公众的便利和需要。"再如《1958年联邦航空法》第103条规定："（联邦航空局）局长根据本法行使其权力、履行其职责时，除应考虑其他事项外，还应考虑下列逐项，是否为公共利益所系。"考察这些包含有"公共利益"字眼的法律条款，其实质是授予美国民航行政主管部门或行政长官一种广泛的权力，这些部门或行政长官行使权力、履行义务时，其考虑的标准是"公共利益"。这种权力包括制定航空政策、法规规章等，并且还可以以"公共利益"为由，授予、同意、撤销、剥夺航空承运人的相关资质或权利。如在外国承运人经营往返美国的国际航班许可证的授予上，民航委员会不仅要考虑该外国承运人是否适宜、愿意且有能力经营国际业务，遵守相关的法律法规，还有一个更重要的条件是，该外国承运人提供的国际航班是否符合公共利益。对于已经颁发的许可证，民航委员会可以修改、暂时吊销、注销，只要民航委员会认为这样做是符合公共利益的。[①] "公共利益"条款不仅存在于《1958年联邦航空法》，而且《联邦法规法典》也是一以贯之。以2020-5-4号行政命令中提到的《联邦法规法典》第14卷第213节为例，就航班计划的申请和批准而言，"承运人可以继续运营现有航班，……除非运输部认为航班中的全部或部分违背了相关法律或影响了公共利益。"[②] 但是何为"公共利益"，并未见到具体的明文规定。

正是由于美国《1958年联邦航空法》《联邦法规法典》规定了"公共利益"条款，所以运输部的行政命令将"公共利益"作为一个重要的法定依据。虽然其内涵和外延具有很大的不确定性，但其灵活性不言而喻，它突破了法律的僵硬与死板，克服了法律滞后性的缺陷，通过它赋予了美国联邦航空行

---

① 参见《1958年联邦航空法》第402条。
② 参见《联邦法规法典》第14卷第213.3节（b）、（c）、（d）款。

政部门或其首长广泛的行政权力，使相关行政部门可以据此灵活处理相关航空事务和争议。由此可以看出，"公共利益"条款已成为美国联邦航空法律和联邦行政法规的主要条款，是美国维护自身利益的法律工具，一个核心论点，一个前置标准，而且还是结果判断标准。虽然我们对这种不确定条款颇多微词，但它确实在很多情况下，如这次中美航权争议，发挥了重要作用。

比较而言，我国航空法律中缺乏类似的条款。实际上，"保障民用航空活动的安全"是我国《民用航空法》的立法目的之一，[①]"安全第一"是中国民航建立以来的一贯追求，确保航空安全是公共利益的必然要求，因此，应借鉴美国上述法律的规定，在我国航空法律中引入"公共利益"条款，并使其成为规范航空运输活动的基本原则，是所有航空运输活动的出发点和落脚点。具体而言，可从两个方面入手：一是将"公共利益"确定为民用航空监管活动应遵循的基本原则。在《民用航空法》第一章"总则"中，明确规定国务院民用航空主管部门及其设立的地区民用航空管理机构，在监督管理民用航空活动时，遵循"公共利益"的原则。二是在航空法规和规章中，"公共利益"是授予、撤销、暂停相关权利的前提条件和判断标准，比如中外承运人经营许可的颁发、航线航班的申请、批准、撤销、航班运力的增加与减少、加班飞行，等等。[②]

（四）推进航空立法的精细化和精准化

立法不仅要填补空白，更要"对症下药"，要具有极强的针对性。此次中美航权之争，中国面临的一大问题是，中国限制航班运力的措施虽有前述《国境卫生检疫法》的相关规定，但在现有的航空法律中缺乏具体规定。虽然《民用航空法》第3条规定民航局有权力发布相关决定或通知，但该规定过于原则性，再加上《民用航空法》在立法之初未界定其适用范围，这一立法上的"先天缺陷"使得《民用航空法》第3条在为"五个一"政策提供上位法的依据时显得"底气不足"。《民用航空法》第十三章虽是"对外国航空器的

[①] 参见《民用航空法》第1条。
[②] 《国际航权资源配置与使用管理办法》（民航发〔2018〕39号）已将"公共利益"纳入其中：根据国家和公共利益的需要，建立国际航权资源配置与管理机制（见第一章总则第5条）；确立了国际航权管理的公共利益最大化原则（第二章第7条）。

特别规定"，但也只有一条是涉及航班计划的规定①，除此之外在该章以至整部《民用航空法》都难觅有关航班计划的条文。法律如此规定并无不可，详细的规定可在相关法规和规章中予以明确。遗憾的是，自1996年3月1日《民用航空法》实施至今，也没有出台一部该法的实施条例。《外国民用航空器飞行管理规则》是仅有的与外国航空器飞行有关的一部行政法规，但鲜有涉及航班班次暂停、撤销等方面的规定，②相关的两部规章——《民用航空预先飞行计划管理办法》和《外国航空运输企业航线经营许可规定》，更侧重于对航班计划的事前管理。③因此，以此次疫情为契机，我国航空立法应在"细"和"准"两方面下功夫，以解决内容不够具体、针对性和可操作性不强等问题。针对航空法律中的"缺项"或不足，特别是此次中美航权争议中暴露出的问题，如中外承运人航班运力的减少、暂停、撤销等事项做出明文规定。不仅要重视在平时或正常情况下的航班计划管理，对特定情形下（如疫情）的航班计划更应高度重视，详细规定。如此，才有可能解决目前航空立法存在的"缺胳膊少腿"问题，才不会在面对争议时因找不到法律依据而备感无力。高质量的国内立法能为解决争议提供强有力的支持。

（五）建立航班运力的动态调整机制

中国民航局2020年6月4日发布通知的一大亮点是建立了航班运力的动态调整机制，即对国内外的航空公司的航班班次实行奖励和熔断机制。这一机制借鉴自股指期货交易市场中的"熔断制度"，并结合航空运输的特点予

---

① 参见《民用航空法》第178条的规定。该条对于在何种情形下可以暂停、减少或撤销外国承运人的航班班次，以及停航后复航的条件及程序，均未作规定。

② 《外国民用航空器飞行管理规则》（国务院批准、中国民用航空总局发布，自1979年2月23日起施行）也只是规定，外国民用航空器根据中华人民共和国政府同该国政府签订的航空运输协定，可以在中华人民共和国境内按照协定中规定的航线进行定期航班飞行和加班飞行。定期航班飞行，应当按照班期时刻表进行。班期时刻表必须由同中华人民共和国政府签订协定的对方政府指定的航空运输企业，预先提交中国民用航空总局，并且征得同意。除此之外，再无飞行计划或航班班次的任何规定。

③ 如《民用航空预先飞行计划管理办法》（中国民用航空总局令第166号，自2006年5月3日起施行）对外国航空运营人在中国境内机场起飞或者降落的定期航班预先飞行计划的申请条件、程序及批准做出了规定。《外国航空运输企业航线经营许可规定》（交通运输部令2016年第4号，自2016年4月4日起施行）第六章规定了航线计划的申请与批准，但在何种情况下授权机关可以暂停或撤销相关的许可却未有任何规定。

以创新：不仅有熔断，而且还有奖励。航空公司同一航线航班，入境后核酸检测结果为阳性的旅客人数连续 3 周为零的，可在航线经营许可规定的航班量范围内每周增加 1 班，最多达到每周 2 班。航空公司同一航线航班，入境后核酸检测结果为阳性的旅客人数达到 5 个的，暂停该公司该航线运行 1 周；达到 10 个的，则暂停 4 周。熔断的航班量不得调整用于其他航线。熔断期结束后，航空公司方可恢复每周 1 班航班计划。[1] 这一制度创新，将疫情防控的关口前移，责任下放，减轻了国内的防疫压力，化解了疫情防控与通航的矛盾。同时，将"剥夺了公平竞争的机会"的指责化解于无形，使中国变被动为主动，在航班班次的决定上掌控主动权。

中国此次通过上述"奖励与熔断"方式建立的航班动态调整机制，可以说是一种应急做法，是在紧急状态下采取的临时措施。后疫情时期，应将航班运力的动态调整机制通过法规或规章予以固化。首先，激活《中美航空运输协定》第 4 条。《中美航空运输协定》第 2 条规定了权利的授予，"一方给予另一方本协定规定的权利，以便其指定空运企业在本协定附件一规定的航线上建立和经营定期航班。"[2] 根据协定第 4 条，这一权利（许可）在三种情形下是可以撤销或暂停，其中一种情形是另一方指定空运企业不遵守给予方的法律和规章。[3] 协定第 4 条还规定，权利授予方在同样三种情形下对其给予另一方的权利"规定它认为必要的条件"。因此，必须在航空法律中明确规定，对于外国承运人未能遵守我国入境、放行、移民、护照、海关及检疫等的行为，我国有权撤销或暂停给予的许可，或对航班运力予以限制。同时，还可规定中国认为的"其他必要条件"。其次，明确特殊情势下对航班运力撤销、暂停的权利。例如，地震、火山喷发、海啸、传染病等。最后，其他违反我国法律的行为，也可撤销或暂停授予的权利。

五、结语

航空运输在实现国家、地区和全球经济文化方面具有重要的价值和积极的作用。开展国际航空运输的前提是获得航权。一国可以授予他国航空承运

---

[1] 参见《民航局关于调整国际客运航班的通知》第 7 条。
[2] 参见《中美航空运输协定》第 2 条第 1 款。
[3] 参见《中美航空运输协定》第 4 条第 1 款。

人航权，在特定情形下也可以撤销、暂停授予的权利。当条约义务与国家安全发生冲突时，条约义务应让位于国家安全，在新冠疫情下确保国家安全是主权国家的首要责任和义务。由于新冠疫情导致履约的基础完全丧失，中国对美国航权的限制，并未剥夺美国承运人公平竞争的机会，中国的举措符合国际法的规定。中国在运用法律的自觉性和主动性，以及依据国际法理论解释国际条约的能力等方面还有待进一步提升，应高度重视法律在处理对外事务中的作用，积极运用法律维护自身权益。此外，还应确立"内外一体"的立法理念，重视"公共利益"条款在争议解决中的重要作用，推进我国航空立法的精细化和精准化，为争议的解决提供坚实的制度基础。

同时，还应该看到，中美航权争议反映出的问题具有普遍性。这就是美国一方面依据国际条约的规定，另一方面，则充分地运用其国内法，或者说主要是以其国内法的规定为依据，要求他国遵守其国内法，按其国内法的规定行事，而中国恰恰在国内法方面难以为自身的主张和行为提供必要的依据，也缺乏规范他国行为的法律法规。在实际中，面临国际经贸争议时，与航权争议一样，不仅涉及国际法问题，还关乎国内法问题，国内法是国际法的扩展和细化。作为国际法主要渊源的国际条约，因其达成的漫长性、条约内容的原则性、执行上的非强制性等原因，使得国际法在防范与解决争议上显得"势单力薄""力不从心"。国际争议的预防和解决，需要综合运用国内法治和涉外法治。因此，统筹推进国内法治和涉外法治就显得尤为重要和必要。不仅是航空法，其他国内法也应与时俱进，因应国际经贸形势的发展变化，无论是立新法还是修旧法，维护国家主权与根本利益应融入法律条款中，内化为法律的"血液"和"骨髓"。令人欣慰的是，我们已经认识到问题所在，正在推进我国法域外适用的法律体系建设，《反外国制裁法》等相关法律的制定就是明证。就争议的预防与解决而言，只有《反外国制裁法》还远远不够，需要对包括航空法在内的相关法律进行精细"加工"，唯其如此，争议的解决才能有坚实的法律基础，才能维护国家主权、尊严和核心利益。

第二章
欧盟 261 条例研究

第一节　欧盟关于航空旅客权利的第 261/2004 号条例述评[*]

欧盟于 2004 年 2 月 17 日公布了保护旅客权利的新规定，即"关于航班拒载、取消或延误时对旅客补偿和帮助的一般规定"（以下简称 261/2004 号条例），该条例将于 2005 年 2 月 17 日起生效，取代现存的 1991 年制定的"欧盟关于定期航空运输拒载补偿制度的一般规定"（以下简称第 295/91 号条例）。该条例一旦生效，在对旅客提供有效的、全方位的保护的同时，将对国际航空运输承运人责任制度产生一定的影响，也将影响到其他国家的国内立法。

一、条例的立法背景

在欧盟境内的机场，每年大约有 25 万旅客在办理值机手续时会遇到拒载的情形，这些旅客事实上都已购票并订妥了座位。因超售而拒载给旅客带来了很大的不便和时间上的损失。另外在没有任何通知的情况下取消航班和长时间的航班延误，使旅客好几个小时在机场处于一种束手无策的境地。因此，欧盟认为，在航空运输领域应采取行动，确保对旅客更高水平的保护。

欧盟 1991 年在定期航空运输中建立拒载赔偿制度的规定，初步建立了对旅客权利的基本保护。但是，违背旅客意愿，被强行拒载的旅客数量还是居高不下，另外还有大量，没有任何提前通知就取消航班和长时间延误的航班。

---

[*] 本节发表于《中国民用航空》2004 年第 7 期，本书收录时略作修改。

新条例将取代现存的第 295/91 号条例。欧盟认为 295/91 号条例并没有有效地阻止航空公司拒载或因商业原因取消和长时间的延误航班，并且也不适用于不定期航班以及由旅行社经营的包机航班。因此，欧共体决定应提高由第 295/91 号条例规定的对旅客的保护标准，既强化旅客的权利，同时确保承运人在一种和谐的环境下运营。

二、条例的适用范围

如果说第 295/91 号条例仅限于拒载这一种情况的话，那么新条例的适用范围大大拓宽。具体来说，条例从两个方面来界定其适用范围：一是影响旅客的因素方面，除拒载外，还将久为旅客所诟病的航班取消、长时间延误纳入其中，即被强行拒载的旅客、因航班被取消而受到影响的旅客、因航班延误而受到影响的旅客都是条例的适用对象。换句话说，条例要为因超售而拒载的旅客和受航班取消、延误的旅客提供最低的法律保护。二是从机场所处的位置加以界定，这又可以分为两种情况。第一种情况是适用于从位于成员国境内的机场出发的旅客，并且欧共体条约适用于该成员国。这就是说，不管旅客的国籍，不管旅客的目的地点，也不论承运人的国籍，只要该旅客是从位于欧盟成员国境内的机场出发的旅客。这样，不管是欧共体承运人，还是外国的承运人，都要受此规定的约束。第二种情况是从一个位于第三国的机场出发前往成员国境内的机场的旅客，前提条件是旅客没有在第三国因航班拒载、取消或延误而获得利益或得到补偿并给予了帮助，并且该航班的运营承运人是欧共体承运人。

概而言之，适用对象为：从位于欧盟成员国境内的机场出发的旅客，不管旅客的国籍，也不论承运人是谁；由欧共体承运人运送的从第三国的机场出发前往成员国境内的机场的旅客，只要该旅客因航班拒载、取消或延误而影响了其旅行。

三、条例的新规定

新条例在第 295/91 号条例规定的 10 条内容的基础上，扩充到 19 条，在数量上几乎增加了一半，内容上更是增加不少，以下择其要点予以评论。

（一）将旅客的权利扩大到所有种类的航班

直到现在，占有航空市场的相当部分的不定期航班，被排除在外。而新条例将定期航班和不定期航班都包括其中。实际上，随着旅游业的发展，包机运输不能说是占据了航空运输市场的半壁江山，其在航空运输市场的份额在逐年增加，因此，将包机运输等不定期运输纳入其中，统一规定，一方面使条例的规定更加周全和完备，另一方面也使在包机运输中因延误等原因引起的纠纷有法可依。这也使条例第 13 条的规定有了存在的理由，第 13 条规定：在运营承运人支付了补偿金或履行了本条例规定的义务后，条例的规定不能被解释为限制承运人根据可适用的法律向任何人（包括第三方）追偿的权利。特别是，本条例无论如何也不能限制运营承运人向旅行社或与之有合同关系的其他人追偿的权利。同样地，本条例的规定不能被解释为限制除旅客之外的旅行社或第三方（运营承运人与他们有合同关系）根据可适用的相关的法律向运营承运人追偿的权利。

（二）提高了补偿数额，明确了补偿方式

根据第 295/91 号条例的规定，在发生拒载后，承运人应立即支付最低数额的补偿金，即航程在 3 500 千米以内的航班为 150 欧元，航程超过 3 500 千米的航班为 300 欧元。新条例则规定，航程在 1 500 千米以内的航班为 250 欧元，航程超过 1 500 千米的在欧盟境内的航班和航程在 1 500 千米至 3 500 千米的其他航班为 400 欧元，所有其他的航班为 600 欧元。可见，新条例从两方面完善了第 295/91 号条例的规定。一是从航程上，将原先的以 3 500 千米为界划分成的两个档次，细化为 1 500 千米以内、1 500 千米以上欧盟境内的飞行、1 500 千米至 3 500 千米的飞行、除上述三种情况的其他飞行四个档次。二是从补偿金数额上，将原先的 150 欧元、300 欧元两种变更为 250 欧元、400 欧元和 600 欧元三个档次。这样，更加有利于对旅客权利的保护。

这些补偿金数额如何支付给旅客呢？即在什么时间、什么地方、以什么样的方式给旅客呢？条例规定，补偿金可以以现金、银行电子转账、银行汇票或银行支票的形式支付，也可以通过与旅客的协议，以旅行凭证和 / 或其他的方式支付。如果违背旅客的意愿拒载，运营承运人应立即赔偿旅客。

有一点需要说明的是，拒载分自愿拒载和非自愿拒载，自愿拒载是指在超售的情况下，旅客自愿响应承运人的号召，自动放弃其座位，以换取承运人给予的好处。而非自愿拒载是指违背旅客的意愿，强行拒载。上述规定的补偿金数额是给予被强行拒载的旅客的。自愿拒载的旅客不在其内。

（三）将补偿金的适用范围扩大到航班取消

补偿金不仅应在发生拒载时支付，而且应将其扩大到航班取消。根据条例第5条关于航班取消的规定，航空公司或旅行社取消航班，旅客享有三方面的权利：（1）退票或变更；（2）免费的食宿；（3）支付补偿金。除非旅客在航班预定的离开时间两周之前就接到取消航班的通知，或旅客被安排了与原航班在时间上非常接近的航班。

（四）明确规定了支付补偿金的例外情形

在航班取消的情况下，如果承运人事先履行了告知义务，并给旅客变更了旅程，则不支付补偿金。如果运营承运人证明航班取消是由于不可避免的特定情势所引起，即使采取了所有可合理要求的措施也不可避免，则运营承运人不承担第7条规定的支付补偿金的义务。

（五）明确规定了承运人的告知义务

条例第14条专门规定了承运人的告知义务，并且对告知的地点、方式都做了明确规定。条例规定，运营承运人应保证在值机柜台展示包含如下内容的通知："如果你被拒载或你的航班被取消或延误至少两小时，请在值机柜台或登机口索要你的权利书，特别是与补偿金和帮助有关的内容。"对旅客来说，该通知应是清晰易读的，并且是显而易见的。

同时，运营承运人拒载或取消航班，应给受其影响的每位旅客提供一份包含本条例补偿金和帮助内容的书面通知。运营承运人也应向延误至少两小时的旅客提供同样内容的通知。以书面的形式向旅客提供第16条规定的国家指定的负责执行本条例的机构的联系资料。另外，对于盲人和视力受损的旅客，条例规定以合适的其他方式来告知。由此可见，条例考虑得不可谓不周全。

四、条例的现实意义

在世界航空运输业快速发展，保护旅客权利的呼声日益高涨的形势下，欧盟出台此条例，无疑具有重大的现实意义。

（一）强化了对旅客权利的保护

毫无疑问，条例顺应了保护消费者权利的世界潮流，在对旅客的权利保护上向前迈进了一大步。因为从现行国际公约的规定来看，一般只规定了旅客伤亡、旅客延误后的救济权利，没有涉及航班取消、拒载后如何保护旅客的权利。从各国国内法的规定来看，虽然对这三方面进行了规定，但是一般都是原则性规定，不具有可操作性。比如拒载，除美国和欧盟有比较详细的规定外，很难看到其他国家在这方面有什么规定。再比如延误，在1929年《华沙公约》做了原则性规定后，其后许多国家的国内法基本上都是照搬《华沙公约》的规定，没有明确界定延误的构成要素，致使长期以来关于延误的争论一直不绝于耳，具体是否构成延误，是否承担责任，由法院在具体的个案中去认定。而条例第一次将这三方面放在一起通盘考虑，在立法上是一次创举，也成为航空运输领域保护旅客权利的立法典范。

（二）加重了承运人的责任

在给予旅客更为周全的保护的同时，也加重了承运人的负担，这是毫无疑问的，实际上这是一个问题的两个方面。一方面，这是条例的目的所在，通过一定的经济负担，使承运人尽可能减少航班的拒载、取消和延误。但另一方面，航空运输是一个系统工程，仅有承运人自身的努力还不够，还需要相关部门的大力协助，否则，航班取消或延误不能得到有效的改善。因此，在加重承运人责任的同时，是否应制定相关的法律，让相关的部门（如空中管制部门）也承担起相应的责任呢？

（三）国际上的示范效应

更为重要的是，条例将在国际上产生示范效应，一些国家将会参照条例制定自己的相关规定。如果说2003年11月生效的《统一国际航空运输某些规则的公约》(即1999年《蒙特利尔公约》)取代了华沙体制使国际航空运输的法律制度重新归于统一的话，那么，条例的规定则有助于各国国内法的趋同和完善，起码对目前在立法上存在缺陷的航班拒载、取消和延误领域，建立了较为统一的规范。同时，也弥补了公约在这方面的不足。

五、我国的应对

目前，我国关于航班拒载、取消和延误的法律规定很不完善，存在法律漏洞。以航班拒载为例，无论是《民用航空法》还是相关的法规、规章，都没有规定，只能依据《民法典》的规定。如果依据《民法典》，对于拒载，按实际损失赔偿，这种赔偿是没有限额的。但一般情况下，拒载不是不履行合同，而是一种迟延履行，按照《民用航空法》第131条的规定，"有关航空运输中发生的损失的诉讼，不论其根据如何，只能依照本法规定的条件和赔偿责任限额提出，但是不妨碍谁有权提起诉讼以及他们各自的权利。"但从法律适用的原则来说，应先适用《民用航空法》，但《民用航空法》对构成拒载的条件以及赔偿责任限额没有明确规定。如依据《民法典》按实际损失赔偿，则又与《民用航空法》第131条的规定相违背。可以说，在这方面，我国现行的法律需要完善。因此，可否借鉴欧盟的做法，制定航班拒载、取消和延误的法规呢？这样做有以下好处：一是弥补了现行法的缺陷，完善了现行法律；二是使旅客的权利落到实处；三是避免因航空公司自行制定补偿标准而出现的混乱，如同样的航线，延误同样的时间，补偿标准可能在不同的航空公司之间不一样；四是在一定程度上可以遏制航班延误的频繁发生。此外，我国的航空承运人也应以适当的方式对此做出回应。

第二节 欧盟261条例解读[*]

欧洲联盟理事会和欧洲议会于2004年2月11日在斯特拉斯堡（Strasbourg）

---

[*] 本节发表于《民航管理》2006年第2期，本书收录时略作修改。

通过了 261/2004 条例[①]，建立了关于航班拒载、取消或长时间延误时对旅客赔偿和提供帮助的新的共同规则，自 2005 年 2 月 17 日起生效，取代了此前的 1991 年 295/91 条例。新规则加强了在超售情况下对旅客的保护，为旅客在航班取消和延误时设立了新的权利。笔者曾将该规定翻译成中文并撰文予以评析[②]，但在航空运输实践中对该规定的理解并不一致，并且在有些方面还存在较大的分歧。因此，有必要对该条例做一全面的分析，以便利航空运输实践。

一、条例的适用对象及范围

从适用的对象来看，毫无疑问，是通过航空运输进行旅行的旅客。但这些旅客应满足以下三个条件：

第一，条例适用于三类旅客，即因航班超售而被拒载的旅客、航班被取消的旅客以及航班延误的旅客。条例的第 1 条就是体现。

第二，这些旅客是从位于成员国境内的机场出发的旅客，或从一个位于第三国的机场出发前往成员国境内的机场的旅客，如果该航班的运营承运人是欧共体承运人。除非旅客在第三国获得了好处或得到了赔偿并给予了帮助。

第三，除航班取消的旅客外，拒载和延误的旅客还应满足下列条件：在有关的航班上确认了座位并开始办理登机手续，并且应该按承运人、旅行社或授权的旅行代理人的规定、事先指定的时间和书面形式（包括电子形式）办理登机手续，或者，如果没有指明时间，不迟于承运人公布的飞机离站时间之前 45 分钟；或被承运人、旅行社从他们原已确认座位的航班转到另一航班，而不管什么原因。

以上三个条件必须同时满足。

---

① 英文全称是：Regulation（EC）No 261/2004 of the European Parliament and of the Council of 11 February 2004 establishing common rules on compensation and assistance to passengers in the event of denied boarding and of cancellation or long delay of flights, and repealing Regulation（EEC）No 295/91（Text with EEA relevance）– Commission Statement Official Journal L 046，17/02/2004 P. 0001-0008. 依据欧盟条约，欧盟自身的立法主要分为条例与指令两种。其中，条例（Regulation）在成员国直接生效，而无须成员国转化为国内法。

② 中文译文见民航资源中国网（www.carnoc.com）"民航法律"专题，评析文章的题目是"欧盟关于航班拒载取消延误时对旅客补偿的规定"。

从上述规定可以看出，条例是从旅客的角度规定适用对象和范围。但在具体的规定上，条例并不考虑旅客的国籍，而只考虑旅客是从什么地方出发，或者到什么地方去。换句话说，在满足前述第一和第三个条件下，更为重要的是第二个条件，即旅客是否是从欧盟成员国境内的机场出发，或者是从一个第三国的机场出发，前往欧盟成员国境内的机场。

另外，从承运人的方面来看，除了从一个第三国的机场出发，前往欧盟成员国境内的机场的航班，要求该航班的运营承运人是欧共体承运人外，其他的航班根本不考虑运营承运人的国籍，而只看从什么地方出发，或者到什么地方去。这样，只要经营从欧盟境内出发的航班的航空公司，不管是哪个国家的航空公司，无论是美国的，还是澳大利亚的，在发生航班拒载、取消、延误的情况下，都要遵守该规定。从这里我们可以看出，该条例的管辖范围不能说不宽。在美国有"长臂管辖权"之说，该条例在某种程度上显示出欧盟的臂膀也在逐渐伸长。

再从旅客的角度看，不管旅客的国籍，也就是说，不管旅客是哪国人，加拿大人也好，日本人也罢，只要是从位于欧盟成员国境内的机场出发，也不管去什么地方，或者从有关第三国出发，前往位于欧盟成员国境内的机场，并且运营承运人是欧共体承运人，在发生航班拒载、取消、延误的情况下，都可以得到该条例的保护。

总之，在条例的适用对象上，条例并不考虑旅客的国籍，也较少地考虑承运人的国籍（第二种情形例外），而完全是从出发地点或前往地点两方面考虑。这样，可以说是对所有的旅客一视同仁，提供同样的保护，并不因旅客的国籍不同而保护程度不同，此其一；其二，对不同国家的承运人的要求也是一样的，都要遵守该规定，从另一方面体现出条例的公平和公正。

还需要注意的是，条例第 17 条规定，欧洲委员会应在 2007 年 1 月 1 日向欧洲议会和理事会报告本条例的实施情况和结果，特别是有关扩大本条例适用范围的可能性，即将本条例扩大到从一个第三国的机场出发前往一个成员国境内的机场的旅客，其乘坐的航班是由欧共体以外的承运人运营的。

同时，条例明确规定，条例不适用于免费运输或以优惠票价运输的旅客，而这种优惠，不管以直接的方式还是间接的方式，都是不能被公众所享受的。换句话说，能免费旅行或以优惠价格乘坐飞机的旅客，应是航空公司自己的员工或与航空公司有特殊关系的人，普通旅客是享受不到的。这与1999年《蒙特利尔公约》有一点不同。《蒙特利尔公约》明确规定，公约适用于免费运输。但是，条例适用于持有由承运人或旅行社根据其常旅客计划或其他商业计划出具客票的旅客。

二、对"运营承运人"的分析

条例中出现了"运营承运人"的概念，我们现在的问题是，旅行社能否成为运营承运人而受本条例的约束？运营承运人是否必须拥有航空器？与《蒙特利尔公约》规定的缔约承运人与实际承运人有什么区别？

条例在第2条分别给出了"承运人""运营承运人"和"欧共体承运人"定义。为分析方便起见，不妨将其照录如下："（a）'承运人'，是指持有有效的运营执照的航空运输企业；（b）'运营承运人'，是指根据与旅客的合同，或作为与旅客有合同关系的其他人（法人或自然人）的代理，执行或准备执行航班任务的航空承运人。"

从这个定义可以看出，运营承运人一定是持有有效的运营执照的航空运输企业，从而把旅行社排除在外。但是，条例同样适用于由旅行社与旅客签订合同，而由运营承运人运输的情形。根据与旅客是否存在合同关系，有两种情形：一是直接与旅客签订合同，然后履行该合同义务；二是不与旅客签订合同，而是作为与旅客有合同关系的其他人的代理，履行合同义务。因此，如果是这种情况，那么，运营承运人既是《蒙特利尔公约》所规定的缔约承运人，也是实际承运人。二则完全是实际承运人。这在条例第3条第5款得到了进一步的明确："条例适用于由任何运营承运人提供的、符合本条第1款和第2款条件的旅客运输。在一个与旅客没有合同关系的运营承运人履行本条例规定的义务的情形，将被认为是代表与旅客有合同关系的承运人而行事。"应该说，本款的规定与上述第2条的定义的规定是一致的。

在是否必须拥有航空器上，条例在所不问。在条例"鉴于"部分第7条规定："为了确保本条例的有效实施，条例创设的义务依赖于运营承运人的执行，不管是用自有的航空器、干租或湿租的航空器，还是任何其他的条件。"

三、关于拒载的规定

（一）拒载的定义

条例给出了拒载的定义："拒载是指在一个航班上承运人拒绝运送符合第3条第2款条件的旅客。"

拒载往往是发生在航班超售的情况下，这样，航班的座位数少于实际购买机票并订妥座位的旅客的数量，因此，拒载就不可避免了。条例分自愿拒载和非自愿拒载（被强行拒载）两种情形予以规定。条例规定，当运营承运人合理地预计到发生拒载时，应首先寻找自愿放弃其座位并根据其与运营承运人达成的条件以换取好处的旅客。这是第一步。如果没有足够多的自愿者站出来，不能使已定座的其他旅客登机，运营承运人可以违背旅客的意愿拒载。也就是说，只有在这种情况下，才可以强行拒载。

（二）自愿拒载者（自愿放弃座位者）

对于自愿放弃座位者，根据其与运营承运人达成的条件，得到一定的好处或利益，但这是双方协商的结果。除此之外，还可以得到第8条规定的帮助，即运营承运人应在7天内给旅客退票或者变更航程。

（三）被强行拒载的旅客

对于被强行拒载的旅客，运营承运人应承担三方面的义务：一是赔偿，二是退票或变更航程，三是免费的食宿、交通和通信。

1. 赔偿

（1）赔偿标准。赔偿标准方面，根据旅客是否变更航程以及变更航程后到达目的地的时间划分为两个档次。条例第7条第1款规定，旅客获得的赔偿额等于："（a）航程在1 500公里及1 500公里以内的所有航班为250欧元；（b）航程超过1 500公里的所有在欧盟境内的航班，以及航程在1 500公里和3 500公里之间的所有其他航班为400欧元；（c）除上述（a）和（b）之外的所有航班为600欧元。"这是没有变更航程的情况下运营承运人承担的赔偿额。此外，可以看出，在发生拒载后，确定赔偿的依据是航程，即根据航程的长短来确定赔偿额的多少。

如果旅客变更航程搭乘下一航班到达目的地，该到达时间不超过原预定航班到达的时间："（a）两小时，就航程在 1 500 公里或 1 500 公里以内的航班；或（b）三小时，航程在 1 500 公里以上的所有在欧共体境内的航班以及航程在 1 500 公里和 3 500 公里之间的所有其他航班；或（c）四小时，除上述（a）和（b）之外的所有航班。"在上述情况下，对于第 7 条第 1 款规定的赔偿数额，运营承运人可以减半支付。

（2）赔偿金的支付方式与时间。赔偿金可以以现金、银行电子转账、银行汇票或银行支票的形式支付，也可以通过与旅客的协议，以旅行凭证和/或其他的方式支付。支付的时间是立即支付。可以看出，条例的规定相当具体，为在运输实践中执行打下了良好的基础。

2. 退票或变更航程

条例规定，在被拒载后，旅客可以选择退票或变更航程。退票的时间是 7 天之内，退票的方式与上述赔偿金的支付方式相同。

3. 免费的食宿、交通和通信

运营承运人应给旅客提供的免费餐食和饮料，并且要与等待的时间相适应。至于旅馆住宿的提供，则是有条件的，即旅客必须停留一到多个晚上，或相对于旅客原计划的停留时间，一个额外的停留成为必要时。从而，机场和住宿地（旅馆或其他地方）的运输的费用也需要运营承运人负担。另外，还应免费给旅客提供两次电话、电报或传真，或电子邮件。

4. 免于赔偿的情形

前已述及，拒载往往发生在超售的情况下，但在没有超售的情况下，也可能发生拒载。如旅客健康原因，安全或安全保卫，以及旅客没有携带足够的旅行文件。在这些情况下发生的拒载，运营承运人不承担赔偿责任。

四、关于航班取消的规定

（一）航班取消的定义

航班取消是指先前计划执行飞行任务的航班停止飞行，并且该航班至少有一个座位被预订。

（二）航班取消后运营承运人的义务

航班取消后运营承运人的义务，与拒载以后运营承运人承担的义务基本相同，归纳起来还是三方面：一是退票或变更航程，二是免费的食宿、交通和通信，三是赔偿。但与拒载的情形下承担的责任又有一点不同，现分别说明如下：

1. 退票

虽然条例规定在拒载和取消的情形下都要根据第 8 条和第 9 条的规定提供帮助，但就第 8 条规定的帮助来看，在发生拒载和取消的情形下，运营承运人承担的义务并不完全一样。因为拒载发生在运输尚未开始之时，因此就退票这一项义务而言，应全额退还。但航班的取消不同。因为航班取消有始发地取消和经停地取消之别，在始发地取消，与拒载一样，应全额退还；在经停地取消，一般来说，应退还未使用部分航程的票款。但条例的规定不限于此，条例进一步规定，如果航班取消使旅客的最初旅行计划没有任何意义，还要退还已使用部分的票款，并且在必要时，要给旅客提供在最早的时间返回原出发地点的航班。这在某种程度上加重了运营承运人的负担。

2. 赔偿

在拒载的情况下，除自愿放弃座位的旅客外，运营承运人应无条件赔偿。在航班取消的情况下，运营承运人也应予以赔偿，但以下两种情形例外。

（1）提前通知或/和变更航程。如果在条例规定的时间内通知了旅客并给旅客变更了航程，则运营承运人不承担赔偿责任。因为如果尽早地通知旅客，可以使旅客有充足的时间对其旅行计划做出变更，而且不会给旅客带来不便，并且通过变更航程，使旅客到达目的地的时间与预计的到达时间相差不是太大，运营承运人已经履行了运输合同，因此，如果在这种情形下还让运营承运人承担责任的话，明显对运营承运人不公平。

（2）特殊事件。是不是不管航班取消的原因，运营承运人都要承担赔偿的责任呢？答案是否定的。条例第 5 条第 3 款规定，如果运营承运人证明航班取消是由于不可避免的特殊事件所引起，即使采取了所有可合理要求的措施也不可避免，则运营承运人不承担第 7 条规定的支付赔偿金的义务。这就是说，如果航班取消是由于运营承运人不可控制的事件所引起，即便发生航班取消，运营承运人不承担赔偿责任。但什么是"特殊事件"？它可以包括哪些情形？条例在具体条款中没有规定。只是在条例的"鉴于"部分的第14条、15条有如下规定：

"14. 根据《蒙特利尔公约》，在由特殊的情势导致的事件，即使是采取了所有可合理要求的措施都不可能避免该情势的发生，运营承运人的责任将被限制或免除。这种情势可能出现在或特别是在政治不稳定、与相关航班运营不协调的天气条件、安全风险、意想不到的飞行安全缺陷和影响运营承运人经营的罢工等情形下。

15. 与特定日期的特定航空器相关的空中交通管制的决定所影响导致长时间的航班延误、整夜的延误，或由该航空器执行的一个或多个航班的取消，这种特殊的事件应被认为是存在的，即使是承运人为了避免航班的延误或取消采取了所有合理的措施。"

因此，"特殊事件"可以解释为：（1）政治不稳定；（2）与相关航班运营不协调的天气条件；（3）安全风险；（4）意想不到的飞行安全缺陷；（5）影响运营承运人经营的罢工；（6）空中交通管制。如果说上述（1）、（2）、（5）和（6）比较清楚的话，（3）和（4）则不容易把握和界定。因为什么是"意想不到的飞行安全缺陷"，什么是"安全风险"，有待于进一步明确。

3. 举证责任

航班取消运营承运人要通知旅客。因此，有关是否通知了旅客，以及是在什么时间通知旅客的，这个举证责任由运营承运人承担。具体规定见条例第5条第4款。这就要求运营承运人考虑采取什么方式通知旅客，并且要保留相关的证据，以应对日后发生的诉讼。

五、关于延误的规定

（一）延误的定义

就条例规定的三种情形来看，条例对航班拒载和航班取消都分别给出了定义，唯独没有对延误下一个定义，可见界定延误之难。但条例并没有因此而驻足不前，它采取了另外一种切实可行的办法，这就是将航程与时间这两个因素结合起来考察延误。这样，条例将延误分为三种情形："（a）航程为1 500公里或1 500公里以下的航班，延误2小时或2小时以上；或（b）所有欧共体境内的航程在1 500公里以上、延误时间为3小时或3小时以上的航班，以及航程在1 500公里和3 500公里之间的所有其他航班；或（c）除上述（a）和（b）之外的，比预定离站时间延误4小时或4小时以上的所有航班。"

条例的这种做法值得我们借鉴。我们习惯于按时间来界定延误，这无论从哪个角度来说都是不完善的，也是不可取的。将航程与时间结合，这是一个创新，其合理性、可操作性不用多说。

（二）运营承运人的义务

与航班拒载、取消情形下运营承运人义务一样的是免费的食宿、交通和通信，以及退票。但退票有一个限制条件，即至少是在延误了5小时的情况下。延误也存在两种情况：始发地延误和经停地延误。条例没有区分这两种情况，因此，对于退票，不管是在始发地还是经停地延误，延误的时间应是在5小时以上。从这一点来看，条例充分考虑到了航班延误的复杂性，不允许旅客随意解除合同。

就延误而言，有两个问题需要探讨：一是延误的免责条件；二是延误以后是否赔偿。

考察条例对延误的规定，它虽然规定了运营承运人应提供上述帮助，但没有区分延误的原因，即是不是不管导致延误的原因，运营承运人都要给旅客提供上述帮助呢？答案同样是否定的。因为对于由不可控的特殊事件导致的航班延误，让运营承运人负担相关费用，明显对运营承运人不公平。那么，哪些特殊事件导致的延误运营承运人可以不提供帮助，这在条例中没有明确规定，笔者认为可以参考条例对于航班取消规定的特殊事件。

在航班拒载和取消的情形下，条例明确规定要给予旅客赔偿。但在延误的情形下，是否给予旅客赔偿，条例没有提及。难道是立法者疏忽了？不是。那么，究竟赔不赔呢？答案是不赔。因为如果赔偿旅客，条例会明确规定，就像对拒载和取消一样，但对于延误，通观条例，没有说对延误进行赔偿。我想，立法者这样做是明智的。如果条例规定对延误赔偿，可能会与1999年

《蒙特利尔公约》的规定相冲突。如果旅客要索赔，就可以根据1999年《蒙特利尔公约》的规定提出。条例的规定弥补了1999年《蒙特利尔公约》的不足。因为公约对航班拒载、取消可以说是未做规定，对延误却有规定，而条例只规定在发生延误后运营承运人应对旅客提供帮助。二者正好相互补充。

需要指出的是，与条例对拒载、取消的规定相比，条例对延误的规定是简而又简，这就留下了许多不确定性，从而其可操作性也是打了一定的折扣，这可说是条例的不足之处。但这都是延误的复杂性使然。

这里还有一个问题，即航班取消和延误的界限在哪里。因为在实际的运输过程中，航班取消后，运营承运人一般都会给旅客安排下一个航班，这又与延误有什么区别呢？因为在延误的情况下，当延误的原因消除后，有时旅客搭乘原航班继续飞行，有时也会被安排乘坐下一个航班。实际上，不论是拒载，还是取消，在某种程度上都可以看作是延误，只不过各自的原因不同。拒载发生是由于承运人超售或旅客自己的原因，也就是说，拒载主要是承运人或旅客的主观原因，而航班取消和延误既有客观原因，也有主观原因，这个主观原因则完全是承运人方面的。

六、对特殊人群的关照

条例强调了对"行动不便的人"和有特殊需求的人的关照。"行动不便的人"是指由于任何肉体上的残疾（永久的或临时的）、智力上的损害、年龄或任何其他残疾的原因，需要特别关照的任何人。首先，在条例"鉴于"部分第19条做了规定，即运营承运人应满足行动不便的人和陪伴他们的任何人的特殊需求。其次，在条例第11条进一步规定，运营承运人应优先运送行动不便的人和任何陪伴他们的人，或已登记注册的陪伴他们的导盲犬，以及无人陪伴的儿童。在拒载、航班取消和长时间延误的情况下，行动不便的人和任何陪伴他们的人，以及无人陪伴的儿童，根据第9条的规定，有权利获得关照。

七、告知义务的履行

条例特别要求运营承运人就旅客的权利进行告知。运营承运人应保证在值机柜台展示包含如下内容的通知，该通知应是清晰易读的，并且以一种清晰显著的方式呈现。通知内容是这样的:"如果你被拒载或你的航班被取消或延误至少两小时,请在值机柜台或登机口索要你的权利书,特别是与赔偿(补偿)金和帮助有关的内容。"运营承运人拒载或取消航班,应给受其影响的每位旅客提供一份包含本条例赔偿金和帮助内容的书面通知。运营承运人也应向延误至少两小时的旅客提供同样内容的通知,并以书面的形式向旅客提供第 16 条规定的国家指定的机构的联系资料。

此外,对于盲人和视力受损的旅客,就本条的规定来说,以合理的备选方式来告知。至于怎样才算是"合理的备选方式",条例没有规定,留给运营承运人自己去解决。条例仅做出了要求。

总之,261 条例虽然条文简短,但其中许多规定值得我们借鉴,值得我们仔细琢磨。承运人的义务及赔偿金额见表 2-1、表 2-2。

表 2-1 三种情形下承运人的义务

承运人义务	航班拒载	取消	延误
赔偿	√	√除非 (1)由不可避免的特殊情势所引起; (2)至迟在两周之前通知了旅客; (3)提前两周内通知旅客并变更航程	
退票或变更航程	√	√	延误至少 5 小时——退票和回到出发点的航班
关怀(如餐食、住宿、交通)	√	√	√

表 2-2 承运人的赔偿金额

航程距离	赔偿金额/欧元	赔偿金额/欧元(在变更航程后延误不超过时间)	延误多长时间启动关怀义务
1 500 千米及以内	250	125(2 小时)	2 小时
欧盟境内 1 500 千米以上	400	200(3 小时)	3 小时
非欧盟境内的 1 500~3 500 千米	400	200(3 小时)	3 小时
所有其他航班	600	300(4 小时)	4 小时

第三章
航空法律制度研究

第一节 1999年《蒙特利尔公约》对中国的影响[*]

1999年《蒙特利尔公约》已于2003年11月4日正式生效。公约的生效，将取代已适用七十多年的《华沙公约》及修正其的系列公约、议定书，从而使规范国际航空运输的法律制度走向完整、统一，展现在我们面前的是一个全新的法律框架。截至2003年10月，已有32个国家批准或加入了公约，包括航空运输大国美国等。我国于1999年签署了公约，2005年在我国正式生效。批准公约后究竟对我国有什么影响，并且影响有多大等。对这些问题，在业界不仅有不同的看法，并且还有人对此表示担忧。要回答这些问题，首先应了解公约本身的规定。

一、1999年《蒙特利尔公约》的主要规定

可以说，1999年《蒙特利尔公约》最主要的变化是体现在责任制度和责任限额方面，具体有以下几方面。

（一）由过错责任制走向严格责任制

公约对客、货运均采取客观责任制。在旅客伤亡方面，公约规定对于因旅客死亡或者身体伤害而产生的损失，只要造成死亡或者伤害的事故是在航空器上或者在上、下航空器的任何操作过程中发生的，承运人就应当承担责

---

[*] 本节发表于《中国民用航空》2004年第1期，本书收录时略作修改。

任。在货物运输方面，公约规定，对因货物毁灭、遗失或者损坏而产生的损失，只要造成损失的事件是在航空运输期间发生的，承运人就应当承担责任。

（二）提高对旅客的赔偿责任限额

在客运责任制度层面上，公约引进了一种全新的"双梯度"责任制度，即两级责任制。首先，纳入了 1971 年《危地马拉议定书》的责任规则，对于赔偿限额在 10 万特别提款权（SDR）之内的人身伤亡赔偿，不论承运人有无过错，都应当承担责任，除非是由于旅客自己的原因造成的。这是第一梯度，在这一梯度上是客观责任制。其次，在第二梯度下，索赔人提出的索赔额超出 10 万 SDR，如果承运人证明自己没有过错或者证明伤亡是由于第三人的过错造成的，承运人不承担损害赔偿责任，否则，承运人必须承担责任。这一点，可以说是与《华沙公约》的过错推定责任制是相同的。但是，在任何情况下，索赔人都必须举证，证明其提出的索赔额就是其遭受的实际损失。同时，10 万 SDR 只是一个限额，实际损失低于 10 万 SDR 的，根据旅客遭受到的实际损失予以赔偿。

（三）增加了第五管辖权

原《华沙公约》第 28 条规定了以下 4 种管辖权：（1）承运人的住所地法院；（2）承运人的主营业地法院；（3）订立合同的承运人的营业所在地法院；（4）目的地法院。

1999 年《蒙特利尔公约》，基本循此规范，但在此基础上，增加了第五种管辖权，公约规定："对于因旅客死亡或者伤害而产生的损失，诉讼可以向本条第一款所述的法院之一提起，或者在这样一个当事国领土内提起，即在发生事故时旅客的主要且永久居所在该国内，并且承运人使用自己的航空器或者根据商务协议使用另一承运人的航空器经营到达该国领土或者从该国领土始发的旅客航空运输业务，并且在该国领土内该承运人通过其本人或者与其有商务协议的另一承运人租赁或者所有的处所从事其旅客航空运输经营。"①

---

① 参见《蒙特利尔公约》第 33 条第 2 款。

（四）恢复了运输凭证的正常功能

运输凭证的本来功能是作为运输合同的证据和判断是否构成"国际运输"，从而适用华沙体制的根据。但是原凭证规则却把遵守凭证规则与否，作为是否有权援用责任限制的前提条件。1999 年《蒙特利尔公约》恢复了运输凭证的正常功能。同时，为适应现代电子技术需要，开辟了"任何保存所作运输的记录"的办法均可使用的现代化道路。

具体来说，在旅客运输中，出具个人的客票不再成为强制性规定。在团体运输中，可以出具"集体的运输凭证"。旅客运输凭证上只需标明始发地点和目的地点以及至少一个约定的经停地点（如有约定的经停地点）。为了便利电子计算机在客票销售和运输过程中的应用，允许使用任何保存前述内容的"其他方法"，包括电子手段。

在货物运输中同样引入了电子凭证。承运人应按托运人的要求，向托运人出具货物收据。至于航空货运单或货物收据上应当载明的内容，除了标明始发地点和目的地点以及约定的经停地点外，只需标明货物的重量。

二、对我国航空运输企业的影响

首先，要明确的是，这里的影响是指对我国经营国际航线的航空公司，准确说，是从事国际航空运输的企业。我国批准公约，从表面上看，加重了我国航空运输企业的责任，因为公约对客运和货运均实行严格的责任制，并且与原华沙体制相比，对旅客的赔偿限额大幅度提高，由《海牙议定书》的 20 000 美元或者 1966 年《蒙特利尔协议》的 75 000 美元提高到 10 万 SDR（约合 15 万美元左右，人民币 125 万元左右），并且《蒙特利尔公约》还规定了无限额的赔偿。但这只是从表面上看。那么，实质上是怎样的呢？实际上，我国经营国际航线的航空运输企业所承担的赔偿责任，早已突破了 1966 年《蒙特利尔协议》规定的 75 000 美元。原因何在？首先，如果发生空难，造成旅客死亡，航空运输企业赔偿给遇难者的金额远非 75 000 美元。因为在这种情况下，往往是航空公司与遇难者家属协商，实际的赔偿额最少也在几十万元到上百万元人民币。如果没有造成旅客死亡，则按实际损失赔偿，各种费用加起来（如医疗费、误工费、交通费、精神抚慰费等）很有可能超出

75 000 美元。其次，我国三大航空公司已分别加入了 1995 年《国际航协关于旅客责任的承运人间协议》（又称《吉隆坡协议》，英文简称 IIA）和 1996 年《关于实施 IATA 承运人间协议的措施的协议》（英文简称 MIA）。根据这两个协议，对于旅客遭受的伤亡或其他身体伤害，航空公司放弃了责任限制，为旅客提供全额赔偿，并且还可以援引旅客的住所地法或永久居所地法来确定赔偿费用。如中国北方航空公司"大连 5·7 空难"，遇难者家属就在遇难者住所地韩国法院起诉，韩国法院驳回了中国北方航空公司关于管辖权的抗辩，予以受理。当然，有人会说，赔偿额的提高，航空运输企业的保费也将提高，从而增加了航空公司的成本。的确是这样。但是，笔者认为这只是一个技术层面的问题，应由航空公司与保险公司协商解决。况且这些年的实践表明，实际的赔偿额早已超出了相关法律的规定，应该说，航空公司与保险公司也是在实际情况的基础上达成了保险协议。笔者认为，在法律对实际赔偿没有明确规定的情况下，航空公司与保险公司都能达成协议，而《蒙特利尔公约》在某种程度上只不过是在法律上正式确认了实践做法。另外，在保险费率上，保险公司应结合《蒙特利尔公约》的规定和航空公司历年的安全记录来确定保险费率，这也是国际保险界的一种通行做法。

其次，还有一点需要说明，虽然《蒙特利尔公约》提高了赔偿额度，但这只是一个最高限度，即最高不能超过 10 万 SDR，旅客实际能得到多少赔偿，还要看实际受到的伤害。换句话说，10 万 SDR，只有在造成旅客死亡的情况下，航空公司才承担。而这种情况一般是发生了空难，其他情况下也不会导致旅客死亡。如果旅客要求无限额地赔偿，旅客要证明航空公司的过错，这种举证责任对旅客来说难上加难。按此推理，虽然公约提高了赔偿额度，但与航空公司原先承担的责任相比较，并没有多大变化，只有在发生空难并造成旅客死亡的情况下，才会在一定程度上加重航空公司的负担。

总之，笔者认为该公约对我国生效，对于我国航空运输企业，虽然其不利的一面，但我们更应看到其有利的一面，即有利于我国航空运输企业的发展和参与国际竞争。因此，大可不必为提高赔偿限额或增加了第五管辖权而担忧。

三、对我国相关法律的影响

如果要说影响的话,《蒙特利尔公约》对我国现行的相关法律的影响最大,表现在以下三个方面。

(一)国内航空运输旅客伤亡赔偿责任制度与公约的接轨

根据国务院于 1993 年修订的《国内航空运输旅客身体损害赔偿暂行规定》,在赔偿限额上,从 1994 年起,由原先的 20 000 元人民币提高到 70 000 元人民币,此后再未有变化。但是,在实践中,也是突破了该限额。中国北方航空公司"大连 5·7 空难"的赔偿就是典型例证。遇难者家属得到了每人 20 万左右人民币的赔偿。即便法律正式规定 20 万元人民币的赔偿限额,但与国际航空运输旅客的赔偿相比,以及其他国家法律规定的赔偿相比,还是有很大的差距。国际民航组织的调查表明,绝大多数国家(包括大部分小国、穷国)的国内赔偿限额都在 20 000 美元以上。因此,国内航空运输的赔偿额是否应向国际看齐;这就涉及对从事国内航空运输的企业的影响。

有人说,对于国际运输与国内运输的旅客赔偿应区别对待,但区别对待的理由是什么?在经济全球化、一体化,日益重视人的生命的今天,对于旅客给予更多的人文关怀,应是不言而喻的。美国、日本等国家对于国内运输的旅客死亡已实行无限额的赔偿,难道我们还要实行限额赔偿吗?并且只有 20 万元人民币?或许有人说,不能与发达国家比较,应与发展中国家做比较。实际情况是,除了那些非常贫穷的国家外,许多国家已大幅度提高了赔偿限额,且赔偿限额在不断地提高,在不断地走向无限额赔偿,逐渐与国际做法趋同,或者说逐渐接轨。如果在我们建设民航强国的今天,一味地与不发达国家、落后国家作比较、为参照物,那我们就会故步自封、徘徊不前。

就目前法律思潮及保险制度而言,规定最高赔偿数额是否有必要,值得去研究。在废除最高赔偿限额之前,相关政府部门应随时注意社会经济变迁,合理调整损害赔偿数额,以保障受害人的利益。因此,应修改相关法律,适度提高国内航空旅客运输的赔偿,使我国的旅客运输赔偿逐渐接近国际航空旅客运输的赔偿。从某个方面讲,这不仅是提高赔偿的问题,它体现了我们对航空运输的重视,对人的生命的重视。

（二）我国《民用航空法》的一些规定是否需要修订

前已述及,《蒙特利尔公约》在运输凭证方面的规定变化较大,规定了"任何保存所作运输的记录",将电子客票涵盖其中,而我国《民用航空法》在此方面未做规定;在承运人承担责任的条件方面,《蒙特利尔公约》规定的是在上下航空器过程中的"事故"造成旅客人身伤亡的,而我国《民用航空法》的用词却是"事件";在赔偿限额方面,《蒙特利尔公约》规定的是"双梯度原则",即低于或高于100 000SDR,而我国《民用航空法》还是单一的责任制度,并且国际运输旅客的限额为16 600SDR,差距较大;在延误赔偿方面,《蒙特利尔公约》规定了具体的赔偿数额,即4 150SDR,而我国《民用航空法》未规定具体的数额;此外,还有《蒙特利尔公约》规定的第五管辖权、限额复审制度,等等。笔者认为,应借鉴《蒙特利尔公约》的规定,完善我国《民用航空法》。一方面,《蒙特利尔公约》的规定,毕竟是总结了七十多年来国际航空运输法律制度的成功经验,吸收了国际航空运输的最新发展成果,兼顾了不同法系和不同国家的利益,集中各国法律专家的智慧而成,有其合理性、先进性、前瞻性。当然,不是完全照搬《蒙特利尔公约》。另一方面,不能一味地强调我们自己的特殊性,而坚决摒弃。因此,应借我们修订《民用航空法》之际,将相关法律制度纳入我们的民航法中。

（三）航空运输的赔偿责任制度与其他运输方式的赔偿责任制度协调

如果国内航空运输赔偿限额提高,那么,同属于旅客运输的公路运输、水路运输、铁路运输以及海上运输是否也应提高?有人认为,公路运输也好,铁路运输也好,不可能赔那么多,所以坚决反对提高航空运输的赔偿限额。这种说法,并不完全正确。一方面,现行法律规定的国内航空运输的赔偿额确实高于国内海上或国内铁路运输的赔偿额,航空运输赔偿规定金额为人民币70 000元,海上和铁路均为人民币40 000元,但对于公路（汽车）和水路旅客运输没有规定具体的限额。另一方面,应该说我们现行的法律规定并不一致,并且在某些方面有缺陷。具体表现如下:

首先,归责原则不同。对于航空和铁路旅客运输,实行的是严格责任原则,即不以承运人的过错为承担赔偿责任的条件,免除责任的情况（如不可抗力、受害人或第三人的过错等）由承运人证明。公路、海上和水路运输则实行过错责任原则。

其次，赔偿范围不同。对于航空和铁路运输，因实行严格责任原则，在责任范围上是有限额的责任，即规定一个承运人承担赔偿的最高数额，超过此数额的赔偿要求，承运人不承担。公路和水路运输在适用过错责任原则的情况下，一般是全部赔偿，因此相关的规章（《汽车旅客运输规则》和《水路旅客运输规则》）没有规定最高赔偿数额。因为是全部赔偿，那么，在某些情况下，公路和水路运输的旅客得到的赔偿将会超过航空或铁路运输法律规定的数额。换句话说，航空运输的旅客得到的赔偿不一定高于公路或水路运输的旅客得到的赔偿。而海上运输在归责原则上是过错原则，却又实行限额赔偿。因为，如果是过错责任原则，应是无限额赔偿，即按实际损失赔偿，而在严格责任原则的情况下，大都是限额赔偿。

可见，同样是旅客运输，我国现行的法律规定并不一致，或者说有相互矛盾的地方。因此，现在应该考虑如何协调相关的法律，或者说，应该建立统一的旅客运输伤害赔偿制度，而不应该以某一部法律法规或规章规定的赔偿数额低来反对提高其他运输方式的赔偿数额。

第二节　对我国航空人身损害赔偿法律制度及相关问题的思考[*]

2004年"11·21包头空难"（以下简称包头空难）发生后，航空运输中的损害赔偿问题再一次成为社会各界广泛关注的问题。就包头空难而言，不仅造成了旅客的死亡，还造成地面晨练的老人死亡，并且造成了包头南海公园湖水的严重污染。2004年11月11日和2005年5月25日先后发生的两起少年攀爬飞机事件，又引起了对攀爬飞机少年的责任承担问题。对于航空运输中发生的这些问题，社会各界有许多疑问，诸如国务院第132号令的效力，

---

[*] 本节发表于《中国民用航空》2006年第2期，本书收录时略作修改。

赔偿的标准究竟是多少？为什么国内的赔偿标准与国外的不一样？攀爬飞机少年的赔偿是否与旅客一样？等等。对这些疑问做一解答，澄清一些说法，不仅是必要的，而且也是有意义的。

一、我国现行的航空旅客人身损害赔偿法律制度

为了使大家对我国航空旅客损害赔偿的相关法律制度的发展变化有一个全面的了解，现将新中国成立以来我国的法律制度及主要内容列举如下。

（一）《飞机旅客意外伤害强制保险条例》

该条例是 1951 年 4 月 14 日由原政务院财政经济委员会发布，1989 年 2 月 20 日失效。条例规定，凡在中华人民共和国境内持票搭乘飞机之旅客，均应依照条例的规定，向中国人民保险公司投保飞机旅客意外伤害保险，保险费包括于票价之内，按基本票价的千分之五收取，保险金 150 万元，折合 1955 年新币 1 500 元。根据此规定，在新中国成立初期，通过规定强制保险，保险公司以意外伤害保险金的形式来承担旅客因意外事故而受到的伤害，航空公司不再承担赔偿责任。

1982 年 4 月广西桂林空难发生后，经国务院批准，在原保险金 1 500 元的基础上，再给付慰问金 1 500 元，对生前供养 2 人者，再给其家属补助金 1 000 元；供养 3 人以上者给 2 000 元。赔偿金总额以每位旅客 5 000 元为限。对港、澳地区和外国旅客参照 1955 年《海牙议定书》，赔偿 20 000 美元。1988 年 1 月 18 日重庆空难发生后，又将保险金和补助金调整为 8 000 元。

（二）《国内航空运输旅客身体损害赔偿暂行规定》

该规定 1989 年 2 月 20 日由国务院颁布，1989 年 5 月 1 日起施行。《飞机旅客意外伤害强制保险条例》同时废止。按照该规定，承运人对每名旅客的最高赔偿金额为人民币 2 万元。另外，旅客可以自行决定向保险公司投保航空运输人身意外伤害险。同时我们注意到，在这个规定中，已明确提到承担赔偿责任的主体是承运人即航空公司，而不是保险公司，并且保险金额的给付，不得免除或减少承运人应当承担的赔偿金额。这应该是我国第一部关于航空运输损害赔偿的法律制度。

（三）国务院关于修改《国内航空运输旅客身体损害赔偿暂行规定》的决定

该决定1993年12月13日由国务院颁布，1994年1月1日起实施，即国务院第132号令。修改后的承运人对每名旅客的最高赔偿金额为人民币7万元。

（四）《中华人民共和国民用航空法》

《中华人民共和国民用航空法》（以下简称《民用航空法》），1995年10月30日由全国人大常委会颁布，自1996年3月1日起施行。该法对于承运人的赔偿责任限额，只在第128条第1款做了规定，即："国内航空承运人的赔偿责任限额由国务院民用航空主管部门制定，报国务院批准后公布执行。"但民航主管部门并没有依据此条制定规定，一直沿用国务院第132号令。

综观上述法律规定，可以看出以下几点：

第一，在1993年之前，我国的空难赔偿标准处在一个动态的变化之中。根据情况的变化，适时进行修订。20世纪50年代到80年代30多年的时间，有了第一次变化。时间虽然较长，但那是在特殊的时期。随后，1982年到1988年，间隔时间是6年，由5 000元提高到8 000元，提高了3 000元。1988年到1989年，间隔时间也就1年；1989年到1993年，间隔4年。总的趋势是，间隔的时间在缩短。四次的间隔时间分别是31年、6年、1年、4年。

第二，赔偿的数额不断提高，从20世纪50年代初的1 500元提高到90年代初的7万元人民币。当然，这里的1 500元与7万元不具有可比性。

第三，在1993年之后，没有做任何修订。也就是说，迄今为止将近12年的时间中，没有任何变化。而这12年，正是我国社会经济生活发生急剧变革的时期，也是人民生活水平大幅度提高的时期。

二、关于国务院第132号令的法律效力

《民用航空法》授权民航主管机关制定国内赔偿责任限额，报国务院批准后公布执行。但是，《民用航空法》生效后，我们一直沿用的是国务院第132

号令。包头空难的发生将这一问题显现出来。包头空难的遇难者陈某阳家属的代理人认为,《民用航空法》第 128 条规定国内航空承运人的赔偿责任限额由国务院民用航空主管部门制定,报国务院批准后公布执行。该法是我国人大常委会通过的法律,且时间晚于 1993 年的国务院第 132 号令,而二者恰恰有冲突。根据"上位法优于下位法"以及"新法优于旧法"的基本法律原则,132 号令应被排除适用。

笔者认为,国务院第 132 号令是目前我国处理空难赔偿的法定依据。理由如下:首先,"上位法优于下位法"的法律适用原则在这里并不适用。按《中华人民共和国立法法》(以下简称《立法法》)的精神,不同阶位的法律规范,应当适用"上位法优于下位法"原则。民航法是法律,第 132 号令是行政法规,是不同阶位的法律,法律效力自然不同。但现在的问题是,上位法《民用航空法》并没有就国内航空运输旅客损害赔偿做出具体规定,民航法只做了原则性规定,准确地说只是一个授权条款。而国务院第 132 号令则对国内航空运输旅客损害赔偿做出了明确具体的规定。一个是授权民航主管部门制定相关的规定,而另一个则是具体的规定,内容不同,自然就不能适用"上位法优于下位法"的原则。其次,"新法优于旧法"(或"后法优于前法")原则是就同一机关制定的法律、法规或规章而言的。《民用航空法》是全国人大常委会制定的法律,而国务院第 132 号令则是国务院制定的,是由两个不同的机构制定的,因此在这里不能适用"新法优于旧法"这一原则。既然如此,就不能以"上位法优于下位法"以及"新法优于旧法"的法律适用原则排除国务院第 132 号令的适用。

再次,没有新法取代国务院第 132 号令。《民用航空法》第 128 条规定国内航空承运人的赔偿责任限额由国务院民用航空主管部门制定,报国务院批准后公布执行。问题是,自《民用航空法》颁布实施以来,国务院民用航空主管部门没有制定出一个新的标准。也就是说,没有相关的法律规定取代其地位。在没有制定出新的规定之前,只能适用原有的规定。

最后,其制定机关国务院并没有宣布废止它。

因此,在国内航空运输旅客身体损害的赔偿的法律适用上,根据"特别法优于一般法的"法律适用原则,只能依据国务院第 132 号令,不能依据《民法通则》或最高人民法院关于人身损害赔偿的相关司法解释来处理。只是依据国务院第 132 号令来处理的话，在处理结果上有失公平、公正，因为社会生活已经发生了很大的变化，不是 1993 年的情况了。换句话说，国务院第 132 号令已经失去了其存在的社会经济基础。

综上所述，现在问题的关键不是下位法与上位法冲突的问题，而是国务院第 132 号令与社会经济发展不相适应，严重滞后，急需修改，这才是问题所在。

三、关于国内人身损害应制定什么样的法律

正因为国务院第 132 号令与社会经济发展不相适应，因此，在处理空难赔偿上，带来了许多问题。一是损害了承运人的利益，并且在一定程度上使承运人的声誉也受到影响。现在的实际情况是，在发生空难后，承运人根据物价上涨指数上浮赔偿数额，但这种做法遭到了遇难者家属的质疑，认为没有法律依据，拒绝接受赔偿，甚至诉诸法院，为此承运人还支付了相当数量的诉讼费，从而使空难赔偿久拖不决，在相当程度上损害了航空承运人的利益，也使承运人在社会公众面前的形象受损。二是遇难者的权利得不到全面的保护。虽然根据物价指数上浮了赔偿额，但这一数额与社会经济水平不相适应，使遇难者的权利得不到有效的救济。继续沿用 1993 年国务院第 132 号令作为赔偿依据，对当事人明显不公。三是损害了法律的权威和尊严，使法律在百姓心目中大打折扣。虽然承运人赔偿的依据是国务院第 132 号令，但在某种程度上是脱离了该规定，并没有完全依据该规定，这从大连和包头两起空难的赔偿数额的计算方法中反映出来。而社会各界对国务院第 132 号令效力的质疑就是最好的证明。在某种程度上，国务院第 132 号令已形同虚设。因此，制定新规定已是当务之急。

那么，如何制定？应制定一个什么样的规定？具体来说，是继续沿用限额赔偿还是按实际损失赔偿？如果是限额赔偿，这个数额定多少合适？20 万元？30 万元？还是 50 万元？笔者提出以下两个方案。

方案一：借鉴 1999 年《蒙特利尔公约》的规定，设立双梯度责任制。

在 1999 年《蒙特利尔公约》生效后，许多人提出要与公约接轨，与国际接轨。但是怎么接？接到什么程度？这是需要研究的问题。该公约在承运人责任制度方面设计了一个双梯度责任制。这个双梯度责任制有其合理性和科

学性。其好处是标准明确具体，整齐划一，在实践中执行起来操作性强，快捷高效。弊端是赔偿标准一样，很难照顾不同人的需求，使某些旅客的权利不能得到充分保障。

对于国内航空运输的责任制度借鉴公约的规定建立双梯度责任制分歧不大。关键的问题是限额定多少？依据什么因素确定限额？把公约规定的 10 万特别提款权完全照搬过来，恐怕也不合适。这里笔者想指出的是，航空运输的人身损害赔偿限额的确定依据，应是在综合考虑我国社会经济发展、人民生活水平、我国航空运输业的发展程度等因素的基础上确定，而不能简单地与其他人身损害赔偿的数额相比较，如有人提出矿难的赔偿标准提高到 20 万元，医疗事故有的高达百万元，交通事故也五六十万元甚至几百万元，从而认为航空运输的赔偿也应向它们看齐；与此相反的观点则认为，其他运输（如公路、铁路）运输的赔偿才几万元，因此航空运输的赔偿额不能比其高出太多。这种横向的比较是可以的，但决不能根据这种比较来确定赔偿的限额。原因有二：一是适用的法律不同，赔偿数额自然不同，有高有低；二是航空运输中的赔偿是一种限额赔偿，而其他行业或领域的赔偿有的是按实际损失赔偿，或者说是无限额赔偿，有的则实行限额赔偿。

方案二：在国内航空运输中，彻底废除限额赔偿制度，按实际损失赔偿。具体可依照最高人民法院《关于审理人身损害赔偿案件适用法律若干问题的解释》（自 2004 年 5 月 1 日起施行）执行。这样做的好处是遇难者的权利可以得到充分保障。因为没有赔偿的限额，完全按实际损失赔偿，这个实际损失是根据法律规定计算出来的，从而不会产生目前遇到的遇难者家属认为限额低而拒绝接受的情形。存在的问题是，人们可能一时难以接受。因为这样计算的结果是乘坐同一架飞机的旅客最后获得的赔偿额是不一样的，而按我国现行的法律规定，不管每个人的身份，最后获得的赔偿是一样的。在目前许多人的观念中，遇难者所获得的赔偿额应该是一样的。

目前看来，方案一是容易被大家接受的，因为它借鉴了国际公约的规定，又在一定程度上继承了我们现行的法律制度。但笔者认为赔偿制度的发展趋势应该是方案二。其一，社会经济环境发生了变化。现在的社会经济环境，已经不是 20 世纪初，不管是国内还是国外，都是如此。如果说在航空运输的早期，为了保护"幼稚"的航空运输业，实行限额责任的话，在航空运输业日益发达和成熟的今天，再按限额赔偿，有失公平。其二，国际潮流使然。在许多国家的航空运输中，除了在国际航空运输中根据国际公约的规定实行限额赔偿，国内航空运输早已实行的是无限额赔偿。其三，按实际损失赔偿，不仅有利于保护旅客的利益，从更高的层面上看，是保护人权的需要。

四、关于航班延误的赔偿问题

对于航班延误的赔偿，现行的法律依据是《民用航空法》第126条。该条完全是移植了国际公约的规定。但该条的规定过于原则、抽象，操作性不强，在实践中很难根据该条解决矛盾。移植法律是一条捷径，但捷径往往是险途。如果国际公约可以这样规定的话，在转化为国内法时应该在法律上有比较明确具体的规定，遗憾的是，《民用航空法》这样规定后，又没有相关的实施细则或规定做进一步的细化。当乘坐飞机的旅客逐渐增加，航空运输从"贵族"开始走向"平民"时，我国的航空服务却未能跟上，原先隐藏的问题逐渐暴露出来，并且一度变得尖锐。延误成为社会大众普遍关注的事情，航空公司被社会大加挞伐，"拒绝登机""霸机"等现象层出不穷。旅客认为自己的权利受到了侵犯，而航空公司也认为自己的权利没有得到应有的维护，自己也是"弱者"。原因何在？谁之过？旅客还是航空公司？

如果从制度层面上探讨原因所在，应该是现行法律的不完善或法律的缺失，因为不能在实践中被执行的法律等于没有法律。因此，必须在法律上对延误有一个正面的应答。虽然比较困难，但不能因为困难而放弃。有一种观点认为，不能在相关的法律规定中规定延误，这是在回避问题，回避不是解决问题的办法。在做法律规定时，借鉴国际公约是一个方面，但更重要的是要考虑我国的国情，即航空公司的承受能力，老百姓的理解与领悟能力，在实践中的可操作性等。最终目的是能促进航空运输业的良性发展，维护良好的航空运输市场秩序。

在具体规定上，应坚持以下几方面：第一，航空公司只对因自己可控制的原因引起的延误而造成的损失承担责任。第二，在立法技术上，应采取概括式和列举式并用的方法。明确规定由于航空公司不可控制的原因引起的延误，航空公司不承担责任，并且要列明哪些是航空公司不可控制的原因。航空公司只对自己可控的原因引起的延误承担责任。在我国，很多延误是由于航空公司不可控制的原因引起的，如天气、军方的活动、空中交通管制等原因，如果让航空公司对这些承担责任，对航空公司是不公平的。第三，明确规定旅客的"霸机"给航空公司造成的损失，应由旅客承担赔偿责任。第四，明确规定航空公司与旅客的举证责任，什么情况下由旅客举证，什么情况下由航空公司举证。第五，兼顾程序上的规定，合理规定延误后的程序处理。

五、由空难导致的地面罹难者的赔偿问题

需要说明的是，对于地面罹难者的赔偿与机上乘客的赔偿是不一样的。表现在：第一，法律性质不同。对于飞机坠毁导致的地面人员或财产的损害，是一种侵权行为；而对机上所载乘客，《民用航空法》并没有明确其法律性质，从法学理论上讲，是侵权行为与违约行为的竞合；第二，赔偿原则不同。地面罹难者实行无限额赔偿，而机上乘客则实行限额赔偿。第三，赔偿结果不同。在一般情况下，地面罹难者获得的赔偿额要高于遇难乘客所获得的赔偿额。例如，包头空难的机上乘客的赔偿是21万元左右，而一地面罹难者获得的赔偿金是39.3万元。

六、未成年人攀扒飞机引起的法律责任问题

发生在昆明机场和敦煌机场的两起少年攀扒飞机事件均由机场方给予一定数额的补偿而了结，但由其引起的疑问却并没有结束，特别是相关的法律责任问题。人们要问：少年因攀扒飞机而坠机死亡或受伤，究竟是谁的责任？少年的责任还是机场的责任？抑或是航空公司的责任？

有一种观点认为，应由机场或航空公司承担责任，依据是《民法通则》第123条的规定，即从事高空、高压、易燃、易爆、剧毒、放射性、高速运输工具等对周围环境有高度危险的作业造成他人损害的，应当承担民事责任。笔者认为不能适用该条，理由如下：第一，扒机少年并非合法地居住在机场内或机场外周围地区；第二，虽有损害的发生，但是由于扒机少年自己扒机造成的；第三，如果适用该条，让航空公司或机场承担责任，在某种程度上鼓励了非法进入机场、攀扒飞机的行为，最终将损害社会公共利益。

还有一种观点认为应该由机场承担责任，依据是《最高人民法院关于审理人身损害赔偿案件适用法律若干问题的解释》第6条，即从事住宿、餐饮、

娱乐等经营活动或者其他社会活动的自然人、法人、其他组织，未尽合理限度范围内的安全保障义务致使他人遭受人身损害，赔偿权利人请求其承担相应赔偿责任的，人民法院应予支持。笔者认为适用这一观点欠妥。不可否认，机场或航空公司是从事经营活动的法人组织，但我们首先必须清楚该条所要保护的对象，即是什么人要受到保护。这里的一方当事人是从事经营活动或其他活动的自然人、法人、其他组织，另一方当事人虽然没有明确规定，但应该是参加到这一经营活动或社会活动中的人，因此，应该是受到了经营者邀请或与经营者有一定关系的人，或者没有得到经营者的邀请，起码他的到来经营者并不反对。该条的经营活动或社会活动，应该具备与社会公众接触的主动性和客观上的可能性、现实性。因此，社会活动安全保障义务的保护对象不仅包括经营活动中的消费者、潜在的消费者以及其他进入经营活动场所的人，还包括虽无交易关系，但出于合乎情理的方式进入可被特定主体控制的对社会而言具有某种开放性场所的人。

但对于机场而言，特别是机场的隔离区和机坪区，虽然在该区域内活动的也是社会公众，但这一社会公众已经受到了很大限制，只有那些持有航空公司有效客票的旅客，并经过安全检查以后，才能在机场隔离区活动，也只有这些旅客，为了登机，在有些情况下（如通过摆渡车）可以来到机坪区，但也不能在机坪随意活动，其在机坪区停留的时间很短暂，活动的范围也是有限的，即其时空范围是受到限制的。换言之，机场是一个"禁区"，不是一个开放性的场所，机场不是餐厅、宾馆、银行或超市，它只对特定的人在特定的时间开放，而不是对社会公众开放。其他人的进入是为机场方所禁止的，《中华人民共和国民用航空安全保卫条例》中也有相关规定，如禁止无机场控制区通行证进入机场控制区等。因此，机场所进行的经营活动有别于最高人民法院司法解释中所说的经营活动或社会活动。

综上，该条所保护的对象是合法或合乎情理进入某种开放性场所的人，并不保护那种非法进入的人，机场也是非开放性的场所。从而经营者仅对合法或合乎情理进入某种开放性场所的人承担合理限度范围内的安全保障义务。少年攀扒飞机，是非法进入，不能适用该条的规定。

从法律适用的角度来说，如果要从我国现行的法律中找出对应的规定，存在一定困难，我国现行法律并没有规定对于非法进入"禁区"而造成的后果承担何种责任。从学理上讲，一方面，少年攀扒飞机造成的损失，在很大程度上应归责于少年本人或其监护人，也就是过错在己；另一方面，对于机场来说，围栏等防护措施的不严固，机场也是有过错的。在这种情况下，应根据过失相抵原则，分摊责任，但主要责任还是在受害人本人。英美普通法系对此却有比较完善的规定，其法律是根据来访者的身份确定土地或房子的所有人或经营人的责任。如英国1984年的《使用人责任条例》规定，房主对非法闯入者也要承担公平的和人道的责任。

当然，对于这一问题，还可以继续深究。需要说明的是，事件发生后，人们的感情完全替代了理智，感情砝码完全倾向于受害者一方，这是可以理解的，但如果社会大众（包括媒体）完全感情用事，置国家法律于不顾，舍弃社会公共利益，则不利于保护我们的权利，也不利于我国走向法治国家。

第三节 评《国内航空运输承运人赔偿责任限额规定》[*]

2006年2月28日，中国民用航空总局发布了《国内航空运输承运人赔偿责任限额规定》（以下简称《规定》），自2006年3月28日起施行。而1989年2月20日国务院发布、1993年11月29日国务院修订后重新发布的《国内航空运输旅客身体损害赔偿暂行规定》（以下简称《暂行规定》），自《规定》施行之日起同时废止。

一、《规定》的发展与创新

《规定》相当简洁，全部仅六条条文，不到四百字。虽然简短，却在我国航空运输的损害赔偿方面，新意迭出，创新颇多，具体包括以下几点：

第一，大幅度提高了对旅客身体伤害的赔偿责任限额。根据《规定》第3条的规定，对每名旅客的赔偿责任限额为人民币40万元，比《暂行规定》的赔偿责任限额7万元人民币翻了好几番。

---

[*] 本节发表于《民航管理》2006年第4期，本书收录时略作修改。

第二，提高（增加）了旅客随身携带物品的赔偿限额。对于旅客随身携带的物品的赔偿，《暂行规定》未做规定，这从《暂行规定》的名称就可以看出，它是关于旅客身体损害的赔偿，不涉及旅客随身携带的物品。1985年1月1日制定、1996年2月28日修订的《中国民用航空旅客、行李国内运输规则》（以下简称《规则》）[①] 第51条第5款首次就旅客的随身携带物品规定了赔偿限额，原文为"由于发生在上、下航空器期间或航空器上的事件造成旅客的自理行李和随身携带物品灭失，承运人承担的最高赔偿金额每位旅客不超过人民币2 000元"。根据《规定》第3条第1款第2项，"对每名旅客随身携带物品的赔偿责任限额为人民币3 000元"，整整提高了1 000元。因《暂行规定》对此没有规定，因此与《暂行规定》比较，是增加的新内容，但是与《规则》相比，则提高了限额。

第三，统一并提高了托运行李和货物的赔偿限额。同样，对于托运行李和货物《暂行规定》没有涉及。《规则》则在第51条第1款规定，对于"旅客的托运行李全部或部分损坏、丢失，赔偿金额每公斤不超过人民币50元"。1986年1月1日制定、1996年2月29日修订的《中国民用航空货物国内运输规则》（以下简称《货物规则》），规定了货物的赔偿限额，即"货物没有办理声明价值的，承运人按照实际损失的价值进行赔偿，但赔偿最高限额为毛重每公斤人民币20元"。《规定》第3条第1款第3项，则明确规定，"对旅客托运的行李和对运输的货物的赔偿责任限额，为每公斤人民币100元"。可以看出，在《规定》之前，对于托运行李和货物，执行的是两个不同的标准。《规定》则不管托运行李还是货物，一律每公斤100元，简单地说，标准一致，价格一样。

第四，建立了赔偿限额的调整机制。根据《规定》第4条，"本规定第三条所确定的赔偿责任限额的调整，由国务院民用航空主管部门制定，报国务院批准后公布执行"。这是非常重要的内容。可以说，该条的写入，将第3条的内容动态化，给《规定》注入了活力。《暂行规定》12年来未做修订，虽有方方面面的原因，但《暂行规定》自身并没有建立起一种自我更新的机制，

[①] 该《规则》在2004年再次修订，修订内容有两点：一是明确了革命伤残军人、因公致残的人民警察、儿童和婴儿乘机时的机票价格；二是删除了关于机票退票的规定。《规则》自2004年8月12日起施行。

《规定》做到了这一点。

第五，体例上逐渐完善。从体例上来看，《规定》将《暂行规定》《规则》和《货物规则》中关于旅客、旅客随身携带物品、托运行李和货物的责任限额纳入一体，统一规定，使航空运输承运人的赔偿责任趋于完善。

综上，《规定》无论是在内容上还是在体例上都有发展和创新，具体可概括为三个"提高"和两个"创新"，即提高了旅客、旅客随身携带物品、托运行李和货物三个方面的赔偿限额，在内容和体例两个方面进行了创新。它不仅取代了《暂行规定》，从另一角度而言，也是对《规则》和《货物规则》的修订。它将原本分散在不同法律中的航空运输承运人赔偿责任限额的规定，整合到一部法律中，统一规定，使航空运输承运人责任制度不仅在内容上趋于完善，体例上更加完整，更重要的是，它反映了社会经济的发展变化，顺应了航空运输实践的需要，将促进航空运输的发展。

二、需要进一步探讨的问题

《规定》在有些方面还需要进一步探讨，具体如下。

（一）《规定》的效力——法规还是规章

需要探讨的第一个问题是，在法律效力上，《规定》是法规还是规章？《规定》是由国务院批准，以中国民用航空总局令的形式发布，其目的是与《民用航空法》第 128 条的规定相衔接。因为 1996 年 3 月 1 日起施行的《民用航空法》第 128 条规定，"国内航空运输承运人的赔偿责任限额由国务院民用航空主管部门制定，报国务院批准后公布执行"。对于这种由国务院批准、国家相关部委公布的规范性文件的法律性质，如何认定，是有争议的，存在两种判定标准。

1.《立法法》施行前的判定标准

在《立法法》之前，尽管宪法赋予国务院制定行政法规的权利，但并未规定行政法规的制定和发布程序。《行政法规制定程序暂行条例》（1987 年 4 月 21 日国务院批准，1987 年 4 月 21 日国务院办公厅发布）对行政法规的制定和发布程序做出了规定，其中第 15 条规定了行政法规的发布形式，即："经国务院常务会议审议通过或者经国务院总理审定的行政法规，由国务院发布,或者由国务院批准、国务院主管部门发布。"国务院办公厅《关于改进行政法规发布工作的通知》[（1988年5月31日）国办发〔1988〕25号]对行政法规的发布形式又进一步明确:"一、从现在起,国务院发布行政法规,由国务院总理签署发布令;经国务院批准、部门（含部、委、行、署、直属机构、国家局）发布行政法规,由部门主要领导人签署发布令。二、发布行政法规的令,包括发布机关、序号、法规名称、通过或者批准日期、发布日期、生效日期和签署人等项内容。三、经国务院总理签署公开发布的行政法规,由新华社发稿,《国务院公报》《人民日报》应当全文刊载,国务院不另行文,国务院各部门、地方各级人民政府及其所属机构都应遵照执行。国务院办公厅印发少量文本,供各省、自治区、直辖市人民政府和国务院各部委、各直属机构存档备查。"

根据上述规定,行政法规的发布形式有两种,即"由国务院发布,或者由国务院批准、国务院主管部门发布"。无论以哪种形式发布的行政法规,均属于行政法规,其中,"由国务院批准、国务院主管部门发布"是制定和发布行政法规的形式之一,据此制定的规范性文件不能因为不是由国务院发布而否定行政法规性质。因为,尽管这种行政法规采取了国务院主管部门发布的形式,但经国务院批准本身即具有了国务院的意志,也即公布出来的规范性文件所体现的最终意志是国务院的意志,而不是发布规范性文件的国务院主管部门的意志。

实际上,《民用航空法》第128条提供了一个很好的例证。该条第1款规定:"国内航空运输承运人的赔偿责任限额由国务院民用航空主管部门制定,报国务院批准后公布执行。"这是授权立法,但是从另一个角度证明了在立法法制定之前法规的制定程序。

2.《立法法》施行以后的判定标准

《立法法》第三章规定了行政法规的制定程序,其中第61条统一了行政法规的公布程序和形式,即"行政法规由总理签署国务院令公布"。统一公布程序的原因恰恰是对由国务院批准、国务院主管部门公布的规范性文件的法律属性的争议。正如权威性学理解释所指出的:"理论和实践中对由国务院批准、国务院有关部门发布的行政法规的性质及效力有一些不同看法,有人认为这种法律规范是行政法规,有人认为这种法律规范是部门规章,还有人认为这是介于行政法规和部门规章之间的一种法律规范。为此,《立法法》规定,行政法规由总理签署国务院令公布,这就意味着以后所有的行政法规都必须以总理签署国务院令的形式公布,不再保留国务院批准、部门发布行政法规这一形式。"①一律由总理签署国务院令公布,实际上实现了行政法规的内容与形式的统一。由此,判定规范性文件是否为行政法规的标准也实现了一元化,即行政法规只有一种公布程序,不是通过总理签署国务院令公布的规范性文件,都不是行政法规。

这样看来,《规定》虽然取得了与《民用航空法》的协调,并且是经国务院批准的,但它与《立法法》的规定不一致,很难认定它是行政法规。如不是行政法规,是行政规章,则存在的问题是,以行政规章修订或取代了原先的行政法规,从法理而言,似乎有点说不通,即便如发布《规定》的文中所说,是按照《国务院关于〈国内航空运输承运人赔偿责任限额规定〉的批复》(国函〔2006〕8号)废止了《暂行规定》。因为《暂行规定》是以国务院令的形式发布的(国务院第132号令),其法律性质是行政法规,而《规定》是以中国民用航空总局令的形式发布的。这是本《规定》的一大瑕疵所在。

(二)赔偿责任限额——保留还是放弃

在航空旅客的身体损害赔偿上,《规定》对每名旅客的赔偿责任限额为人民币40万元,这是最高限额。这也是沿袭了《暂行规定》的做法。这种做法本无可厚非,但在我国于2005年批准1999年《蒙特利尔公约》以后,有一个问题需要考虑,就是国际国内航空旅客运输损害赔偿责任的协调问题。在此之前,我们在航空旅客运输的损害赔偿上,不管是国内运输还是国际运输,不管是根据国内法还是国际法的规定,有一点是相同的,就是都规定了最高赔偿限额,只不过是赔偿限额不同,国际航空运输限额高于国内航空运输。但1999年的《蒙特利尔公约》,一改以前的国际公约的规定,对于旅客人身伤害,基本上放弃了限额赔偿,实行有条件的无限额赔偿;而根据《规定》,还是实行限额赔偿,一如从前,并且规定了最高限。这样,在航空旅客运输的赔偿责任制度上,因区分国际运输或国内运输而实行不同的赔偿制度,或

---

① 曹康泰:《中华人民共和国立法法释义》,北京:中国法制出版社2000年版,第134—135页。

者说是一种双轨制。与《中华人民共和国国内航空运输损害赔偿规定》（征求意见稿）第 4 条相比，是一种退步。征求意见稿第 4 条借鉴了《蒙特利尔公约》的规定，实行双梯度责任制，或者说是有条件的无限额赔偿。

（三）赔偿限额的调整机制——如何调整

《规定》建立了赔偿限额的调整机制。但该机制是有欠缺的，缺乏完整性。它虽然规定了进行调整的机关，但没有规定调整的依据以及调整的周期。1999 年《蒙特利尔公约》通过其第 24 条的规定，建立了限额的定期审查机制。其审查的依据或标准，明确规定为是有关的通货膨胀因素。在审查的周期上，以采取定期审查为主（5 年）、不定期审查为辅的原则。《规定》在审查周期上，似乎是以不定期审查为原则。这样规定，有很大的灵活性，也会有很大的随意性。好处是主管机关可以根据形势变化及时审查并做出调整，但也会出现主管机关怠于行使职责的情况，即存在多年不做审查的可能性。重要的不是一定要定期对限额做调整，而是定期对限额进行审查，如果限额与社会经济发展以及人民生活水平相适应，可不做调整，反之，则应做调整。

总之，在航空运输的损害赔偿方面，《规定》摒弃了不合时宜的东西，解决了旧法规因"年久失修"所带来的问题，不乏发展和创新。但同时也应该看到，《规定》是在《民用航空法》和《暂行规定》的框架下做的修订，是在旧"体制"内做了一个小小的"手术"，并未摆脱前者的窠臼，也未能借鉴相关国际公约的最新发展变化，或者说借鉴得并不彻底，这是美中不足的地方。这些缺陷，使《规定》的内容不具有前瞻性，这在一定程度上决定了它是一个过渡性的规定。

第四节　我国国内运输中旅客权利保护研究[*]

2011 年 7 月 23 日，在我国浙江温州发生铁路动车追尾事故，造成 40 人

---

[*] 本节发表于《北京航空航天大学学报》（社会科学版）2012 年第 6 期，本节中涉及的一些相关法律法规有的已修订或废止。为让读者了解当时的情况及法理发展变化，故原貌保留。

死亡，近 200 多人受伤。① "7·23" 甬温线特别重大铁路交通事故再次将交通运输中旅客的权利保护问题摆在了人们面前。在发生重大交通事故造成旅客伤亡的情况下，如何对旅客进行赔偿，从而更好地安抚遇难者的家属，让社会公众真正感受到法律的公平主义，进而达到维护社会安定和谐的目的，是一个值得思考的问题。尤其是在目前我国各类交通运输法律不统一、赔偿标准各不相同的情况下，此问题尤为突出。本节仅讨论国内运输中的旅客权利保护问题。

一、现行国内运输法律中关于旅客损害赔偿的规定

在我国现行的法律体系中，关于旅客运输人身损害的法律，根据运输方式的不同，适用不同的法律。既有一般法的规定，也有特别法的规定。

（一）铁路运输

就铁路旅客运输而言，现行有效的法律法规和司法解释有：《中华人民共和国铁路法》（以下简称《铁路法》）②、《铁路交通事故应急救援和调查处理条例》③、《最高人民法院关于审理铁路运输人身损害赔偿纠纷案件适用法律若干问题的解释》（以下简称《最高院铁路运输解释》）④。

在归责原则上，《铁路法》对铁路运输企业在运营过程中造成的人身伤害，实行无过错责任。《铁路法》第 58 条规定："因铁路行车事故及其他铁路运营事故造成人身伤亡的⑤，铁路运输企业应当承担赔偿责任；如果人身伤亡是因不可抗力或者由于受害人自身的原因造成的，铁路运输企业不承担赔偿责任。违章通过平交道口或者人行过道，或者在铁路线路上行走、坐卧造成

---

① 参见新浪网，http：//news.sina.com.cn/z/hzdccg2011/index.shtml，最后访问时间：2011 年 7 月 30 日。
② 《中华人民共和国铁路法》1990 年 9 月 7 日由第七届全国人民代表大会常务委员会第十五次会议通过，1990 年 9 月 7 日颁布，1991 年 5 月 1 日起施行。
③ 该条例 2007 年 6 月 27 日由国务院第 182 次常务会议通过，2007 年 7 月 11 日公布，自 2007 年 9 月 1 日起施行。
④ 该解释 2010 年 1 月 4 日由最高人民法院审判委员会第 1482 次会议通过，2010 年 3 月 3 日公布，自 2010 年 3 月 16 日起施行。
⑤ 1994 年 10 月 27 日发布的《最高人民法院关于审理铁路运输损害赔偿案件若干问题的解释》第 11 条指出，"铁路法第五十八条规定的因铁路行车事故及其他铁路运营事故造成的人身伤亡，包括旅客伤亡和路外伤亡。"

的人身伤亡，属于受害人自身的原因造成的人身伤亡。"《铁路交通事故应急救援和调查处理条例》的规定基本与此相同①。

《最高院铁路运输解释》在上述法律法规的基础上，再次明确了铁路运输企业的无过错责任②，同时对于受害人自身原因造成的伤害做了更细致的规定，即将受害人自身原因造成的伤害分为两种情形：一种是受害人的故意行为，由此造成的伤害铁路运输企业不承担损害赔偿责任③；另一种则是虽然受害人有过错，但要根据受害人的过错程度适当减轻铁路运输企业的赔偿责任，并按照情形分别处理④。另外，《最高院铁路运输解释》也规定了责任竞合制度，允许赔偿权利人选择按侵权还是违约起诉索赔⑤。

在赔偿范围上，以1994年9月1日为界，实行完全不同的两种方法。1994年9月1日之前，实行按实际损失赔偿的原则，而在此之后，则实行限额赔偿。1994年10月27日最高人民法院发布的《关于审理铁路运输损害赔偿案件若干问题的解释》第11条第3款规定："对人身伤亡的赔偿责任范围适用民法通则第一百一十九条的规定。1994年9月1日以后发生的旅客伤

---

① 《铁路交通事故应急救援和调查处理条例》第32条规定："事故造成人身伤亡的，铁路运输企业应当承担赔偿责任；但是人身伤亡是不可抗力或者受害人自身原因造成的，铁路运输企业不承担赔偿责任。违章通过平交道口或者人行过道，或者在铁路线路上行走、坐卧造成的人身伤亡，属于受害人自身的原因造成的人身伤亡。"
② 《最高院铁路运输解释》第4条规定："铁路运输造成人身损害的，铁路运输企业应当承担赔偿责任；法律另有规定的，依照其规定。"
③ 《最高院铁路运输解释》第5条规定："铁路运输中发生人身损害，铁路运输企业举证证明有下列情形之一的，不承担赔偿责任：（一）不可抗力造成的；（二）受害人故意以卧轨、碰撞等方式造成的。"
④ 《最高院铁路运输解释》第6条规定："因受害人翻越、穿越、损毁、移动铁路线路两侧防护围墙、栅栏或者其他防护设施穿越铁路线路，偷乘货车，攀附行进中的列车，在未设置人行通道的铁路桥梁、隧道内通行，攀爬高架铁路线路，以及其他未经许可进入铁路线路、车站、货场等铁路作业区域的过错行为，造成人身损害的，应当根据受害人的过错程度适当减轻铁路运输企业的赔偿责任，并按照以下情形分别处理：（一）铁路运输企业未充分履行安全防护、警示等义务，受害人有上述过错行为的，铁路运输企业应当在全部损失的百分之八十至百分之二十之间承担赔偿责任；（二）铁路运输企业已充分履行安全防护、警示等义务，受害人仍施以上述过错行为的，铁路运输企业应当在全部损失的百分之二十至百分之十之间承担赔偿责任。"
⑤ 《最高院铁路运输解释》第12条规定："铁路旅客运送期间发生旅客人身损害，赔偿权利人要求铁路运输企业承担违约责任的，人民法院应当依照《中华人民共和国合同法》第二百九十条、第三百零一条、第三百零二条等规定，确定铁路运输企业是否承担责任及责任的大小；赔偿权利人要求铁路运输企业承担侵权赔偿责任的，人民法院应当依照有关侵权责任的法律规定，确定铁路运输企业是否承担赔偿责任及责任的大小。"

亡的赔偿责任范围适用国务院批准的《铁路旅客运输损害赔偿规定》。"①《民法通则》第 119 条规定："侵害公民身体造成伤害的，应当赔偿医疗费、因误工减少的收入、残废者生活补助费等费用；造成死亡的，并应当支付丧葬费、死者生前扶养的人必要的生活费等费用。"根据《铁路旅客运输损害赔偿规定》第 5 条："铁路运输企业对每名旅客人身伤亡的赔偿责任限额为人民币 40 000 元，自带行李损失的赔偿责任限额为人民币 800 元。铁路运输企业和旅客可以书面约定高于前款规定的赔偿责任限额。"《铁路交通事故应急救援和调查处理条例》则将旅客人身伤亡的赔偿责任限额提高到人民币 15 万元②。

总之，对于铁路运输中造成的旅客人身伤亡，在归责原则上，不管是法律法规的规定，还是司法解释的规定，一直没有变化，都实行无过错责任制。但在赔偿范围上，在 1994 年 9 月 1 日之前，按侵权责任的赔偿方式处理，即赔偿全部损失；1994 年 9 月 1 日之后，实行限额赔偿，这是一大变化。

（二）公路运输

与铁路旅客运输人身损害的法律规定相比，无论是从法律的位阶、数量，还是法律内容的详细程度，公路运输都不如铁路运输。目前可以查到的法律只有《汽车旅客运输规则》③和《中华人民共和国道路运输条例》(以下简称《道路运输条例》)④两部。

《汽车旅客运输规则》应该是较早对公路旅客运输人身伤害做出规定的法律。《汽车旅客运输规则》第 70 条规定："旅客运输过程中发生下列情况，均由运方承担责任：1. 因客车技术状况或装备的问题，造成旅客人身伤害及行

---

① 《铁路旅客运输损害赔偿规定》1994 年 8 月 13 日由国务院批准，1994 年 8 月 30 日由铁道部发布，自 1994 年 9 月 1 日起施行。2007 年 9 月 1 日，《铁路交通事故应急救援和调查处理条例》施行，《铁路旅客运输损害赔偿规定》同时废止。
② 《铁路交通事故应急救援和调查处理条例》第 33 条规定："事故造成铁路旅客人身伤亡和自带行李损失的，铁路运输企业对每名铁路旅客人身伤亡的赔偿责任限额为人民币 15 万元，对每名铁路旅客自带行李损失的赔偿责任限额为人民币 2 000 元。"
③ 《汽车旅客运输规则》1988 年 1 月 26 日由中华人民共和国交通部颁布，自 1988 年 8 月 1 日起实施。
④ 2004 年 4 月 14 日国务院第 48 次常务会议通过，2004 年 4 月 30 日公布，自 2004 年 7 月 1 日起施行。

包损坏、灭失的。2.因驾驶员违章行驶或操作造成人身伤害及行包损坏、灭失的。……6.由于运方原因发生的其他问题。"除上引第 70 条的规定外，对于公路旅客运输人身损害赔偿，《汽车旅客运输规则》再无其他规定。而《道路运输条例》仅有一条关于赔偿数额的规定。①

从归责原则来看，《汽车旅客运输规则》实行的是过错责任原则，因为上述规定明确了承运人承担责任的前提是"客车技术状况或装备的问题造成旅客人身伤害"，或者是"驾驶员违章行驶或操作造成人身伤害"，或者是"运方原因发生的其他问题"。由于《汽车旅客运输规则》位阶较低，只是部门规章，因此，在实践中，一旦发生交通事故造成旅客人身伤害，应该还是适用《民法通则》的相关规定。但是，在赔偿范围方面，《道路运输条例》却做出了很大的改变，这就是限额赔偿。铁路运输在 1994 年 9 月 1 日之后实行限额赔偿，10 年之后，公路运输也实行了限额赔偿。在司法实践中，自 2004 年 7 月 1 日《道路运输条例》生效后，法院以《道路运输条例》的规定确定赔偿额。②

（三）水路运输

水路旅客运输指的是经由水路运送旅客的一种方式。按照航区的不同，水路旅客运输可分为海上旅客运输和内河旅客运输。③水路运输方面的法律有：《中华人民共和国海商法》（以下简称《海商法》）④、《水路旅客运输规则》⑤、《中华人民共和国港口间海上旅客运输赔偿责任限额规定》（以下简称

---

① 《道路运输条例》第 21 条："客运经营者在运输过程中造成旅客人身伤亡，行李毁损、灭失，当事人对赔偿数额有约定的，依照其约定；没有约定的，参照国家有关港口间海上旅客运输和铁路旅客运输赔偿责任限额的规定办理。"

② 如金某贵诉信阳市运输集团有限责任公司公路旅客运输合同违约损害赔偿纠纷案，河南省潢川县人民法院（2008）潢民初字第 134 号，法院依据《铁路交通事故应急救援和调查处理条例》第 33 条的规定，判决被告赔偿原告公路旅客运输合同违约人身损害赔偿款 150 000 元。参见 http：//hnhcfy.chinacourt.org/public/detail.php?id=149，最后访问时间：2011 年 7 月 31 日。

③ 丁海芹、丁海燕：《我国水路旅客运输承运人赔偿责任限制的不足与完善》，见 http：//lunwenf.com/falvlunwen/2216.html，最终访问时间：2011 年 7 月 30 日。

④ 《中华人民共和国海商法》1992 年 11 月 7 日由第七届全国人民代表大会常务委员会第二十八次会议通过，自 1993 年 7 月 1 日起施行。

⑤ 《水路旅客运输规则》1995 年 12 月 12 日由交通部颁布，自 1996 年 6 月 1 日起施行。根据 1997 年 8 月 26 日发布的《交通部关于补充和修改〈水路旅客运输规则〉的通知》进行修正。

《港口间海上旅客运输赔偿责任限额规定》）[1]。

在归责原则上，《海商法》实行的是"严格的推定过失责任制"[2]。《海商法》第 114 条规定："在本法第一百一十一条规定的旅客及其行李的运送期间，因承运人或者承运人的受雇人、代理人在受雇或者受委托的范围内过失引起事故，造成旅客人身伤亡或者行李灭失、损坏的，承运人应当负赔偿责任。……旅客的人身伤亡或者自带行李的灭失、损坏，是由于船舶的沉没、碰撞、搁浅、爆炸、火灾所引起或者是由于船舶的缺陷所引起的，承运人或者承运人的受雇人、代理人除非提出反证，应当视为其有过失。"承运人免责条款有二：一是旅客本人的过失；二是旅客本人故意造成或者是旅客本人健康状况造成的，承运人不负赔偿责任。[3] "为了体现对旅客运输的安全运送责任，上述规定接近于严格责任制或客观责任制。"[4]

与《汽车旅客运输规则》一样，《水路旅客运输规则》也实行的是过错责任原则。该规则第 140 条规定："在本规则第八条、第十一条规定的旅客及其行李的运送期间，因承运人或港口经营人的过失，造成旅客人身伤亡或行李灭失、损坏的，承运人或港口经营人应当负赔偿责任。"但是对承运人如何承担赔偿责任，《水路旅客运输规则》没有明文规定。在司法实践中，法院一般以《最高人民法院关于审理人身损害赔偿案件适用法律若干问题的解释》为依据，确定赔偿范围。[5]

对于港口间海上旅客运输，实行限额赔偿。《港口间海上旅客运输赔偿责任限额规定》第 3 条规定："承运人在每次海上旅客运输中的赔偿责任限额，按照下列规定执行：（一）旅客人身伤亡的，每名旅客不超过 4 万元人民币；（二）旅客自带行李灭失或者损坏的，每名旅客不超过 800 元人民币……承运人和旅客可以书面约定高于本条第一款规定的赔偿责任限额。"

---

[1] 《中华人民共和国港口间海上旅客运输赔偿责任限额规定》1993 年 11 月 20 日由国务院批准，1993 年 12 月 17 日交通部令第六号发布，自 1994 年 1 月 1 日起施行。
[2] 吴焕宁：《海商法学》（第二版），北京：法律出版社 1996 年版，第 142 页。
[3] 《中华人民共和国海商法》第 145 条。
[4] 吴焕宁：《海商法学》（第二版），北京：法律出版社 1996 年版，第 143 页。
[5] 如武汉海事法院民事判决书（2004）武海法商字第 127 号，乔某国等人诉陈某武水上旅客运输人身伤害赔偿案，现引用该案判决书部分文字如下"……在现阶段有关水上旅客死亡的赔偿数额没有一个统一标准的情况下，从维护当事人合法权益出发，原告要求参照《最高人民法院关于审理人身损害赔偿案件适用法律若干问题的解释》来确定事故损失的主张，本院予以采信……"

可以看出，水路运输中，海上旅客运输和内河旅客运输在归责原则上并不相同，在赔偿范围上，海上运输实行限额赔偿，而内河运输则按实际损失赔偿。

（四）航空运输

航空运输方面，有关旅客运输损害赔偿的法律有：《民用航空法》《国内航空运输承运人赔偿责任限额规定》。

对于航空运输中的旅客损害赔偿，《民用航空法》规定了无过错责任。《民用航空法》第124条规定："因发生在民用航空器上或者在旅客上、下民用航空器过程中的事件，造成旅客人身伤亡的，承运人应当承担责任；但是，旅客的人身伤亡完全是由于旅客本人的健康状况造成的，承运人不承担责任。"在赔偿范围上，也是实行限额赔偿，即对每名旅客的赔偿责任限额为人民币40万元[①]。

从上面的分析可以归纳出以下几点：（1）对于旅客的人身损害赔偿，有的是在部门大法中作了规定，有的是在法规甚至是部门规章中作了规定。铁路、航空和海上运输均在《铁路法》《民用航空法》《海商法》中就旅客人身伤害作了或简单或详细的规定，而对在公路运输中造成的旅客人身伤害，《公路法》只字未提。内河运输方面，就没有制定这方面的基本法，只有一部部门规章——《水路旅客运输规则》。（2）在归责原则上，有的实行无过错责任原则，有的实行过错责任原则。铁路和航空均以部门大法的形式（《铁路法》和《民用航空法》）确立了旅客损害赔偿的无过错责任原则，水路运输中的港口间海上运输接近于无过错责任。公路运输和内河运输则以部门规章确立了过错责任原则。公路方面虽然于1997年颁布了《中华人民共和国公路法》，但该法是一部行政管理法，根本没有涉及旅客权益保护的内容。（3）在赔偿范围上，除内河运输按实际损失赔偿外，其他运输均实行限额赔偿。

在铁路、航空以及海上运输中，虽说都实行限额赔偿，但还是有细微的差别。具体表现在：第一，实施限额赔偿的时间不同。航空运输从一开始就是限额赔偿，而海上旅客运输、公路运输以及铁路运输都经历了从实际损失

---

① 参见《国内航空运输承运人赔偿责任限额规定》第3条。

赔偿到限额赔偿这一发展变化过程。在海上旅客运输、公路运输以及铁路运输中，海上旅客运输最早，从1994年1月1日起开始实施；铁路运输在1994年9月1日之前，实行按实际损失赔偿的原则，而在此之后，则实行限额赔偿；公路运输最晚，是在2004年7月1日《道路运输条例》生效之后。第二，赔偿限额不同。除内河运输没有法律规定赔偿限额外，其他运输方式的赔偿限额各不相同。第三，在赔偿限额的制定上，有的有法律明文授权，有的没有。航空运输和海上运输有明确法律授权[①]，铁路运输和公路运输则没有。另外，需要特别指出的是，水路运输中的内河运输的赔偿范围没有特别法的规定，就笔者所掌握的资料看，还是按实际损失进行赔偿。这是四种运输方式中在赔偿范围上的一个例外。

综上所述，在旅客人身伤害赔偿责任制度的设计上，四种运输方式差异较大，给人的感觉是杂乱无章。正是这种制度设计上的差异或欠缺，导致了在实践中旅客赔偿的种种混乱做法，最终结果是旅客的权利很难得到有效保护。

二、一般法中关于旅客损害赔偿的规定

对于运输中造成的旅客伤害，除上述特别法的规定之外，我国一般法也作了规定。主要有：《民法通则》、《合同法》、《中华人民共和国侵权责任法》（以下简称《侵权责任法》）[②]、《最高人民法院关于审理人身损害赔偿案件适用法律若干问题的解释》（以下简称《最高院人身损害解释》）[③]。

在《民法通则》中，与旅客运输损害赔偿密切相关的是第119条的规定。《合同法》则专设《运输合同》一章，对运输合同作了比较详细的规定，其中第302条明确规定："承运人应当对运输过程中旅客的伤亡承担损害赔偿责任，但伤亡是旅客自身健康原因造成的或者承运人证明伤亡是旅客故意、重

[①] 如《民用航空法》第128条规定："国内航空运输承运人的赔偿责任限额由国务院民用航空主管部门制定，报国务院批准后公布执行。"《海商法》第117条第4款："中华人民共和国港口之间的海上旅客运输，承运人的赔偿责任限额，由国务院交通主管部门制订，报国务院批准后施行。"
[②] 《中华人民共和国侵权责任法》2009年12月26日由第十一届全国人民代表大会常务委员会第十二次会议通过并于同日公布，自2010年7月1日起施行。
[③] 《最高人民法院关于审理人身损害赔偿案件适用法律若干问题的解释》2003年12月4日由最高人民法院审判委员会第1299次会议通过，自2004年5月1日起施行。

大过失造成的除外"。更为重要的是,《合同法》确认了责任竞合制度①,允许受害人可以就违约责任和侵权责任做出选择。

《侵权责任法》与旅客运输损害赔偿有关的内容有以下五个方面：第一,赋予了侵权普通法以外的法律中有关侵权行为的特别民事法律优先适用的效力。《侵权责任法》第5条规定："其他法律对侵权责任另有特别规定的,依照其规定。"第二,确立了无过错责任原则。《侵权责任法》第7条规定："行为人损害他人民事权益,不论行为人有无过错,法律规定应当承担侵权责任的,依照其规定。"第三,确认了其他法律规定的限额赔偿原则。《侵权责任法》第77条规定："承担高度危险责任,法律规定赔偿限额的,依照其规定。"第四,对人身损害赔偿责任作了原则性规定②,该法第16条规定："侵害他人造成人身损害的,应当赔偿医疗费、护理费、交通费等为治疗和康复支出的合理费用,以及因误工减少的收入。造成残疾的,还应当赔偿残疾生活辅助具费和残疾赔偿金。造成死亡的,还应当赔偿丧葬费和死亡赔偿金。"第五,确立了同一侵权行为同一赔偿标准的赔偿原则。《侵权责任法》第17条规定："因同一侵权行为造成多人死亡的,可以以相同数额确定死亡赔偿金。"

《最高院人身损害解释》的最大的亮点则是详细规定了人身损害赔偿的范围和计算标准③。

三、现行法律在保护旅客权利方面的缺陷和不足

从上面的分析可以看出,关于旅客人身损害赔偿的法律,既有一般法的规定,又有特别法的规定,法律数量众多,形成了一个复杂而庞大的体系。但是,从法律的立法权限和法律适用的角度看,现行法律存在以下两方面的问题。

第一,现行旅客人身损害赔偿法律制度违背了《立法法》的规定。我国《宪法》规定的全国人大的职权中,其中一项就是"制定和修改刑事、民事、

---

① 《合同法》第122条规定："因一方当事人的违约行为侵害对方人身、财产权益的,受损害方有权选择依照本法要求其承担违约责任或者依照其他法律要求其承担侵权责任。"
② 杨立新:《〈中华人民共和国侵权责任法〉精解》,北京：知识产权出版社2010年版,第77页。
③ 《最高院人身损害解释》从第17条到第35条都是关于赔偿范围和计算标准的规定。

国家机构的和其他的基本法律"①。《立法法》②第8条规定，民事基本制度只能制定法律，其立法权限专属于全国人大及其常委会。交通运输中造成的旅客损害赔偿制度，无疑应属于民事基本制度，应由全国人大及全国人大常委会制定法律。而在现行有效的运输特别法中，从法律层级上看，《汽车旅客运输规则》和《水路旅客运输规则》是部门规章。在规定赔偿责任限额的四部法律中，《铁路交通事故应急救援和调查处理条例》《道路运输条例》以及《港口间海上旅客运输赔偿责任限额规定》是行政法规，《国内航空运输承运人赔偿责任限额规定》则是部门规章。从颁布时间上看，除《港口间海上旅客运输赔偿责任限额规定》是在《立法法》生效之前颁布外，《铁路交通事故应急救援和调查处理条例》《道路运输条例》以及《国内航空运输承运人赔偿责任限额规定》均是在《立法法》生效之后颁布的。可以看出，有关交通运输的法规和规章违背了《立法法》的规定。

第二，法律适用上的难题。如果适用《侵权责任法》等一般法，可以给旅客提供更好的保护。自"7·23"甬温线特别重大铁路交通事故发生后，在损害赔偿的法律适用上，学者、律师都提出了各自的看法。比较一致的观点是认为应适用一般法，即《侵权责任法》与最高院的司法解释等③。但是，笔者认为，如适用一般法，还是存在一些问题。《侵权责任法》明确规定，"其他法律对侵权责任另有特别规定的，依照其规定。"④"承担高度危险责任，法律规定赔偿限额的，依照其规定。"⑤这就把法律适用又明确指向了特别法。在四大类运输方式中，除内河运输外，其他运输方式都以法规或规章的形式规定了限额赔偿。

有学者指出，"可以按'新法优于旧法''法律高于行政法规、规章'的原则，要求法院不适用铁道部和国务院的规定，而适用这个（即《侵权责任

---

① 《中华人民共和国宪法》第62条。
② 2000年3月15日第九届全国人民代表大会第三次会议通过，自2000年7月1日起施行。
③ 陈有西：《高铁时代民事索赔的标志性案件》，载正义网，http://chenyouxilawyer.fyfz.cn/art/1035885.htm，最后访问时间：2011年8月3日；丁金坤：《关于温州动车事故赔偿的若干法律问题》，http：//blog.sina.com.cn/s/blog_5f7396520102dr5m.html，最后访问时间：2011年8月3日。
④ 参见《侵权责任法》第5条。
⑤ 参见《侵权责任法》第77条。

法》)"①。但是"新法优于旧法"的法律适用原则,"是按照时间标准确定的规则,仅适用于同位法之间"②,不能适用于位阶不同的法律之间。如果根据"法律的效力高于行政法规、地方性法规、规章"③的法律效力原则,《侵权责任法》的效力自然高于上述法规和规章,应该适用《侵权责任法》。但是上文已经指出,《侵权责任法》把法律适用又明确指向了特别法,转了一圈又回到了原点。

还有人指出,铁路动车不能看作是"高度危险责任"行业,并且《侵权责任法》第77条中的"法律"("法律规定赔偿限额的,依照其规定"),不包括国务院的法规和铁道部自己的规章。④这就涉及对"高度危险作业"和"法律"如何理解的问题。

"高度危险作业是与物品或行为所具有的特殊危险性相联系的。在现实生活中,某些物品就表现出不同一般的危险性。……有些情况下,某些物品与行为相结合也会显现出高度的危险性。当上述危险物品或行为表现出超乎一般物品或行为的危险性时,就可以视为高度危险作业。……高度危险作业强调的是,该项作业活动具有较高的危险性,超过了公认的一般危险程度。"⑤应该说,在工业化社会初期,由于科技水平的限制,铁路航空等活动自然是风险较大的。发展到今天,虽然其危险性已得到了很大的控制,但人们并不能完全、彻底地控制或避免由这些活动所带来的危险后果。因此,笔者的理解是,"高度危险作业"是与低危险活动相对而言,其更强调后果的严重性。

对于铁路、公路以及航空的高度危险性,不用多言。内河和海上运输,其风险并不比铁路航空低。"自古以来,航海就被称为是'海上冒险',即使在今天,海上航行仍然是一项充满风险、挑战人的勇气和能力的事业。"⑥无论是铁路航空,还是公路水运,一旦发生事故,造成的后果都相当严重。国内外发生的许多事故,已充分证明了这一点。

---

① 陈有西:《高铁时代民事索赔的标志性案件》,http://chenyouxilawyer.fyfz.cn/art/1035885.htm. 最后访问时间:2011年8月3日。
② 孔祥俊:《法律规范冲突的选择适用与漏洞填补》,北京:人民法院出版社2004年版,第166页。
③ 参见《立法法》第79条第1款。
④ 陈有西:《高铁时代民事索赔的标志性案件》,http://chenyouxilawyer.fyfz.cn/art/1035885.htm. 2011年8月3日访问。
⑤ 王利明:《民法·侵权行为法》,北京:中国人民大学出版社1993年版,第439页。
⑥ 郭瑜:《海商法的精神——中国的实践和理论》,北京:北京大学出版社2005年版,第68页。

正是由于存在这种"高度危险"或"高度风险",才有了防范危险、平衡双方当事人利益的法律。国外法律中,"最早承认高度危险作业特殊赔偿责任的是德国法,为了保持其民事侵权归责原则的单一性和一致性,分别在道路交通法、航空法、帝国责任法、和平利用核能以及保护危险法等特别法中规定高度危险作业赔偿责任"[1]。国内法律中,《侵权责任法》以专章(第9章)规定了高度危险责任。除此之外,其他法律也有规定。总之,铁路运输、公路运输、水路运输以及航空运输都应该属于高度危险作业。

对于《侵权责任法》第77条中的"法律",笔者认为应做广义的解释,即该"法律"不仅指全国人大及其常委会制定的法律,还包括国务院的行政法规。"《侵权责任法》第77条规定的'法律规定赔偿限额',包括法律、行政法规以及行政法规性文件。"[2]

从保护旅客利益的角度看,现行运输法律似乎是能够对旅客提供比较周全的保护,其实不然。现行运输法律存在很大的缺陷和不足,难以给旅客提供合理公正的保护。理由如下:

第一,运输法律"年久失修",陈旧过时,无法真正发挥其应有的作用。按照特别法优于普通法的法律适用原则,在发生交通事故造成旅客伤亡的情况下,应优先适用运输法的规定。但是,特别法的规定已远远落后于社会经济的发展变化,根本不可能给旅客提供公平的救济。具体言之,在铁路运输方面,1990年制定《铁路法》,1994年制定赔偿限额,2007年对限额进行了修订,2013年修订一次。在航空运输方面,从1994年的7万元到2006年的40万元,中间间隔整整12年。在公路运输方面,1988年颁布《汽车运输规则》,2004年颁布的《道路运输条例》才规定"参照国家有关港口间海上旅客运输和铁路旅客运输赔偿责任限额的规定办理",即4万元的限额赔偿标准。问题是,该条中出现了两个标准:港口间海上旅客运输赔偿标准和铁路旅客运输赔偿标准。如果说在当年《道路运输条例》颁布时该条没有问题的话,但是在2007年《铁路交通事故应急救援和调查处理条例》颁布之后,在实践

---

[1] 王利明:《民法·侵权行为法》,北京:中国人民大学出版社1993年版,第441页。
[2] 中国人民大学民商事法律科学研究中心"侵权责任法司法解释研究"课题组:《中华人民共和国侵权责任法司法解释草案建议稿》,见http://www.yanglx.com/dispnews.asp?id=1042,最后访问时间:2011年8月5日。

中适用该条就存在问题。因为在 2007 年之前,港口间海上旅客运输和铁路旅客运输赔偿责任限额均为人民币 4 万元,而 2007 年《铁路交通事故应急救援和调查处理条例》则将上限提高到 15 万元,这样就存在两个数额不同的赔偿限额。当然在实践中一般就高不就低,但足见法律条文本身存在问题。在水路运输中的内河运输自 1995 年颁布《水路旅客运输规则》后,再无任何变化,也没有出台新法就内河运输中的乘客伤亡如何赔偿做出规定。在海上旅客运输方面,1993 年颁布的《港口间海上旅客运输赔偿责任限额规定》,其规定的限额至今未做修改。当然,不是说因为法律制定得早就要修订,而是"势移时易,变法宜矣"。

第二,赔偿标准不一。同为旅客运输,却因运输方式的不同,在赔偿标准上各不相同,差距甚大,如表 3-1 所示。

表 3-1　不同运输方式的旅客人身损害赔偿责任限额　　　　单位:万元

运输方式	1989 年	1994 年	2004 年	2006 年	2007 年
航空	2	7		40	
海上		4			
铁路		4			15
公路			4		

第三,赔偿标准过低。在赔偿标准上,航空最高,为 40 万元;铁路次之,为 15 万元;海上运输最低,为 4 万元。铁路比航空差两倍多,海上运输只是航空的十分之一。另外,海上运输和公路运输规定的赔偿标准至今未有任何变化,航空运输的赔偿标准修改了两次,铁路修改了一次。虽然修改后赔偿标准均得到大幅度提高,但与社会经济发展和居民收入的增长相比,即便是航空运输的 40 万元责任限额,在今天看来,也还是相当低的,这自然会引起社会大众的广泛质疑和不满。

第四,国际国内双重标准。在旅客伤亡的赔偿上,让社会公众不满的还有国际国内实行内外有别的双重标准,主要体现在航空运输和海上运输中。航空运输区分国内航空运输和国际航空运输,在赔偿标准上,国内运输依据国内法的规定,国际运输则依据国际公约的规定。从目前的法律规定看,国际运输的赔偿限额是国内运输的 3 倍。海上运输也是如此,只不过海上运输国内赔偿还不到国际的 1/10,如表 3-2 所示。

表 3-2 国内运输和国际运输赔偿限额比较表

运输方式	国内运输 / 元	国际运输 /SDR	
		国内法律	国际公约
铁路	150 000		
海上	400 001[①]	466 662[②]	466 663[③]
航空	4 000 004[④]	166 005[⑤]	1 000 006[⑥]

注：①参见《中华人民共和国港口间海上旅客运输赔偿责任限额规定》第 3 条。
②参见《海商法》第 117 条。
③《1974 年海运旅客及其行李运输雅典公约》第 7 条及《1974 年海上旅客及其行李运输雅典公约的议定书》第 2 条第 2 款。该公约及其议定书于 1994 年 8 月 30 日对我国生效。
④参见《国内航空运输承运人赔偿责任限额规定》第 3 条。
⑤参见《中华人民共和国民用航空法》第 129 条。
⑥参见 1999 年《蒙特利尔公约》第 21 条。后经国际民航组织复审，确定对每名旅客第一梯度的赔偿责任限额由 100 000 特别提款权（约合人民币 1 069 120 元）提高至 113 100 特别提款权（约合人民币 1 209 174.72 元）。经修改的责任限额自 2009 年 12 月 30 日起对 1999 年《蒙特利尔公约》所有当事国生效。

综上所述，适用特别法不能给旅客提供充分公平的保护，如适用《侵权责任法》，又将法律适用指向了特别法，这就是法律适用上存在的难题，也是目前我们在旅客利益保护上遇到的尴尬。正是由于现行法律存在以上缺陷和不足，所以一旦发生运输事故，造成旅客死亡，不仅引起社会大众的广泛质疑和不满，而且最终的事故理赔实际上并没有依据现行法律来处理。

四、实践中的混乱做法

发生事故后，在遇难者的赔偿数额的确定上，实践中往往具有很大的随意性，即赔偿额名义上是依据法律法规，实际上完全脱离了法律规定。2004 年"11·21"包头空难、2010 年"8·24"伊春空难以及 2011 年"7·23"甬温线特别重大铁路交通事故的赔偿就是典型例证。

包头空难的赔偿依据和标准如下："根据 1993 年国务院颁布的第 132 号令，民用航空运输旅客伤亡赔偿最高限额为 7 万元人民币。考虑到消费价格总指数的变动因素，本次空难赔偿金额在上述法定赔偿限额的基础上再增加 7 万元人民币，共计 14 万元人民币。同时根据 1996 年中国民用航空总局颁布的第 49 号令，旅客托运行李每位最高赔偿限额为 1 000 元人民币，旅客自理及随身行李每位最高赔偿限额为 2 000 元人民币。本次空难的行李赔偿金额将在上述基础上分别上浮 100%，即分别增加到 2 000 元人民币和 4 000 元人民币。再加上抚慰金等，'11·21'空难每位遇难乘客的赔偿标准总共为 21.1 万元人民币。"①

伊春空难遇难旅客赔偿标准如下："依据 2006 年中国民用航空总局令第 164 号《国内航空运输承运人赔偿责任限额规定》，国内民用航空运输旅客伤亡赔偿最高限额为 40 万元人民币，每名旅客随身携带物品的最高赔偿限额为 3 000 元人民币，旅客托运的行李的最高赔偿限额为 2 000 元人民币，共计 40.5 万元人民币。同时，考虑到 2006 年以来全国城镇居民人均可支配收入的累计增长幅度，赔偿限额调增至 59.23 万元；再加上为遇难旅客亲属作出的生活费补贴和抚慰金等赔偿，航空公司对'8·24'飞机坠毁事故每位遇难旅客的赔偿标准总共为 96 万元人民币。"②

上述赔偿数额，看似有根有据，但仔细推敲，既无法律依据，又表现出很大的随意性。既然是依法确定赔偿限额，那为何又要上浮呢？只能说明一个问题，所依据的法律陈旧过时，已经不能给遇难者提供充分的保护，所以只能人为往上提，因此说是依法，实际上是无法。

甬温线特别重大铁路交通事故的赔偿更是一波三折，起初确定的赔偿标准是 50 万元，后又提高到 91.5 万元。"事故每位死亡旅客的赔偿金将依据国务院《铁路交通事故应急救援和调查处理条例》和《铁路旅客意外伤害强制保险条例》的规定，并根据实际情况，本着以人为本原则和人道主义精神，由事故赔偿金、一次性专项帮扶款以及爱心捐助款构成，总计人民币 50 万元。"③ 3 天之后，新标准出台："7·23"事故遇难人员赔偿救助金主要包括死亡赔偿金、丧葬费及精神抚慰金和一次性救助金（含被抚养人生活费等），合计赔偿救助金额 91.5 万元。据遇难者家属介绍，91.5 万元由两大部分组成，

---

① 丁海军：《东航公布包头空难遇难乘客赔偿标准 21.1 万元/人》，载新华网，http：//news.xinhuanet.com/newscenter/2004-11/27/content_2267957.htm，最后访问时间：2011 年 8 月 5 日。
② 《河南航空公布伊春遇难旅客赔偿标准每人 96 万》，载中新网，http：//www.chinanews.com/gn/2010/08-30/2500715.shtml，最后访问时间：2011 年 8 月 31 日。
③ 邓杭等：《事故遇难者每人赔付 50 万元》，载《京华时报》，http：//www.jinghua.cn，最后访问时间：2011 年 7 月 27 日。

其中 30 万元包括赡养老人、抚养小孩、意外保险、亲友往返路费和食宿开支等；其余 61.5 万元中，5 万元为精神抚慰金，1.5 万元为丧葬费，余下 55 万元为 20 年的死亡赔偿金。死亡赔偿金按照浙江省 2010 年度城镇居民人均可支配收入的数额，乘以 20 年期限的方式来计算。"[①]

确定 50 万元赔偿标准的法律依据是《铁路交通事故应急救援和调查处理条例》和《铁路旅客意外伤害强制保险条例》，91.5 万元的法律依据是《最高人民法院关于审理铁路运输人身损害赔偿纠纷案件适用法律若干问题的解释》和《侵权责任法》。前后两次确定赔偿标准所依据的法律不同，原因是若依据《铁路交通事故应急救援和调查处理条例》等法规，赔偿标准太低，根本无法让社会公众和遇难者家属接受。而依据《侵权责任法》和最高人民法院的司法解释，则可相应提高赔偿额。这正好说明了法律适用上存在的问题，依据《侵权责任法》，则应适用运输特别法的规定，但若适用运输特别法，赔偿标准太低。因此，为了得出一个能够让社会公众都认可的比较合理的赔偿额，只能转而根据《侵权责任法》，人为地"拔高"赔偿标准。91.5 万元的赔偿标准就是这种人为"拔高"的结果。该标准"既符合党中央和国务院领导要求'以人为本'处理事故的指示精神，又依据了国家有关法律规定，同时参照了其他重大事故处理经验，如上海'11·15'特别重大火灾"[②]。

总之，现行一般法与特别法的相互矛盾、特别法的陈旧过时，"年久失修"，导致了法律依据的不确定性，赔偿标准的随意性，从而使一些在各类运输中受伤害的旅客的利益无法得到充分保障。

五、旅客人身损害赔偿法律制度的完善

从上面的分析可以看出，我国现行的法律，不管是特别法还是一般法，都存在诸多问题。因此，在制度层面上，应对相关法律进行修订或制定新法，消除目前法律之间存在的矛盾，以适应社会经济的发展，保护旅客的权利。在法律的制定或修订上，笔者提出以下建议措施：

---

① 赵鹏、易靖：《遇难者赔偿标准提至 91.5 万元》，载《京华时报》，http：//www.jinghua.cn，最后访问时间：2011 年 7 月 30 日。
② 陈东升：《17.2 万到 91.5 万 温州动车事故赔偿标准出台内幕》，载《法制日报》，http：//old.chinacourt.org/html/article/201108/15/461388.shtml，最后访问时间：2011 年 7 月 30 日。

第一，以法律的形式建立旅客损害赔偿责任制度。既然旅客损害赔偿法律制度属于民事基本制度，就应由全国人大及全国人大常委会以法律的形式做出规定，这样既避免了与《立法法》的矛盾，也可以与《侵权责任法》相衔接。

第二，将无过错责任原则作为各种不同运输方式的归责原则，并实行限额赔偿。在旅客损害赔偿归责原则上，航空运输和铁路运输实行的是无过错责任原则，港口间运输也是，只有公路运输和内河运输实行的是过错责任原则。这种只因运输方式不同而实行不同归责原则的规定，没有法理基础。前已述及，公路与航空、铁路运输一样都属于"高度危险作业"，而水路运输的风险也不低。因此，为了避免不同运输方式在归责原则上的不同，更主要的是为不同运输方式的旅客提供同等的保护，应将无过错责任原则作为各种不同运输方式的归责原则。

第三，大幅度提高赔偿标准。根据近年来我国经济发展水平和人民生活水准，参考其他事故的处理和善后标准，在现有的赔偿标准上，大幅度提高赔偿标准。

第四，建立限额的定期复审机制。随着社会经济的发展和人民生活水平的提高，以及通货膨胀的变化，最初确定的赔偿限额可能无法满足或适应社会经济生活的变化，为此，应在法律中明文规定，对限额进行定期复审。在这方面，航空运输已率先进行了规定，1999年《蒙特利尔公约》的做法值得我们借鉴[①]。根据公约，对于公约中规定的限额，每5年复审一次。

第五，国内国际赔偿标准应逐渐接近并最后统一。上文已指出，航空运输和海上运输可以分为国内和国际旅客运输，国内运输由国内法调整，国

---

① 《蒙特利尔公约》第24条规定："一、在不妨碍本公约第二十五条规定的条件下，并依据本条第二款的规定，保存人应当对第二十一条、第二十二条和第二十三条规定的责任限额每隔五年进行一次复审，第一次复审应当在本公约生效之日起第五年的年终进行……复审时应当参考与上一次修订以来或者就第一次而言本公约生效之日以来累积的通货膨胀率相应的通货膨胀因素。用以确定通货膨胀因素的通货膨胀率，应当是构成第二十三条第一款所指特别提款权的货币的发行国消费品价格指数年涨跌比率的加权平均数。二、前款所指的复审结果表明通货膨胀因素已经超过百分之十的，保存人应当将责任限额的修订通知当事国。在将该项修订通知当事国后的三个月内，多数当事国登记其反对意见的，修订不得生效，保存人应当将此事提交当事国会议。保存人应当将修订的生效立即通知所有当事国。三、尽管有本条第一款的规定，三分之一的当事国表示希望进行本条第二款所指的程序，并且第一款所指通货膨胀因素自上一次修订之日起，或者在未曾修订过的情形下自本公约生效之日起，已经超过百分之三十的，应当在任何时候进行该程序。其后的依照本条第一款规定程序的复审每隔五年进行一次，自依照本款进行的复审之日起第五年的年终开始。"

际运输则由国际法调整。因适用不同的法律，赔偿额相差较大，一旦发生运输事故，造成旅客伤亡，自然引起社会公众的质疑和不满。因此，国内运输的赔偿限额应逐渐向国际运输靠拢，并在适当时候与国际接轨。实际上，从前面的分析可以看出，虽然我国法律规定的限额很低，但实际的赔偿额已接近国际运输的赔偿额，这在航空运输方面表现得尤为突出，如伊春空难每名受害者赔偿96万元，这已接近于1999年《蒙特利尔公约》规定的赔偿限额。

第六，不同运输方式的责任限额也应逐渐走向统一。同为旅客运输，不能因运输方式的不同而设定不同的赔偿责任限额。我国现行的赔偿责任限额，是以前部门立法的结果。在政企不分的体制下，部门立法在很大程度上倾向于运输部门自己或其下属企业的利益，铁路和民航就是典型例证。因此，必须打破部门立法，建立统一、公正、与时俱进的旅客赔偿责任制度。

第四章
航空法实务问题研究

第一节　航空公司机票超售的相关问题 *

一、机票（航班）超售的定义

所谓航班超售（overbooking）①，简单地说，是指航空公司答应的订座数超过了该航班本身所具有的实际运力（座位数）。比如，一架从北京到广州的波音747客机拥有400个座位，而航空公司对这400个座位则可能接受450个预订。这样当一名旅客手持机票来到机场办理乘机手续时，就有可能因为航班的超售满员而被拒绝登机（denied boarding）。航班超售在整个航空运输业每天都在发生，所有航空公司都在进行航班超售。1988年3月，国际商会（ICC）统计表明，每1 000名旅客中大约有1名旅客会面临超售而被拉下（bumped）。应当说这并不是一个很高的比例，但每年还是会有相当数量的旅客会成为客票超售的受害者。美国的前13大航空公司2001年共有1 114 180人被拒载，平均每天拒载3 052人。同年，这13家航空公司的乘客总数是597 284 588人。相当于每一万名乘客中有19人被拒载。绝大多数被拒载的客人主动提出愿意改乘下班航班（自愿拒载），只有0.56%的人被动拒载。②

---

* 本节发表于《民航管理》2006年第11期，本书收录时略作修改。
① 超售和拒载，都是从英文"overbooking"和"denied boarding"翻译而来，从字面意思来看，应是"超预订"和"拒绝登机"，但习惯上称之为超售和拒载。
② 见《中国民航报》2001年6月20日的报道。

航空公司超售的原因主要是有些旅客订了票不来乘机（no-show），或在离起飞很近时取消订座。不出票人数所占的确切比例随航线、时间的不同而变化，但是却容易查出有 10% 的旅客属于订票而不出票的范围。造成此现象有许多原因，比如像疾病、死亡等一些突发性事故，旅客搭乘的衔接航班延误，还有些旅客是在多家旅行社订了同一航班或多个航班的座位。如果航空公司遇到不出票的问题，就会努力通过超售来解决。通过超售，配载的比例将被提高，从而降低费用。同样，超售使得更多的旅客可以按照自己选择的航班旅行。如果航空公司不实行超售，它将只能根据飞机上座位的实有数目进行预订……然而就像经常极易发生的那样，将出现许多不出票的情况，而航班在座位尚有空缺的情况下起飞。[1]

对于许多旅客来说，航班超售，是件无法接受的事实，国内不少媒体也支持旅客的观点，认为航空公司有欺诈故意。二十多年前，在美国，人们对超售和拒载的看法也是这样的，认为是不道德的做法。不过，与现在国内的做法不同，当时美国有些航空公司在对待拒载客人时，不但不补偿，而且还采取不太道德的做法。比如，美国联合航空公司（UA）规定，如果航班出现拒载情况，先把老人和军人拉下来，因为这些人通常不会投诉；美利坚航空（AA）的操作手册则规定，把还没有坐下的客人拉下。据说，当年美利坚航空有位主管，在机场遇到本公司的一次严重超售，秩序混乱。他向值机人员建议，在柜台前面拉根绳子，让客人排好队。待他转一圈回到值机柜台时发现，值机人员确实把绳子拉好了，但不是拉在柜台前面，而是架在柜台上面。值机人员解释说，这样一来，气愤的旅客的拳头就够不到他们了。这样的做法招致怨恨毫不奇怪。

1968 年，乘客中有位经济学家叫朱利安·赛蒙（Julian Simon），他突发奇想，认为拒载的情况可以很文明地处理。他觉得，并非每个人都着急走，可以出点钱让没急事的客人等下班飞机，如果客人嫌钱少，可以逐步往上加，总有人愿意领赏。在此后的近 10 年里，他不断写文章并给航空公司写信，推销他的这个"超售竞卖计划"（Over sale Auction Plan）。连诺贝尔经济奖得主威可雷（W. Vickrey）教授也写文章支持他。但航空公司和媒体都认为他

---

[1] 斯蒂芬·肖：《航空公司市场营销与管理》，韩丽娟等译，北京：中国商业出版社 1996 年版，第 190 页。

的想法太怪，无法行得通。直到1978年，经济学家阿尔弗雷德·康（Alfred Khan）成为美国民航局的局长，强令推行超售竞卖计划，才终止了粗鲁的拒载行为，同时给航空公司带来了一场超售革命。

二、超售对谁有益

航班超售对航空公司和公众既有有利的一面，也有不利的一面。对航空公司而言，超售是其收益管理的重要优化手段之一，是其减少座位虚耗，提高座位利用率的有效手段，也是增加收入的有效途径。座位超订给公众旅行者所带来的好处是不容低估的。它增加了可用座位的数量，提高了座位利用率；使更多的旅客有机会乘坐首选的航班；更少的旅客被拒绝预订某一航班的座位；并且，由于航空公司座位更有效地利用，使得旅客整体的旅行成本减少等。但超售也是一把双刃剑，在带来如上好处的同时，也存在一些消极影响。一方面，由于"航班已满"而使旅客订座需求被拒绝，如果该航班起飞时仍有空座位，很明显这是航空公司收入的损失。另一方面，试想，手持经确认有座位的机票的旅客，扶老携幼带着行李自费赶到机场，在值机柜台前才发现旅客拥挤不堪、无法登机，这种情形对于旅客的心理影响绝对不能低估，何况有过这种经验的旅客还会把"受骗"的感觉传播开来，扩大影响。[1]

三、机票超售的法律性质

一旦旅客从航空公司或其代理人处购买了机票，就在旅客与航空公司之间形成了航空旅客运输合同的法律关系。我国《合同法》规定，客运合同自承运人向旅客交付客票时成立，但当事人另有约定或者另有交易习惯的除外。合同成立后，承运人应当在约定期间或者合理期间内将旅客、货物安全运输到约定地点；承运人应当按照客票载明的时间和班次运输旅客；承运人迟延运输的，应当根据旅客的要求安排改乘其他班次或者退票。[2] 如果由于航班超售的原因，导致持有机票的旅客不能搭乘合同约定的时间和班次的航班，是对合同义务的违反，即违反了合同规定的履行时间，可分两种情况：

一是如果航空公司为旅客改签下一航班，从合同法的角度看，属于迟延

---

[1] 耿淑香：《航空公司运营管理方略》，北京：中国民航出版社2000年版，第163—164页。
[2] 参见《合同法》第293条、290条、299条。

履行。迟延履行是指在履行期之后的履行，或者说是违反履行期的违约行为。对合同履行期的违反，按照期限在合同中的作用不同，将发生不同的后果。履行期对于合同目的的实现具有实质意义，如圣诞礼物应在圣诞前送到，如果在圣诞后才送到，将使合同的履行对当事人没有意义，在这种情形下，当事人一方就有权拒绝受领并主张解除合同。在期限并非合同的实质要件的情况下，则对方不得主张解除合同。

从航空法的角度来看，是航空运输的延误。延误是指未能在合理时间内将旅客送到目的地。旅客、行李或者货物在航空运输中因延误造成的损失，航空公司应当承担责任；但是，承运人证明本人或者其受雇人、代理人为了避免损失的发生，已经采取一切必要措施或者不可能采取此种措施的，不承担责任。[①]根据上述法律规定，航空公司有义务为旅客安排改乘其他班次。

二是如果航空公司未能按照客票载明的时间和班次运输旅客，也未能根据旅客的要求安排改乘其他班次，是对合同的不履行，构成根本违约。对此，旅客有权利要求解除合同并赔偿损失。

四、机票超售的赔偿责任范围

对于航班超售的赔偿范围问题，以我国《民法典》的规定为依据就可解决，但是在航空运输中，争议比较大的是，旅客往往要求航空公司对其"商业机会"的丧失所造成的损失承担赔偿责任。那么，这种要求有没有法律依据呢？

关于损失的赔偿，最早在我国《民法通则》第112条第1款中规定："当事人一方违反合同的赔偿责任，应当相当于另一方因此所受到的损失。"魏振瀛先生指出：这里讲的"因此所受到的损失"，包括财产的直接减少和可得利益。我国的习惯说法叫直接损失和间接损失。其实把可得利益叫间接损失并不科学，因为由于一方违反合同使对方失去的可得利益，并不是经过某种中间环节，而是直接因为违约而造成的，甲未供原料给乙，乙因而不能制造产品，影响了向丙供货，丙的损失才是间接损失。财产的减少是指因一方违约造成的财产的毁损灭失，价值的减少、费用增加等。可得利益指如果履行了

---

① 参见《民用航空法》第126条。

合同可以得到的利益，主要指利润。由于这种利益是"预期利益"，真正实现需要一个过程，需要具备一定的条件。[①]

王利明先生持有与魏振瀛先生基本相同的看法。他指出，在我国，一般将损害区分为财产损失、人身伤亡和精神损失；直接损失和间接损失；财产损失和人身非财产损失等。但在违约损害赔偿中主要的分类是违约造成的积极损失和可得利益的损失。直接损失指因违约行为直接造成的损害后果，而间接损失是介入了其他因素所造成的后果，两者表现在与因果关系的联系上，前者是直接因果关系，后者是间接因果关系。积极损失是指因违约造成现有财产的减损灭失和费用的支出，它是一种现实的财产损失；而可得利益的损失是指合同在适当履行以后可以实现和取得的财产利益。一般来说，可得利益主要是指利润的损失。可得利益的损失都是因违约造成的损失，和违约行为之间应具有直接的因果关系。[②]

在可得利益的赔偿上，魏振瀛先生认为要贯彻四个规则：一是合理预见规则，指当事人已经预见和应当预见到的利益，不能预见的不赔偿。二是合同计算规则。《民法通则》第112条第2款规定，当事人可以在合同中约定对违反合同而产生的损失赔偿额的计算方法，即计算可得利益的损失，应当建立在可靠的基础上，不能想象或推理。可根据相同条件单位所获得利益来确定损失的数额，或者采用差额计算法计算，如迟交货引起季节差价，根据市场价格涨落的差价进行计算等。三是减轻损失规则。《民法通则》第114条规定："当事人一方因另一方违反合同受到损失的，应当及时采取措施防止损失的扩大；没有及时采取措施致使损失扩大的，无权就扩大的损失要求赔偿。"四是合理限制规则。违反合同赔偿可得利益，并不是适用于所有的合同关系，外国法上有适用范围的限制。如货物运输合同承运人不赔偿可得利益，邮电服务也一样。[③]

上述四项原则中的前三项，在我国《合同法》中也有明确规定，分别见

[①] 顾昂然、王家福、江平等：《中华人民共和国民法通则讲座》，北京：中国法制出版社2000年版，第227页。
[②] 王利明：《违约责任论》(修订版)，北京：中国政法大学出版社2003年版，第484–485页、495页。
[③] 顾昂然、王家福、江平等：《中华人民共和国民法通则讲座》，北京：中国法制出版社2000年版，第228页。

合同法第 113 条、114 条和 119 条[①]。

五、国外有关机票超售的法律规定和司法实践

对于航班超售,在美国和欧盟均有明确的法律规定,以规范航空公司的行为,保护旅客的利益。

(一)欧盟 295/91 号条例和 261/2004 号条例

欧共体早在 1991 年 2 月就出台了一项关于拒载赔偿的法规[②],即 295/91 号条例。该条例规定,在超售的情况下,旅客可以退票,也有权利得到赔偿。具体标准是航程在 3 500 千米及 3 500 千米以下的为 150 欧元,航程 3 500 千米以上的为 300 欧元。但是,如果旅客被提供了替代运输,与最初预定的到达时间比较,在 3 500 千米及 3 500 千米以下航程延误不超过两小时的情况下,或者在超过 3 500 千米航程的飞行不超过 4 小时的情况下,上述金额将减半支付。[③]

261/2004 号条例由欧盟理事会和欧洲议会于 2004 年 2 月通过,2005 年 2 月生效,取代了 295/91 号条例。条例适用于从欧盟境内的机场始发的所有航班以及在欧盟境外始发的由欧盟的承运人运营的航班。条例规定,当运营承运人合理地预计到发生拒载时,应首先寻找自愿放弃其座位并根据其与运营承运人达成的条件以换取好处的旅客。这是第一步。如果没有足够多的自愿者站出来,不能使已定座的其他旅客登机,运营承运人可以违背旅客的意愿拒载。也就是说,只有在这种情况下,才可以强行拒载。对于自愿放弃座位者,根据其与运营承运人达成的条件,得到一定的好处或利益。

---

① 《合同法》第 113 条规定:"当事人一方不履行合同义务或者履行合同义务不符合约定的,给对方造成损失的,损失赔偿额应当相当于因违约所造成的损失,包括合同履行后可以获得的利益,但不得超过违反合同一方订立合同时预见到或者应当预见到的因违反合同可能造成的损失"。第 114 条:"当事人可以约定一方违约时应当根据违约情况向对方支付一定数额的违约金,也可以约定因违约产生的损失赔偿额的计算方法"。第 119 条:"当事人一方违约后,对方应当采取适当措施防止损失的扩大;没有采取适当措施致使损失扩大的,不得就扩大的损失要求赔偿。当事人因防止损失扩大而支出的合理费用,由违约方承担"。
② 英文全称为:Council Regulation (EEC) No 295/91 of 4 February 1991 establishing common rules for a denied-boarding compensation system in scheduled air transport.
③ 参见 295/91 号条例第 4 条。

对于被强行拒载的旅客，运营承运人应承担三方面的义务：一是赔偿；二是退票或变更航程；三是免费的食宿、交通和通信。在赔偿标准方面，根据旅客是否变更航程以及变更航程后到达目的地的时间划分为两个档次。条例第7条第1款规定，旅客获得的赔偿额等于："（a）航程在1 500公里及1 500公里以内的所有航班为250欧元；（b）航程超过1 500公里的所有在欧盟境内的航班，以及航程在1 500公里和3 500公里之间的所有其他航班为400欧元；（c）除上述（a）和（b）之外的所有航班为600欧元。"这是没有变更航程的情况下运营承运人承担的赔偿额。此外，可以看出，在发生拒载后，确定赔偿的依据是航程，即根据航程的长短来确定赔偿额的多少。

如果旅客变更航程搭乘下一航班到达目的地，该到达时间不超过原预定航班到达的时间："（a）两小时，就航程在1 500公里或1 500公里以内的航班；或（b）3小时，航程在1 500公里以上的所有在欧共体境内的航班以及航程在1 500公里和3 500公里之间的所有其他航班；或（c）4小时，除上述（a）和（b）之外的所有航班。"在上述情况下，对于第7条第1款规定的赔偿数额，运营承运人可以减半支付。

（二）司法实践

在司法实践方面，法院审理的有关这方面的案件不在少数。埃登诉旅行社就是一例。埃登先生是土耳其国民，1969年7月10日，他在科隆的一家旅行社购买了一张杜塞尔多夫至伊斯坦布尔的往返程飞机票。票上载明德国航空公司是承运人。当埃登先生想在约定的那一天——1969年10月25日返回时，因飞机机票超售，没有让他登机。第二天也是一样。不得已，他购买了荷兰皇家航空公司的机票，致使他晚上班一天。埃登起诉旅行社，要求赔偿他因延误而造成的费用。法院认为，土耳其虽非缔约国，但《华沙公约》仍应适用。因为这是在另一个国家有一个经停地点的往返机票，根据《华沙公约》第1条，该运输应被看作国际航空运输。法院判决旅行社应对延误负责。因为在本案中旅行社是缔约承运人，而德国航空公司是实际承运人。旅行社包租了飞机并接受了订票，德国航空公司自身没有被允许与旅客订立合同。旅行社不能证明它已采取了一切必要措施，因此要赔偿损失。

国际航空运输协会1971年的《运输总条件（旅客）》第8条第1款中提

到了承运人拒绝运输旅客或不继续运输旅客的理由的若干情况。在这方面，已有若干案例报告。例如，在1976年的"鲁斯夫诉西部航空公司"案中，一位旅客在某个经停地点被从航班上"拉下"，后来该航空公司协调另一航班将他运抵目的地，较预定到达时间迟了不到两个小时，因此法院驳回了他的索赔诉讼。

在"亚当森诉美国航空公司"案中，就对原告健康的伤害，判给原告超过《华沙公约》限额的赔偿。原告被拒绝登机，因为被告的机组人员无理地怀疑她患有传染病，在外科医生的介入下，延误了两天时间，严重损害了她的健康。法院认为，不能适用《华沙公约》规定的限额赔偿，因为《华沙公约》第17条不适用于本案，理由是原告从未被作为"旅客"而接纳，并且没有发生事故，她也不是在上飞机的过程中受到的伤害。

一个发生在德国的案件中，法院允许无限额的赔偿，理由是拒载乘客是一种违约行为，是对合同的不履行，在这种情况下不能适用《华沙公约》。

加拿大也倾向于将拒绝登机认为是对合同的不履行，不在《华沙公约》的适用范围之内。

在美国，机票超售属于对合同的不履行还是延误，判定不是很清楚。在布伦瓦瑟（Brunwasser S）诉美国环球航空公司（T.W.A）一案中[1]，由于取消航班导致的延误不在《华沙公约》的适用范围之内。在马哈尼（Mahaney）诉法国航空公司（Air France）一案中[2]，一位旅客对由于超售导致的延误提出索赔，法院认为，原告的请求是在《华沙公约》的适用范围之内，但超过了公约规定的两年时效期限，从而被驳回。然而在哈帕拉尼（Harpalani）诉印度航空公司（Air India）一案中[3]，法院认为，根据《华沙公约》，由于超售导致旅客从印度到纽约延误，是可以得到赔偿的。

在金（King）诉美国航空公司（American Airlines）[4]案中，原告持有从迈阿密到巴哈马的机票，该机票确认了座位。当时原告已经办理了登机手续，拿到了登机牌，并坐着摆渡车去登机，却被被告拒载。原告声称，因其是

---

[1] 参见《联邦案例补编》第541卷1338页。
[2] 参见《联邦案例补编》第474卷第532页。
[3] 参见《CCH航空法案例集》第19卷第17887页。
[4] 参见28 Avi. Cas.（CCH）16,204（2d Cir. 2002）.

"非洲裔美国人"，遭到了拒载。因此，原告就其受到的"歧视性拒载"要求索赔，地区法院认为，原告的索赔正好在《华沙公约》第 19 条的范围之内，因为在国际航空运输中，拒载被看作是延误。但是，原告未能在《华沙公约》第 29 条规定的时效内起诉，因此驳回了起诉。原告上诉。第二巡回上诉法院维持了地区法院的决定，驳回了原告的请求。

综上所述，在国外的司法实践中，对于超售，要么认为是延误，要么是认为对合同的不履行。

六、国外航空公司在机票超售后的一般做法

国外很多航空公司在其国内或国际航空运输总条件中对超售做出了明确规定，下面以美国三角航空公司为例作一说明[①]。

（一）寻找自愿者

承运人将寻找愿意这样做的旅客，即自愿放弃其已确认的座位，作为交换，承运人将支付一笔补偿金。该补偿金以信用卡的方式给予，旅客在以后的旅行中，可以用此卡购买支付，以代替现金。该卡只在乘坐三角航空公司的航班且在签发之日起一年内有效，不能退还、背书、转让。

（二）优先登机规定

在航班超售的情况下，在航空公司的工作人员寻找自愿者之前，没有旅客会被违背其意愿而拒绝登机。如果没有足够的自愿者，根据承运人的优先登机规定，一些旅客会被非自愿地拒绝登机。优先登机规定如下：

在提供给拒载旅客的通知中有优先登机规定。在持有定妥座位的旅客当中，前舱旅客（F 或 FN）优先于后舱旅客（Y 或 YN）；如果持有前舱座位机票的旅客超过了现有的座位数，这些旅客将先于持有后舱机票的旅客安排在后舱；在安排完所有定妥座位的前舱旅客之后，如果还需要拒绝非自愿的旅客登机，最后到达的旅客将被拒绝登机；如果（A）候选旅客在机票载明时间到达之前已经被取消登机；或（B）对这些迟到旅客的座位保留会延误航班，

---

① 参见 Delta Air Lines International General Rules，last updated 09 JUL 03.

则在飞机预定的离站时间之前不到十分钟到达（出现）的旅客，在美国三角航空公司的优先登机计划中将不予考虑。但对于身体残疾旅客、无人陪伴儿童和年老体弱之人，不会根据上述规定进行。

（三）对被拒绝登机旅客的运输

在承运人不能给旅客提供先前已经定妥座位的情况下，事实上是造成了旅客的延误，承运人将根据下面的规定，给被拒载的旅客提供运输，不管是旅客自愿的还是非自愿的。

（1）不管舱位等级，也不向旅客收取额外的费用，承运人在其下一航班上运送旅客，并且中途不停留。

（2）如果导致延误的承运人不能提供可被旅客接受的运输，其他任一承运人或承运人的合作伙伴，在旅客的要求下，以与旅客原先航班相同舱位在其航班上运送旅客，该航班应是直达航班，也就是不经停某地。或者在其航班上不同等级的舱位可利用，旅客可接受，该航班也应用于被拒载的旅客，并且不经停，也不再收取额外费用，要么提供的航班比原航班提前到达旅客的目的地、下一经停点或转运地。

（四）对非自愿拒载旅客的补偿

除了提供上述运输外，对非自愿放弃已定妥座位的旅客，承运人将给予他们补偿。补偿的办法如下：

1. 支付条件

旅客应在合适的时间和地点说明，其运输完全遵守了承运人有关出票、登记和座位再证实程序等要求，也满足了已公布的承运人运价中关于同意运输的所有要求；旅客持有已确认座位的机票，机票载明的航班确实没有给旅客提供相应的座位，航班已经离开，但航班上没有该旅客。此外，还有如下一些例外情况。

例外一：如果给旅客提供了座位，或者其座位不在旅客机票上指定的地方，在没有收取特殊费用的情况下，该旅客就没有资格要求补偿。如果给旅客安排的座位的票价低于旅客购票时支付的价格，旅客就有权利要求适当退款。

例外二：根据订座规定，如果旅客的订座已经被取消，该旅客也没有资格要求补偿。

例外三：承运人或其他承运人的雇员以优惠的价格乘坐航班，这些雇员也没有资格就被拒绝登机要求补偿。

例外四：由于运行或安全的原因，以一个较小的飞机取代原先较大的飞机，从而不能给已定妥座位的旅客提供位置时；或者承运人安排了与原先类似的航空运输，或其他运输，并不向旅客收取额外费用，当时这种安排比原定航班的预定到达时间晚一小时到达旅客的下一经停地，如果没有经停地、最后目的地，则旅客没有资格要求补偿。

2. 代码共享航班的支付条件

如果有必要，根据承运人的销售指南，拒载补偿金将由实际承运人支付。实际承运人将根据当地的法律、规定和程序选择偿还旅客补偿金。数额或许与承运人销售指南中的不一致。美国三角航空公司的代理人将其伙伴航空公司有关拒载补偿金的规定和数额提供给消费者。

3. 补偿金数额

对于符合支付条件的旅客，承运人将在旅客机票剩余航程的价值的200%的范围内（国际航空运输），补偿不超过400美元或等值物。但是，如果承运人安排了类似的航空运输，或其他运输，这种运输被旅客所接受，并且这种运输预计到达旅客的下一个经停地机场（如果没有经停地的，旅客的最终目的地机场）的时间早于或不超过原预定到达时间4小时，则承运人支付的补偿金为机票剩余价值的50%，最高不超过200美元或等值物。有一例外：对于以60座或60座以下的飞机运行的航班，最高补偿金数额将减少50%。

4. 支付方式

对于合格的旅客，航空公司应以支票或汇票的方式支付。

5. 旅客的选择权

旅客接受补偿金，将解除航空公司由于未能给旅客提供定妥的座位任何更进一步的责任。但是，旅客也可以拒绝补偿，通过诉讼或其他方式寻求赔偿。

七、我国应采取的措施

目前，我国还没有法律法规来规定航班超售后对被拒载旅客的补偿办法。实践中，我国一些主要航空公司在对航班超售问题进行探索和调查的基础上，制定了自己的《航班超售处理规定》。除安排食宿外，给旅客支付赔偿金。航空公司在支付赔偿金后，要求旅客填写"非自愿弃乘赔偿及免责书"，申明把赔偿金视为弃乘而引起或可能引起的一切索赔要求、费用支出及损失赔偿的最终解决办法。

尽管上述规定在国内航空公司已被广泛地执行，但由于这仅属于航空公司内部的执行守则，因而不具有公开性和强制性，许多旅客事先也不了解航班超售这一航空运输业的普遍做法以及相应的赔偿办法。为了切实地保护广大旅客和消费者权益，保证航空公司的正常运行，一方面应尽快地制定或者颁布有关航班超售的管理办法和赔偿制度，才有可能减少因航班超售而造成的法律纠纷；另一方面，应加大宣传力度，使我国广大的消费者了解、知晓这一做法。

第二节　"机会丧失"与损害赔偿[*]

2006 年 1 月 15 日，甘肃酒泉 14 岁女孩皮某在一起车祸中被轧断了右脚。经酒泉市人民医院医生会诊后认为，要想保住皮某的右脚，必须进行肢体再植，但当地医疗条件有限，必须将伤者及时转院治疗。皮某的亲属在与原兰州军区总医院联系后得知，如果在 12 小时内进行肢体再植手术，将有可能保住皮某的右脚。为此，皮某的亲属购买了海南航空公司 1 月 15 日 18 时由嘉峪关到兰州的机票两张，准备赴兰州治疗。但当皮某及家人赶到机场时，却被航空公司以"机型限制、安全限制、客规限制"三方面的理由拒绝登机[①]。

---

[*] 本节发表于《中国民用航空》2006 年第 4 期，本书收录时略作修改。
[①] 参见 2006 年 2 月 14 日海南航空公司发布的《海航关于 HU7536 航班未承运受伤旅客情况说明》。全文见海南航空公司的网站。

皮某及其家人只得改乘救护车赶往兰州，因错过最佳肢体再植时机，次日在医院被截肢。

对于这一事件，国内媒体给予了高度关注，众多网友也发表了各自不同的看法。本节对媒体的报道和网友的评论无意作任何评判，这里只想借助于国外的法学理论与法律规定，结合我国现行的法律，做一分析。应该说，本案不是普通的航空旅客运输损害赔偿案件，它有其特殊性，这种特殊性表现在：首先，从旅客自身健康程度来看，该旅客不是身体健康的旅客，其身体在乘机之前已经遭受严重伤害；其次，从时间上看，不是发生在航空运输期间，而是发生在运输开始之前；最后，从造成的损害的原因来看，这种损害不是航空运输期间的事故或事件所造成，而是由于承运人的拒绝运输致使错失"良机"，未能进行手术，造成伤害。正是由于这种"存活机会"的丧失引起的纠纷，因此，以"存活机会"作为切入点，重点围绕以下问题展开讨论：第一，存活机会能否受到法律保护？第二，拒载与截肢之间是否具有因果关系？第三，航空公司拒载的理由是否正当？

一、存活机会能否受到法律保护

在民法理论上，一般将民事权利分为"人身权"和"财产权"两大类。前者系以与权利人之人格或身份不能分离之利益为内容之权利，后者则系以经济利益为内容的权利。人身权又可分为人格权与身份权两类。人格权是指与民事主体的人格相适而不能分离之权利，如生命权、身体权、肖像权等权利；身份权则是随人之身份而发生的权利，如亲属权、配偶权等。我国关于人格权的法律规定，最早的有 1986 年的《民法通则》，在第 98 条、106 条、134 条三个条文中从权利范围、侵权构成要件和责任承担几个方面为自然人人身权益的法律保护提供了基本的法律依据。2003 年《最高人民法院关于审理人身损害赔偿案件适用法律若干问题的解释》开宗明义便规定：人民法院受理侵权人身损害赔偿案件，对人身权益的司法保护范围是以生命、健康、身体为内容的人格权，即生命权、健康权、身体权。生命权是享受生命安全之人格利益的权利。身体权是以保持身体完全为内容之权利，伤害身体，破坏身体内外部之有形组织，为身体权之侵害。健康权是以保持身体内部机能之完全为内容之权利，包括生理机能的破坏及精神系统之侵害。

在皮某因延误治疗时机导致存活机会丧失时，该存活机会系对未来保持身体完整、身心健康的期待，应为人格完整性、人的存在价值及人身不可侵犯性等概念所涵盖。尤其人格权内容的逐渐扩大，以及保护方式的日益加强，是今天世界各国民法的发展趋势。因此，这种"存活机会"，应认为属于一般人格权，在受到侵害而产生财产上的损害时，可以依据侵权行为法的规定，请求损害赔偿。同时，这种存活机会的丧失，通常伴有身体内外有形组织的破坏，或身体内部机能的减损，具体来说，右脚未能再植，身体的完整已不再存在，相关的机能也已失去，这也是对皮某身体权或健康权的侵害。

综上所述，皮某的存活机会的丧失，应认为是人格权受到侵害，并且不仅是一般人格权受侵害，而且是身体权和健康权受侵害，可以请求损害赔偿。

二、拒载与被截肢之间的因果关系

本案中，因果关系的认定至关重要，它将决定航空公司是否承担责任。皮某最终被截肢，这是损害后果。现在的问题是：截肢是由于拒载延误时机造成的吗？或者说，截肢与拒载之间是否存在因果关系。

在本案中，即便航空公司运送了皮某，肢体再植手术成功的比例也不一定是100%，也存在被截肢的可能性。那么，如果航空公司运送了皮某，肢体再植手术成功的可能性有多大？或者说比例或概率是多少？而由于航空公司拒绝运送，耽误了时机，这又导致手术不成功的比例是多少？下面先介绍相关理论，再结合本案进行分析。

传统因果关系理论，仅判断因果关系是否存在，而不论因果关系是否"可能"存在，亦即传统因果关系之判断，仅有"有"或"无"因果关系的问题，而无"一定比例"因果关系存在之问题。这在一般案件的适用上没有问题，但在存活机会丧失的案例上，则因仅有"一定比例"的存活机会，致使因果关系的问题成为争论的焦点。

依据举证责任理论，原告提出的证据，必须能让法院达到一定程度的相信，才能认定因果关系的存在。日本学说认为，具有明确说服力的证明，需事实存在可能性达到80%~90%，而具有证据优势的证明，为70%~80%的事实存在可能性。依据美国关于民事举证责任的规定，原告的举证须达到可合理推知被告加害事实确实存在的程度。美国法将此称之为"more likely than not"，英国法称为"preponderance of evidence"（优势证据规则），即原告在民事责任的成立要件上，必须证明被告的不法行为"极有可能"导致原告损害。以事实存在可能性比例而言，原告必须证明被告行为引发原告损害的可能性超过51%，也就是被告不法行为引发损害的可能性高于未引发损害的可能性。若原告证明被告的不法行为导致原告损害发生的可能性超过51%，即使被告未导致原告损害的可能性尚有49%，法院仍应认为因果关系成立，被告应对原告的损害承担全部赔偿责任。反之，若原告证明被告行为引发损害发生的可能性仅为49%（或50%），法院将认为因果关系全部不存在，被告即无须对原告损害负责，这就是因果关系的"全有或全无"原则以及传统举证责任之法则。

根据以上理论，当对皮某进行肢体再植成功的机会低于50%时，即使承运人拒绝运输，皮某也不能请求赔偿。反之，若皮某肢体再植成功的机会为80%，而承运人的拒绝运输将该存活机会降低为60%甚至是20%时，皮某均可以请求赔偿。因为承运人的行为引起皮某损害的可能性大于不引起损害的可能性。换句话说，重要的不是皮某右脚生存机会的降低比例，而是既存条件（右脚已断）减少皮某右脚生存机会是否超过承运人拒绝运输减少皮某右脚生存的机会。

依据上述传统理论，对于举证51%的因果关系，给予全部赔偿，但对于证明49%的因果关系者，全部不予赔偿，显然不公平。因此，在因果关系的认定上，产生了"实质可能性说"和"比例因果关系说"。实质可能性说，法院放弃优势证据法则的要求，从而减轻原告对于因果关系的举证程度，只需被告不法行为具有发生损害的实质可能性，即使其可能性的比例不超过50%，被告仍应对受害人的所有损害负担全部责任。通常由专家证人证明受害人一定比例的存活机会丧失，因而成立加害人不法行为与损害之间的因果关系。比例因果关系则仅就因果关系的可能性比例，加以证明，而无须证明因果关系确实存在。从而法院依据证据所需判断者，并非因果关系"是否存在"，而是因果关系存在的"可能性如何"。

我国法律对因果关系没有做出规定，但在学理上以及司法实践中，因果关系的重要性从未产生过任何动摇。目前在学理上占主导地位的是"相当因果关系说"。相当因果关系是指只需具备某一事实，依社会共同经验足以认定可以导致损害结果。它强调的判断因果关系的客观标准是"可能性",这种可能性取决于社会的一般见解。它只要求法官在判明原因事实与损害结果之间,在通常情形下存在联系的可能性,这种判断不是依法官个人的主观臆断,而是要求法官依一般社会见解,按照当时社会所达到的知识和经验,只要一般人认为在同样情况下有发生同样结果的可能性即可。简言之,确定行为与结果之间有无因果关系,要依行为时的一般社会经验和知识水平作为判断标准,认为该行为有引起该损害结果的可能性,而在实际上该行为又确实引起了该损害结果,则该行为与该结果之间存在因果关系。这与上述"实质可能性说"是基本一致的。

根据相当因果关系,承运人的拒载行为存在引起损害结果(被截肢)的可能性。只不过是这种可能性所占的比例有多大,最终都需要在法庭上由双方举证证明,由法庭认定。

三、拒载的理由是否正当

在航空旅客运输中,承运人运送的对象是活生生的人。这是我们考虑问题的前提或先决条件。人身作为运输合同的标的具有特殊性,这种特殊性表现在:第一,作为运输合同一方当事人的旅客必须将自身"交付"给承运人,这是承运人履行运送任务的先决条件,缺少这一交付行为,承运人不具履行运送劳务的可能。从合同关系来看,此种交付与货物的交付具有同一性质。第二,旅客既是运送劳务的对象,又是能动的活动主体,基于对人的生命健康价值的特殊保护,客运中要求承运人提供适合人身安全和旅行舒适的最高保障和完善服务,人身运输的性质决定客运合同承运人的义务内容。第三,旅客对承运人具有人身依附性。由于旅客的人的能动性,旅客在运送过程中,一方面,有权享受承运人必须提供的各种服务;另一方面,旅客必须遵守运送方式所要求的安全规则,服从承运人的指示和管理。在全部运送期间和运送过程中,旅客都有服从承运人指示和管理的义务。从承运人角度看,其对旅客享有命令权、管辖权和某种准司法权。这些权力并不来源于承运人的身份或垄断、独占地位,而来源于人身运输中的安全需要。

再从权利义务角度而言,在运输合同中,当事人在享有权利的同时也要承担义务。就航空旅客运输合同而言,承运人的基本义务有:(1)提供并谨慎处理运输工具的义务,承运人为旅客应提供法律规定或合同约定的运输机具,并谨慎处理,使之适合运送。(2)保护旅客人身健康和生命安全的义务,依法和依约定向旅客提供货座位、供应膳食、运送旅客行李等服务的义务。(3)按路线运行、准时到达目的地的义务,承运人应依合同约定按时起飞,并按约定路线,不得有任何不合理的延误。(4)依照规定或约定赔偿损失的义务。这其中最重要的是保证旅客的人身健康和生命安全。航空运输不仅是一地到另一地的位置移动,最终目的是实现当事人的目的,即安全地到达目的地。

具体到本案,海南航空公司执行本次飞行任务的多尼尔328型支线喷气客机不能载运使用担架的旅客,因为一旦运送,"还需在飞机上布置安放担架的场所,将挤占多尼尔飞机的应急撤离通道空间,不符合多尼尔机型的应急撤离条件,影响到机上其他旅客和航班运行安全"。也就是不具备运送的条件。如果在不具备运送皮某的条件下运送,承运人就违反了其承担的最基本也是最主要的安全保障义务,对于皮某而言,其不仅不能实现合同目的,其更大的利益(生命健康权)将受损害。这样看来,承运人的拒载,对旅客来说,是挽救了其最大的利益。当然,还有一种情形是皮某不用担架,坐在座位上。而这将会使皮某置于更危险的境地。在高空运输环境下,坐姿会对皮某身体以及创伤部位产生怎样的影响很难预料,如发生生命危险又该怎么办?

从法律规定看,我国现行法律对特殊旅客(老幼病残孕)的运输条件规定得很不完善。《民用航空法》对此根本没有规定。我国《合同法》与此相关的规定仅有两条,即第289条和第301条。第289条规定,从事公共运输的承运人不得拒绝旅客、托运人通常、合理的运输要求。第301条规定,承运人在运输过程中,应当尽力救助患有急病、分娩、遇险的旅客。与《民用航空法》的没有规定和《合同法》的简陋规定相比,《中国民用航空旅客、行李国内运输规则》(以下简称《规则》)的规定较为详细。《规则》第34条将旅客划分为两大类:一类是有条件承运的旅客;另一类是完全不予承运的旅客。具体为:对于无成人陪伴儿童、病残旅客、孕妇、盲人、聋人或犯人等特殊旅客,只有在符合承运人规定的条件下经承运人预先同意并在必要时做出安排后方予载运。对于传染病患者、精神病患者以及健康情况可能危及自身或影响其他旅客安全的旅客,承运人不予承运。此外,还有根据国家有关规定不能乘机的旅客,承运人有权拒绝其乘机,已购客票按自愿退票处理。

结合本案来看,皮某不符合承运人规定的条件,承运人事先也并不知道,从而致使承运人未能事先做出安排。并且,根据《规则》第 2 款,皮某的健康情况可能危及自身或影响其他旅客的安全。因此,航空公司的做法起码符合上述《规则》的规定,无可挑剔。

综上所述,为了皮某自身的生命安全,同时也为了航空运行安全,再联系现行法律的规定,航空公司的拒绝运输有其正当性。

四、旅客对其病情所负的告知义务

航空旅客运输合同的签订,在一般情况下,旅客只需告诉航空公司或其代理人其出行的时间、出发地点和目的地点,支付相应的票款,航空公司出票,这个过程就完成了。但这里暗含着一个前提条件,就是旅客本人是健康的。对于患有疾病的或伤残的旅客,则需要在购买机票时向航空公司详细说明其病情,以便航空公司决定能否承运或提前做哪些准备。就本案而言,合同的签订存在问题,即皮某的代理人在购票时没有将其病情向航空公司做说明,或详细地介绍,在表述上有瑕疵。《合同法》第 60 条规定"当事人应当遵循诚实信用原则,根据合同的性质、目的和交易习惯履行通知、协助、保密等义务"。正是由于皮某的代理人在购票时没有向航空公司详细报告其病情,导致未能引起航空公司的足够重视,对此,皮某自身是有过错的。

五、结语

本案提出了新的问题,即由于"机会丧失"而引起的人身损害赔偿案件,如何认定责任性质、法律适用以及责任承担。它虽然发生在航空运输领域,但超出了航空法的适用范围,是一个需要在整个民法的范围内讨论的问题。就本案而言,机会丧失确实在一定程度上影响了对皮某进行肢体再植,但如何判断拒载与截肢之间的因果关系,笔者认为应采纳"相当因果关系说",兼采"实质可能性说"和"比例因果关系说",根据双方当事人所举证据,来判定因果关系。如因果关系成立,在具体责任承担上,因旅客在运输之前已经受伤,其存活机会业已减损,基于合理分配损害的原则,航空公司所应赔偿的，应为受害人丧失存活或治愈机会的损害，而非受害人全部损害（截肢）的赔偿。同时，还应考虑航空公司拒绝运送理由的正当性，以及皮某自身的过错（如没有如实告知病情），减轻航空公司的责任。

第三节　航空承运人的告知义务[*]

告知义务是民法学理论中附随义务的一种。合同履行的诚实信用原则要求当事人除了履行法律和合同规定的主义务外，还应履行依诚信原则而产生的各种附随义务。告知义务是承运人运送义务的一个附随义务。告知义务要求当事人之间应如实披露有关交易信息的义务，它是建立在交易各方最大诚实信用原则基础上。在航空运输实践中，经常发生因航空公司（承运人）未尽到告知义务而被起诉的案例，就航空旅客运输而言，主要表现在以下几方面：（1）没有明确告诉旅客乘机的地点；（2）没有告诉旅客停止办理登机手续的时间；（3）没有告诉旅客国际航班的座位需要再次确认（座位再证实）；（4）没有告诉旅客可以携带的免费行李额；（5）没有告诉旅客行李损失实行限额赔偿；（6）航班取消以后未能通知旅客；（7）没有将机票超售这一实际做法告知旅客，等等。航空承运人的告知义务，是一个相当重要但在实践中却经常被忽视的问题。承运人应如何履行告知义务？以什么方式或方法履行才符合法律的规定？其判断标准是什么？这些都是值得研究的问题。本节首先检讨了我国的相关法律规定，其次分析了欧盟关于航空承运人告知义务的法律，最后根据我国和欧盟的法律规定和我国的航空司法实践，详细分析了航空承运人应如何履行告知义务。

一、承运人告知义务的国内法规定

我国《民用航空法》对承运人告知义务的规定相当简略。《民用航空法》第 110 条规定，旅客航程的最终目的地点、出发地点或者约定的经停地点之一不在中华人民共和国境内，依照所适用的国际航空运输公约的规定，应当

---

[*] 本节发表于《北京航空航天大学学报》（社会科学版）2009 年第 2 期，本书收录时略作修改。

在客票上声明此项运输适用该公约的,客票上应当载有该项声明。这不过是1929年《华沙公约》同样内容的中文表述。航空承运人在实践中的做法,也只是在客票上有一个简短的声明,即在国内运输中,"承运人对每名旅客身体伤害的最高赔偿限额,按国务院的有关规定办理";在国际运输中,旅客人身伤害按《华沙公约》及相关规定办理。

比较而言,我国的《合同法》不仅在总则中有原则性的规定,而且还在分则"运输合同"一章有具体的条文规定。总则中,第42条规定:"当事人在订立合同过程中有下列情形之一,给对方造成损失的,应当承担损害赔偿责任……有其他违背诚实信用原则的行为";第39条规定:"采用格式条款订立合同的,提供格式条款的一方应当遵循公平原则确定当事人之间的权利和义务,并采取合理的方式提请对方注意免除或者限制其责任的条款,按照对方的要求,对该条款予以说明";第60条规定:"当事人应当按照约定全面履行自己的义务。当事人应当遵循诚实信用原则,根据合同的性质、目的和交易习惯履行通知、协助、保密等义务";第92条规定:"合同的权利义务终止后,当事人应当遵循诚实信用原则,根据交易习惯履行通知、协助、保密等义务"。分则的规定是第298条,即"承运人应当向旅客及时告知有关不能正常运输的重要事由和安全运输应当注意的事项"。

就航空承运人的告知义务而言,笔者认为主要体现在订立合同和履行合同的过程中。在订立合同的过程中(即出票前),承运人应告知旅客航空运输的相关事项,如承运人的赔偿责任限额、乘机的时间、乘机地点;在合同履行过程中,一旦出现航班延误、取消等情况,应通知旅客。就告知的范围而言,根据《合同法》第298条,分为两大类:一是不能正常运输的重要事由;二是安全运输应当注意的事项。现在的问题是,哪些事由可以看作是"不能正常运输的重要事由"?哪些事项属于"安全运输应当注意的事项"?俞里江先生对此的解释是,"不能正常运输的重要事由,是指一切影响正常运输的事由。对于这些事由,相关法律、规则都有规定。具体说来,告知不能正常运输的事由包括以下几个方面:在正常运输开始前告知运输迟延或取消的情况;在运输过程中告知由于运输工具的原因、运输线路的问题或者由于自然界的力量导致的不能正常运输的情况;告知不能正常运输的原因是否由于承运人导致。安全运输应当注意的事项,例如在民用航空运输中,航空承运人就应当在起飞前向乘客告知系上安全带、如何保持正确的乘姿、在发生紧急情况下如何使用氧气袋和安全舷梯等知识"。①

综上，我国《民用航空法》只规定了承运人就责任限额进行告知的义务，《合同法》虽规定了承运人的告知义务和告知范围，但对于告知的方式、地点、清晰明白的程度等均只字未提，也未见诸其他相关的法规、规章。正是由于法律上的不完善，致使在航空运输实践中，对于航空承运人的告知义务该如何履行，承运人与旅客各执一端，这也是近年来航空运输纠纷案件不断增加的一个重要原因。

二、承运人告知义务的域外法规定

应该说，在有关航空运输中承运人的告知义务的法律规定方面，欧盟的法律为此树立了典范。欧盟在1997年通过的2027/97号条例②的第6条，明确规定了承运人的告知义务，为了论述的便利，引述如下：（1）在欧共体承运人的运输条款中应包括第3条和第5条的规定。③（2）应要求，第3条和第5条规定的信息应可以在欧共体承运人的办事处、旅行社、办理登机手续的柜台以及各售票网点提供给旅客。运输凭证或相同性质的文件应以易于理解的语言写明上述要求。（3）在欧共体境外设立的航空承运人，经营往返于欧共体或者在欧共体境内经营时若不适用第3条及第5条的规定，应在旅客在其位于某成员国的办事处、旅行社或在值机柜台购买机票时明确告知上述信息。承运人应向旅客提供其运输条件的表格。仅在运输单据或其他相同性质的文件中说明责任限制不能被认为提供了足够的信息。

随后，在2002年，欧共体又通过了修订2027/97条例的889/2002条例④。

---

① 俞里江：《运输合同（二）》，载中国民商法律网，http：//www.civillaw.com.cn/article/default.asp?id=12339，最后访问时间：2003年1月23日。
② 该条例的中文全称为：欧盟理事会1997年10月9日关于发生航空事故时航空承运人责任的条例[Council Regulation of 9 October 1997 on air carrier liability in the event of accidents (No 2027/97/EC)]。原载：Official Journal, No. L285, 17/10/1997, pp.0001-0003。
③ 第3条是关于承运人责任限额的规定，第5条是预先支付的规定。
④ 该条例的中文全称为：欧洲议会和欧盟理事会2002年5月13日关于修订航空承运人责任条例的条例[Regulation (EC) No. 889/2002 of the European Parliament and of the Council of 13 May 2002 amending Council Regulation (EC) No. 2027/97 on air carrier liability in the event of accidents]。原载：Official Journal, No. L140, 30/05/2002, pp.0002-0005。

新条例的主要目的是确保与《蒙特利尔公约》规定的一致性。新规定也迫使承运人将限制其责任的规定要告诉旅客,确保旅客在销售点就能得到有关其责任限制的规定。尽管这一规定的主要条款不适用于非欧盟的承运人,但提供到达欧盟、离开欧盟,或在欧盟境内的运输的有关通知的要求条件还是适用的。具体来说,2027/97 号条例的第 6 条被修改为:在欧盟境内销售其航空运输的所有承运人,在所有的销售网点,包括电话销售和通过互联网销售,应备有承运人关于旅客和行李运输责任承担的主要规定的摘要(包括最后索赔期限和对行李声明其价值的可能性),以供旅客查阅。为了遵守该信息要求,欧共体承运人应使用包含"附件"①内容的通知。这种通知或摘要不能被作为索赔的依据,也不能用来解释本条例或 1999 年《蒙特利尔公约》的规定。除了上述信息要求外,所有在欧共体境内提供或销售航空运输的承运人,在旅客死亡、受伤、延误和行李损失(包括毁灭、遗失或损坏)的责任方面,如果存在任何可适用的责任限制,必须给每一位旅客以书面的通知。

如果上述条例关于告知义务的范围还比较狭窄的话(基本上限于承运人的责任方面),2005 年 2 月 17 日生效的欧盟 261/2004 号条例②则扩大了告知义务的范围,其第 14 条的名称是"告知旅客权利的义务",具体内容如下:(1)运营承运人应保证在值机柜台展示包含如下内容的通知,该通知应是清晰易读的,并且以一种清晰显著的方式。通知内容是这样的:"如果你被拒载或你的航班被取消或延误至少两小时,请在值机柜台或登机口索要你的权利书,特别是与赔偿(补偿)金和帮助有关的内容。"(2)运营承运人拒载或取消航班,应给受其影响的每位旅客提供一份包含本条例赔偿(补偿)金和

---

① 2027/97 条例的"附件",分"对旅客和行李的承运人责任""旅客死亡和伤害赔偿""提前支付""旅客延误""行李延误""行李的毁灭、遗失或损坏""行李申明价值""行李索赔""缔约承运人和实际承运人的责任""诉讼时效"十个方面规定了承运人的告知内容。参见董念清:《中国航空法:判例与问题研究》,北京:法律出版社 2007 年版,第 83-84 页。
② 该条例的中文全称是:欧洲议会和欧盟理事会关于在航班拒载、取消或延误时对旅客赔偿和协助的条例〔Regulation(EC)No. 261/2004 of the European Parliament and of the Council of 11 February 2004 establishing common rules on compensation and assistance to passengers in the event of denied boarding and of cancellation or long delay of flights, and repealing Regulation(EEC)No. 295/91(Text with EEA relevance)- Commission Statement Official Journal L046,17/02/2004 pp. 0001-0008〕。还可参看民航资源网,http://www.carnoc.com/ynq/law/index.htm#jc,刊登的笔者对此条例的译文和评述。

帮助内容的书面通知。运营承运人也应向延误至少两小时的旅客提供同样内容的通知。以书面的形式向旅客提供第 16 条规定的国家指定的机构的联系资料。（3）对于盲人和视力受损的旅客，就本条的规定来说，以合理的备选方式来告知。

这样，告知的事项不仅限于承运人的责任方面，还将航空运输实践中经常发生的航班拒载、取消以及航班延误一并纳入其中，使承运人的告知义务范围进一步扩大。同时，对告知方式、地点以及清晰明白的程度也均予以了明确。就告知方式而言，应以书面的方式。告知地点则是在承运人的值机柜台。更为重要的是，不是说采取以上方式告知就可以了，关键的是对清晰明白的程度提出了要求，即"该通知应是清晰易读的，并且以一种清晰显著的方式"。换言之，告知内容所采用的语言应该是浅显易懂，能被普通旅客所理解，并且还能被普通旅客注意到该内容的存在。如果语言晦涩难懂，同时在一般情况下旅客也不会注意到或发现有此内容的存在，可以认定承运人没有尽到告知义务。还有，条例对承运人的告知义务的要求并没有就此结束，条例进一步规定了承运人对身体残疾的旅客（盲人和视力受损的旅客）的告知义务，对于这部分旅客，"以合理的备选方式来告知"，也就是说，同样要尽到告知义务。至于以什么方式方法告知，承运人自己考虑确定，但应是"合理的方式"。何为"合理的方式"？"原则上以理智正常的社会一般人的认知水平为标准，但兼顾智力欠缺、盲人、文盲等消费者的特殊情况。"[1]

总之，欧盟的上述规定，不仅适用于欧盟自己的承运人，也适用于"在欧盟境内销售其航空运输服务的所有承运人"，即将外国承运人也包含其中，并明确规定了告知的地点，告知应采取的方式等。可以说，欧盟的三部条例一脉相承，互相补充，其目的就是要求承运人尽到告知义务。

三、我国的司法实践

近年来，我国各级法院已经审结了不少关于承运人告知义务的案例，下面选取比较典型的案例，分两个方面介绍。

---

[1] 全国人大常委会办公厅研究室经济室：《中华人民共和国合同法释义及实用指南》，北京：中国民主法制出版社 1999 年版，第 48 页。

（一）承运人未尽到告知义务的案例

1. 没有明确告诉旅客乘机地点——杨某诉某航空股份有限公司案（2003年）[1]

2003年春节前，原告杨某与几位同学相约去厦门，杨某订购了一张被告航空公司起飞时间为1月30日16时10分的机票。机票载明出发地为上海PVG。当天15时左右，杨某赶到虹桥机场，工作人员告知，该航班在浦东机场登机。杨某要求转签，被告工作人员称原告的机票打了9折，不能转签。杨某不得已办了申请退票手续，又买了一张全额机票，于当天飞离上海。杨某回上海后，找到被告要求按机票记载的金额退票，遭被告拒绝，原告杨某起诉。被告认为其已在机票上用代码PVG标明了机场名称。

上海市徐汇区法院审理后认为，客票是客运合同成立的凭据，应当载明出发地点和目的地点。作为承运人和出票人，应当以提供良好的服务为准则，在出售机票时有义务使用我国通用的文字，清晰明白地在机票上加以注明，或以其他方式作明确说明。法院于2003年判决被告退还原告机票款并赔偿原告经济损失，并以司法建议书的形式建议中国民用航空总局对同一城市存在两个或两个以上民用机场，航空公司及航空客运代理商填开机票标明出发地点、使用机场专用代号时，应使用我国通用文字附注或以其他适当方式说明，以保证客运合同的正确履行。

2. 没有告诉旅客停止办理登机手续的时间——吴某诉某机票代理公司案（2005年）[2]

吴某因迟到8分钟未能登机。因所购打折机票"不得签转更改退票"，吴某要求改签被拒。但吴某指出，机票背面提示乘客到达机场时间一栏内容空白，因为出票公司未告知，所定"不得"条款无效。北京市东城区法院审理认为，航空公司在特价机票上约定"不得签转更改退票"不违规，但出票公司没有在机票上注明提前到机场的时间等内容，工作存在瑕疵，对吴某误机负有责任。法院判售票公司退赔票款。法院向中国民用航空总局发出司法建

---

[1] 董念清：《中国航空法：判例与问题研究》，北京：法律出版社2007年版，第74页。
[2] 黄秀丽、曹英：《打折机票不能签转退换遭质疑》，原载2006年9月2日的《北京日报》，转引自新浪网，https://news.sina.com.cn/s/2005-09-02/11506846543s.shtml，最后访问时间：2008年11月10日。

议，建议航空管理部门规范机票销售工作，特别注意所售机票中旅客应知内容等格式条款的填写，以避免因旅客对有关内容不了解或误解而产生纠纷。

3. 没有告诉旅客国际航班的座位需要再次确认——金某诉某航空公司案（2005年）[①]

2004年1月，吉林人金某花2 760元在汉城（2005年中文译名改为"首尔"）购买了中国某航空公司汉城—沈阳—汉城的国际航空联运机票，机票所载明的航班时间为1月17日（汉城至沈阳），沈阳至汉城（1月25日）。2004年1月17日，金先生乘中国某航空公司的航班从汉城到达沈阳。1月25日早7时30分，他按机票所载明的返程时间到达沈阳桃仙机场办理登机手续时，因返程机票座位被取消而未成行。航空公司取消座位的理由是因金某没有遵守公司72小时座位再证实的规定[②]。

沈阳市大东区人民法院审理认为，座位再证实规定作为航空业内一项惯例、一种规则，原告作为普通民事主体不可能完全了解，只有在被告明确无误履行告知义务后，才能有所了解，才能做出真实意思表示，否则就是被告没有尽到专业人员应尽到的义务。法院判决，由于被告的四个渠道（机场国际候机大厅、旅客须知电子公告栏、航空公司网站和机票票夹）均未向原告尽到告知义务，造成原告从沈阳至汉城的航段机票费用损失，并发生一些相关的合理费用，对此被告应予赔偿。

4. 没有将机票超售这一实际做法告知旅客——肖某诉某航空股份公司案（2007年）[③]

2006年7月21日，原告肖某以1 300元的价格向被告某航空股份有限公司购买了当日20时10分飞往广州的CZ3112号航班七折机票。在办理登机手续时，被告的工作人员确认，原告机票为超售票，CZ3112号航班已满员，原告无法乘坐。当日22时39分，原告被安排乘坐CZ3110航班头等舱离港，后

[①] 潘霁、威力凯：《座位被取消旅客登机未成航空公司被判赔偿》，原载2005年7月26日的《沈阳日报》，转引自民航资源网，https://news.carnoc.com/list/55/55424.html，最后访问时间：2005年7月26日。

[②] 被告航空公司的《旅客、行李国际运输总条件》规定："旅客持有定妥的联程或来回程客票，除规定的除外，如在该联程或回程地点停留72小时以上，须在联程或回程航班规定离站时间72小时以前办理座位再证实手续，否则原定座位不予保留。"

[③] 参见北京市朝阳区人民法院（2006）朝民初字第23073号民事判决书（2007年4月25日审结）。

原告在北京市朝阳区法院起诉，认为被告的超售行为侵犯了消费者的知情权，构成欺诈，要求被告双倍赔偿原告经济损失，即机票款的 2 倍 2 600 元，律师费 5 000 元，并且在《法制日报》《经济日报》上进行公开赔礼道歉。

法院认为，从超售的社会知晓度来看，超售引入我国时间较短，没有在公众中形成广泛认知，因此，航空承运人作为超售行为的实施者，应当向旅客进行全面而充分的告知。法院认定被告未尽到经营者的告知义务，损害了航空客运合同中旅客的知情权。宣判后，法院向被告和中国民用航空总局发出司法建议函，建议被告在售票区域张贴关于超售的书面说明或者发放记载相关内容的服务指南，在公司网站上增加相关说明，在机票的书面注意事项中增加关于超售的提示，在进行超售的航班机票中应使用特殊标记向旅客公示。建议中国民用航空总局作为行业主管部门，承担起制定规则的责任[1]。

5. 航班延误后的通知——谢某诉某航空公司案（2005 年）[2]

2004 年 7 月 30 日，谢某购买了某航空公司的从上海虹桥到内蒙古呼和浩特的机票。该航班原定于当天 14 时 35 分起飞，因天气原因延误至 20 时 07 分从虹桥机场起飞。在延误期间，机场四次广播通知航班延误，并向旅客提供了饮料和晚餐。后谢某以航班延误系违约为由将该航空公司告上法院，要求该航空公司在上海及呼和浩特新闻媒体上公开赔礼道歉，告知本次航班延误的真实原因，降低机票价格 500 元并予以返还，赔偿精神损失 500 元。

法院经审理后认为，根据 2004 年 7 月 30 日虹桥机场的天气资料以及中国民用航空华东地区管理局空中交通管理局空中交通管制中心出具的证明，应当认定航班因雷雨、空中管制等原因而发生延误，属不可抗力。但是，航班发生延误后，该航空公司虽然向旅客提供了饮料、晚餐等服务，对于导致航班延误的原因，该航空公司直至近两小时后才通过机场广播告知旅客因天气原因航班延误，之前未告知旅客航班延误的原因，也未在合理的时间内通知旅客可以选择要求安排签转其他承运人的航班或者退票，因此，该航空公司对航班延误而采取的上述补救措施存在瑕疵。在此情况下，受损害方根据

---

[1] 笔者于 2007 年 1 月参加了北京市朝阳区法院组织的关于此案的研讨会。在此笔者同意法院认为航空公司没有尽到告知义务的观点。但对于判决书中的部分观点，笔者持不同意见，将另文表述。

[2] 《航空公司被判返还部分票款》，原载 2005 年 6 月 22 日的《新闻晨报》，转引自新浪网，https://news.sina.com.cn/c/2005-06-22/02346235038s.shtml，最后访问时间：2005 年 6 月 22 日。

法律规定，可以合理选择要求对方承担更换、退货、减少价款等违约责任。谢某选择要求该航空公司承担减少机票价款的违约责任，合理合法，具体减免数额，由法院酌情确定。据此，法院判决，被告返还谢某票价款的10%，即135元，对谢某其余的诉讼请求不予支持。

（二）承运人尽到告知义务的案例

1. 行李限额应以何种文字标示——刘某诉某航空公司案（2002年）[1]

1999年2月12日，原告刘某在北京购买了被告某航空公司北京至巴黎的往返机票。同年3月3日，原告在法国搭乘被告的KL1264班机返回北京。在托运行李时，原告被告知行李的限重是20公斤，因行李超重，原告多支付了10公斤的行李超重费2 075法郎（折合人民币约2 864元）。原告认为，被告作为经中国政府批准在国内从事民用航空运输服务的外国航空服务机构，应遵守中国的相关法律。《中华人民共和国消费者权益保护法》规定，消费者在接受服务时，有知悉其所接受的服务的真实情况的权利。因此，对于行李的限重，除英文提示外，对中国消费者还应附加中文的提示和说明。被告未履行用中文告知的义务，致其在不知情的情况下遭受了财产损失，侵害了其作为中国消费者的知情权和财产权。故向法院提起诉讼，要求被告返还多收的行李费人民币2 864元，并支付到实际给付之日止的利息以及判令被告承担其为此诉讼所花费的律师费、交通费等费用共计9 075元人民币。

法院审理认为，我国分别于1958年和1975年参加了涉及国际航空运输的《统一国际航空运输某些规则的公约》（《华沙公约》）和《修改1929年10月12日在华沙签订的统一国际航空运输某些规则的公约的议定书》（《海牙议定书》）。上述文件对国际航空运输中应以何种语言文字向乘客履行告知义务未作规定。而刘某所购买的BSP中的国际运输客票，是经我国民航行政管理部门允许使用的统一票证式样。在此情况下，国际运输中的国际客票使用英语对旅客进行提示符合国际惯例。应当说，被告航空公司在统一客票中使用英语对国际航空运输中的消费者进行提示已履行了告知的义务。原告的诉讼请求因缺乏法律依据，法院不予支持。故依据《民用航空法》及国际运输公

---

[1] 参见北京市朝阳区人民法院（2001）朝民初字第4268号民事判决书（2001年8月10日审结）；北京市第二中级人民法院（2001）二中民终字第5868号民事判决书（2002年7月9日审结）。

约的有关规定判决：驳回原告的诉讼请求。

2. 患病幼女乘机的告知问题——梁某等诉某航空有限公司案（2005年）[①]

2004年1月5日，梁某夫妇与幼女梁某涵乘坐某航空有限公司的MF8416航班从湖南长沙飞往浙江宁波。飞机起飞后一个半小时，梁某发现梁某涵口、鼻流出大量异物，即向乘务员求助。乘务员找到同机的医生王某进行救治，并提供氧气瓶、听诊器等医疗设施。王某检查后确认梁某涵当时已没有心跳和呼吸等生命迹象，民航方面联系宁波的医院救治。飞机降落后，梁某涵被送往医院急救，但最终死亡，其尸体未经尸检即火化，死因不明。后梁某夫妇起诉某航空有限公司与浙江省宁波市鄞州区人民法院。诉称：梁某涵与被告的旅客运输合同合法有效，被告在承运过程中未尽到提前告知有关婴儿乘机注意事项和及时抢救义务，导致梁某涵在运输过程中死亡，被告的行为已经构成违约，应依法承担违约责任。某航空有限公司辩称：其提供的飞机及所配备的设备均符合飞机安全、适航条件，并已尽到自己的义务。梁某涵的死亡完全是其自身的健康原因和梁某监护不当所致，请求法院驳回诉讼请求。

2004年8月30日，浙江省宁波市鄞州区法院判决：驳回诉讼请求。原告不服，提起上诉。宁波市中级人民法院认为，一方面，梁某涵乘坐的航班符合适航条件、飞行安全；另一方面，梁某涵乘机前患有多种严重疾病，因此认定其死亡为自身原因所致，并且对婴儿等特殊群体的特殊告知义务不见于法律、法规和行业规则的规定以及被上诉人的事先承诺。2005年1月6日，宁波市中级人民法院终审判决：驳回上诉，维持原判。

四、承运人告知义务的履行

通过上述法院判决，可以看出，法院对承运人的告知义务提出了明确的要求。例如，北京市朝阳区法院在肖某诉某航空公司案中认为，承运人"应当向旅客进行全面而充分的告知"；沈阳市大东区人民法院在金某诉某航空公司案中指出，"只有在被告明确无误履行告知义务后，才能有所了解，才能作出真实意思表示，否则就是被告没有尽到专业人员应尽到的义务"。这里，提出了告知义务的判断标准：一是全面而充分；二是明确无误。

[①] 参见浙江省宁波收鄞州区人民法院（2004）甬鄞民一初字第1837号（2004年8月30日审结）；浙江省宁波市中级人民法院（2004）甬民一终字第1005号（2005年1月6日审结）。

（一）告知时间和方式

根据前述我国《民用航空法》和《合同法》的规定，笔者认为，从时间上来看，航空承运人的告知义务主要集中在订立合同和履行合同的过程中。在订立合同的过程中，旅客就购买机票向航空公司及其代理人进行询问，航空公司及其代理人的雇员就此进行解答，一般涉及的问题是时间、航线、票价、机型等。在履行合同的过程中，主要是在飞机起飞之前，如果发生航班延误或航班取消等，影响到了运输合同的履行，在发生后未恢复正常前，承运人应向旅客告知。这里要强调的是，告知的及时性。在谢某诉某航空公司案中，虽然是由于天气原因导致航班延误，并且航空公司给旅客提供了饮料和晚餐，应该说航空公司的做法已无可挑剔，但法院认为，"对于导致航班延误的原因，该航空公司直至近两小时后才通过机场广播告知旅客因天气原因航班延误，之前未告知旅客航班延误的原因……因此，该航空公司对航班延误而采取的上述补救措施存在瑕疵"。也就是说，被告虽然进行了告知，但告知不及时，仍然存在瑕疵。

在告知的方式上，应以主动告知为原则，被动告知为例外。主动告知要求承运人应说明的事项，不以旅客的询问为限，只要是承运人所知悉的事项，如果与该次运输紧密相关，不告知将影响到该次运输或旅客人身安全，即使旅客未询问，仍应告知。

（二）告知范围

就承运人的告知范围而言，前已述及，我国《合同法》规定了两个方面，即"有关不能正常运输的重要事由"和"安全运输应当注意的事项"。对于"重要事由"和"应当注意的事项"，不能于条文中一一列出，各国皆然。确定是否为重要事项，在没有相关的法规和规章的情况下，尚需依运输种类及合同内容加以综合考虑。在航空运输实践中，笔者认为，以下事由均可认定为"不能正常运输的重要事由"：（1）航班延误；（2）航班取消；（3）航班拒载；（4）飞机备降或迫降[①]。有关安全运输应当注意的事项有：（1）特殊群

---

① 迫降和备降是两个完全不同的概念，实践中却经常混淆。迫降一般是指飞机因迷航、燃料用尽或发生故障等不能继续飞行，被迫降落；备降是当飞机因天气等原因不能或不宜飞往预定着落机场，而飞往另外一个机场。每条航线都有若干个备降机场。

体（病残孕）乘机前的风险告知；（2）不能随意触动机舱内的设施（如灭火装置，安全设施，紧急制动阀等）；（3）飞机起飞和降落之前的注意事项（如系好安全带，调直座椅靠背等）；（4）飞行中不能使用移动设备等电子器具；（5）飞机出现紧急情况时救生设备的使用；等等。

在我国航空运输实践中，仅告知以上内容还不够，除上述《合同法》规定的两大类之外，还应包括以下内容：（1）乘机的地点（尤其是当在同一城市存在两个机场的情况下）；（2）机场停止办理登机牌的时间；（3）可以免费携带的行李额；（4）行李毁灭、遗失或损坏损失的赔偿标准；（5）旅客伤亡的责任限额；（6）民航业内通常的做法、行业惯例或规则。上述第（4）、（5）两项实际上也是《合同法》第39条规定的"免除或者限制其责任的条款"。

（三）告知的地点

关于告知的地点，欧盟2027/97号条例列出的地点有：承运人的办事处、旅行社、办理登机手续的柜台以及各售票网点。从沈阳市大东区人民法院的判决来看，承运人可在机场候机大厅、旅客须知电子公告栏、航空公司网站和机票票夹等四个地点向旅客告知。北京市朝阳区法院认为，售票区域、公司网站、机票的书面注意事项中以及超售的航班机票均可作为告知的地点。两法院的见解基本相同。总结上述欧盟法律规定和法院判决，以下地点可作为承运人履行告知义务的地点：（1）承运人及其代理人的售票地点；（2）机场候机大厅；（3）办理登机手续的柜台；（4）承运人的网站；（5）承运人设在机场的电子公告栏；（6）机票本身及机票票夹；（7）旅行社的营业网点。

对于上述地点，承运人在实际履行过程中，不能把告知地点局限于上述某一个地点，而应尽可能地在上述全部地点进行告知，否则，则有可能因告知地点过少而无法使旅客周知，从而没有尽到告知义务。

（四）告知形式

对于告知的形式，欧盟261/2004号条例第14条明确规定应采取"书面通知"。北京市朝阳区法院在"肖某诉某航空公司案"中，也明确提出告知的形式为书面形式，即"在售票区域张贴关于超售的书面说明或者发放记载相关内容的服务指南，在公司网站上增加相关说明，在机票的书面注意事项中增加关于超售的提示，在进行超售的航班机票中应使用特殊标记向旅客公示"。①

（五）告知的清晰明白的程度

在承运人的告知义务中，承运人不仅要告知旅客，而且最终结果是应使普通旅客明白承运人的告知事项，这一点尤为重要。如果承运人进行了告知，但未能被普通旅客所了解，那么，承运人还是没有尽到告知义务。这就要求承运人在履行告知义务时，应使用通用的、为普通旅客所能理解的语言（浅显、非专业）进行告知，告知的内容应明确无误，告知的方式应清晰明了、显而易见，并且应能够引起旅客的注意或引人注目。上引欧盟 2027/97 号条例也明确规定："运输凭证或相同性质的文件应以易于理解的语言写明上述要求"。261/2004 号条例更进一步规定："……该通知应是清晰易读的，并且以一种清晰显著的方式。"如何判断"能够引起旅客的注意或引人注目"？"美国《统一商法典》对'引人注目'的定义是：书写或印刷用的字体型号大小，必须能引起对方的注意，如用大号、大写、黑体、套色等。"②

在前引案例中，有两个案子比较类似，一个是杨某诉某航空公司案中，因机票上对乘机地点用旅客不懂的机场专用代码标识，致使旅客走错机场；另一个是刘某诉某航空公司案中因原告不懂用英文表示的行李限额，对于超过限额的行李承担行李费。虽然案情类似，但判决结果迥异。上海市徐汇区法院在上述杨某诉某航空公司案中指出，"被告在出售机票时有义务使用我国通用的文字，清晰明白地在机票上加以注明，或以其他方式作明确说明"，被告未能尽到这一义务，只能承担败诉的后果。确实，对于机场专用代码"PVG"，一般的社会大众根本不可能明白其表示的是"浦东机场"，因此，承运人显然没有尽到告知义务。而刘某诉某航空公司案，北京市朝阳区法院则判定旅客败诉，原因是"被告航空公司在统一客票中使用英语对国际航空运输中的消费者进行提示已履行了告知的义务"。可见，在告知所使用的语言文字上，对于国内运输，法院认为使用我国通用的语言文字即可，而对于国际航空运输，使用英语已尽到告知义务。

此外，航空运输合同是格式合同。航空运输合同的基本内容全部由承运

---

① 北京市朝阳区人民法院（2006）朝民初字第 23073 号民事判决书。
② 赵维田：《国际航空法》，北京：社会科学文献出版社 2000 年第 1 版，第 314 页。

人事先依法律、行业惯例、经营需要单方确定,而承运人所开具的客票、行李票、货运单是订立合同和接受运输条件的凭证。因此,机票上的相关条款应清楚、明了,如果条文的含义模糊,或者如前引北京市东城区法院审理的"吴某诉某航空公司案"一样,部分格式条款干脆空白,承运人同样是没有尽到告知义务。法院将根据我国《合同法》第41条[①],做出不利于承运人的判决。

这里还需指出的是,对旅客进行告知是承运人的一种义务,但这种义务不是无限制的,或者说是没有边界的。与普通旅客相比较,承运人仅是比旅客更多地了解或熟知航空运输的基本情况,承运人不可能了解、知晓航空运输以外的情况。因此,对于承运人的告知义务,应有一个适当的限制,不能给承运人强加超出其业务范围和基本能力的告知义务。前引梁某夫妇就其幼女死亡诉航空公司一案,如果要求航空公司承担责任,无异于将航空公司等同于医疗专业机构。是否适于乘机,应由医疗机构做出判断,航空公司无法、也不可能做出判断。目前,航空公司对于患病旅客乘机的一般规定是,顺持县级以上医院出具的适于乘机的证明方可购买机票乘机。因此,承运人的告知义务不可无限制地扩大。

总结以上国内外法律规定与司法实践,在目前我国的航空运输实践中,承运人应将相关的规定、行业惯例等以书面的方式告知旅客。这种书面的方式,可以采取机票的方式,也可以是相关的宣传册等;这种书面的规定,应在与旅客签订合同之前或在合同履行的过程中告知旅客;这些书面的规定,应该在承运人或其代理人的营业地点、机票销售地点、承运人的公司网站、机场值机柜台等地方可以看到,并能为旅客随时取阅;这些书面的规定,应是清晰易读的,并且以一种清晰显著的方式呈现。总之,承运人应采取合理的方式,进行全面充分、明确无误的告知。

五、结语

在航空运输实践中,有些规定或惯例,对于从事航空运输的人来讲是常

[①] 《合同法》第41条规定:"对格式条款的理解发生争议的,应当按通常理解予以解释。对格式条款有两种以上解释的,应当作出不利于提供格式条款一方的解释。格式条款和非格式条款不一致的,应当采用非格式条款。"

识，但对中国大多数旅客来说是闻所未闻，许多人并不知晓这些规定或惯例。原因很简单，中国的航空运输是在最近几年才为普通百姓所熟悉，并逐渐成为他们的旅行工具。在此之前，对于普通百姓来说，航空运输是可望而不可即的。航空运输正从"贵族"时代走向"平民"时代，在这样的时代，对于航空承运人而言，要逐渐把西方发达国家已经是常识的规定变成我们国家国民的常识，需要一个过程，并且需要做大量的扎实细致的基础性工作。唯其如此，才可避免因不知晓"提前30分钟停止办理登机手续"这样的"常识"而诉诸公堂的案例。

第五章
航空器机长权力研究

第一节 机长权力的规范分析及司法实践

一、问题的提出

1998年9月11日，旅客应某持中国北方航空公司6328航班客票，乘坐MD-82飞机，由广州飞往杭州。飞机于18时28分起飞，大约19时30分许，应某（坐在经济舱4排E座，与头等舱仅有门帘相隔）意欲前往头等舱洗手间方便。他正要走进头等舱，便被坐在4排穿制服的机上安全员发现并劝阻。应某称要去厕所，安全员便告诉其去后部的经济舱洗手间，还告诉他飞机前部洗手间根据规定只能供头等舱乘客使用。应某要求机组人员出示法律、法规文件。安全员为了安慰他，便到前服务间去取了一份"机上广播词"给他看。应某看完后不但不接受，反而更加激动，在飞机客舱4排大声吵闹，后面的旅客有人向前围观，机上秩序混乱。此时，飞机在下降高度，做着陆准备，为了保证安全，维护正常秩序，机长派机上观察员到客舱协助维持秩序。应某不但不听劝阻，反而动手去推搡机组人员，并抓破了机组人员的手背。在此情况下，安全员报经机长同意，在机上观察员的协助下，对其采取了强制措施，将其戴上手铐，予以临时看管。飞机安全降落后，将其交送杭州机场公安机关。直至下飞机，应某未要求去洗手间。应某被机场公安人员带到机场巡警队接受了询问，机场公安人员未对应某做出处罚。数月后，应某以安全员拿出的规定仅仅是机上广播词而非法律明确的禁止性规定，并以人身权和名誉权被侵害为由，向杭州市中级人民法院提起诉讼，要求北方航空公司在全国性新闻媒体上赔礼道歉，赔偿精神损失和经济损失 50 万元，并承担全部诉讼费用。本案是我国民航史上因机长授权机组人员维护机上秩序、行使管辖权力受到起诉的第一个案例。①

二、法院分析与判决

（一）一审法院的分析与判决

杭州市中级人民法院认为：《中华人民共和国民用航空安全保卫条例》（以下简称《安全保卫条例》）将在航空器内的违法行为的确认权授予民航公安机关，并由民航公安机关予以处罚。尽管在有关贯彻该《安全保卫条例》的通知中授予机长和航空安全员等人员对违反该《安全保卫条例》相关规定、不听劝阻的人，可以采取管束措施，但对管束措施的范围、程度均有限制，且要求应在掌握其违法行为有关证据的前提下进行。本案中，民航公安机关未对被管束人应某的行为做出处罚，由此可以证明，航空公司安全员对应某施以手铐，拘束其人身，限制其自由，未能取得应某危及飞行安全、扰乱航空秩序的证据，其行为已超越了法律、法规规定的限度。当飞机降落后，航空公司安全员将戴着手铐的应某当众移交民航公安机关，客观上已对应某的名誉造成了损害。因此，航空公司安全员因主观臆断实施的管束措施不具有合法性，与应某人身权、名誉权受到的损害结果有直接的因果关系，已构成对应某人身权、名誉权的侵害，应依法承担民事责任。鉴于航空公司安全员的行为系职务行为，故由航空公司负责承担民事责任。对应某提出的诉讼请求酌情采纳，缺乏依据的过高部分不予支持。依据《中华人民共和国民法通则》第 5 条、第 101 条、第 120 条的规定判决如下：

（1）中国北方航空公司应停止侵权，并于本判决生效后一个月内在《法制日报》上向应某公开赔礼道歉、恢复名誉、消除影响（内容须经法院审核）；

（2）中国北方航空公司应赔偿应某因侵权行为给其造成的损失人民币 2 万元（含精神损失抚慰金）。

一审案件受理费 10 010 元，由应某负担 4 605 元，航空公司负担 5 405 元。

---

① 周永前：《空防安全与法律规范》，沈阳：辽宁大学出版社 2003 年版，第 202 页。

（二）二审法院的分析与判决

航空公司不服一审判决，向浙江省高级人民法院提起上诉。在上诉中指出：（1）原判认定事实错误。原判将本案的事实认定为，双方为经济舱的乘客能否使用头等舱的洗手间问题发生争执，导致航空公司安全员为此对应某采取了管束措施。事实是应某第一次进入头等舱的行为引起了安全员的高度注意，应某再次进入前服务间并接近驾驶舱，引起安全员的高度警惕，而且应某不听劝阻，扰乱机上秩序，引起旅客站立观望和向前拥挤，不利于飞机的平衡，对飞机安全形成影响和危及广大旅客生命财产安全，扰乱航空器内的秩序，因此被采取管束措施，扣上手铐。（2）原判对法条的理解错误。原判认为《安全保卫条例》将航空器内违法行为的确认权授予了民航公安机关，航空公司机上安全员对应某的管束，超过了法律法规规定的限度。根据《安全保卫条例》第22条、第23条规定，航空安全员可以在机长的授权下，在航空器的飞行中，对扰乱航空器内秩序，干扰机组人员正常工作而不听劝阻的人，采取必要的管束措施。请求二审法院撤销原判。

浙江省高级人民法院经审理后认为，应某购买航空公司6328次航班经济舱的客票，理应只享受经济舱的设备及服务。应某以尿急为由，要求享受超标准的设备及服务，没有依据。应某在未被允许的情况下，擅自去闯仅供头等舱乘客使用的洗手间，在被拦住后不服从管理且不听劝阻，影响了机上正常秩序和威胁着旅客的生命安全，其行为已构成《安全保卫条例》第25条规定的"寻衅滋事"，属于《中华人民共和国民用航空法》第46条规定的危及飞行安全的行为。机上安全员为了控制局面，确保飞行安全，有权在飞行中对应某实施临时管束措施，机长的行为符合《安全保卫条例》第22条、第23条第（二）项及有关规定，也没有超出必要的限度，所以对应某实施管束不构成侵权，航空公司上诉有理，应予支持。原判以《安全保卫条例》第34条为依据，根据应某的行为未受到地面公安机关处罚的事实，来反推航空公司构成侵权，没有法律依据。原判认定事实不清，适用法律不当，应予纠正。根据《中华人民共和国民事诉讼法》第153条第1款第（三）项的规定，判决如下：

撤销杭州市中级人民法院（1999）杭民初字第16号民事判决。

驳回应某的诉讼要求。

一审案件受理费 10 010 元，二审案件受理费 10 010 元，合计 20 020 元，由应某负担。

三、机长权力的规范分析

虽然原告没有使用头等舱卫生间的权利，但在原告不听从安全员劝阻的情况下，安全员有没有权力使用手铐并进而限制原告的人身自由？从案情来看，安全员是在征得机长的同意之后，对原告实施了管束措施。也就是说，是在机长的授权之下采取的行动。那么，机长的权力从何而来？法律是如何规定的？

（一）《东京公约》的规定

1963 年《东京公约》是国际社会为解决机上犯罪和不良行为问题而制定的第一个国际公约。其第三章的标题就是航空器机长的权力，条款总共有六条。现将《东京公约》规定的机长的权力概述如下：

1. 对机上人员可以采取包括管束在内的必要的而又合理的措施

机长行使这一权力的前提条件是，机长有理由认为：（1）某人在航空器上已经或即将实施犯罪；（2）某人在航空器上已经或即将实施某种行为，这种行为危害或可能危害航空器或其所载人员或财产的安全，或者危害航空器上的良好秩序和纪律。

机长行使这一权力的目的有三个方面：（1）保证航空器、所载人员或财产的安全；（2）维持机上的良好秩序和纪律；（3）将此人交付主管当局或使他离开航空器。

2. 可以要求（请求）或授权机组成员和旅客协助的权力

在对某人实施管束措施时，机长可以要求或授权机组其他成员给予协助，并可以请求或授权但不能强求旅客给予协助，来管束他有权管束的任何人。任何机组成员或旅客在他有理由认为必须立即采取此项行动以保证航空器或所载人员或财产的安全时，未经授权，同样可以采取合理的预防措施。

3. 对危害飞行安全、违反纪律的旅客，机长有令其下机的权力

对于危害或可能危害航空器及其所载人员或财产的安全，或者危害航空

器上的良好秩序和纪律的行为，机长可以使该人在航空器降落的任何国家的领土内下机。

4. 某人在机上实施的行为构成严重犯罪时，可以将该人移交降落地国的主管当局

如机长有理由认为，任何人在航空器内的行为按照航空器登记国的刑法规定是严重的罪行时，他可将该人移交给航空器降落地任何缔约国的主管当局。

概括而言，《东京公约》赋予机长的权力，不仅是普通警察维护治安的权力，而且是国际警察拥有的一种权力。①

（二）国外法的规定

1963年《东京公约》对于机长权力的规定，影响了许多国家的国内法。相当一些国家在其国内法中对于航空器机长的权力，基本上遵循或沿袭了《东京公约》的规定。如《法国民用航空法典》规定，机组由在飞行中的航空器上服务的全体人员组成，由机长领导。机长有权管理登机的所有人员，凡可能危害航空器上的安全、整洁或良好秩序时，机长有权令其离开航空器。机长在执行任务的整个过程中，负责指挥航空器。②

英国《1982年民用航空法》则设专条规定了机长的权力。概括而言，机长的权力有以下四个方面：（1）采取必要的合理措施的权力，包括限制某人身自由。根据该法，如果机长有合理的依据相信航空器上的任何人已经或者打算实施任何危害或可能危害航空器的安全，或航空器上的人员或财产的安全，或航空器上的良好秩序和纪律，或实施飞机注册国已经生效的法律规定的严重违法的任何行为，都可采取合理的措施。但同时规定了这样做的目的，即保护航空器的安全或航空器上的人员或财产的安全，或维持航空器上的良好秩序或纪律，或使机长能够使该人下飞机或移交该人。（2）在实施限制人身自由的措施时要求航空器上的任何人提供帮助的权力。（3）对危害航空器及其上人员财产安全、违反航空器上纪律的旅客，有令其下机的权力；

---

① 赵维田：《论三个反劫机公约》，北京：群众出版社1985年版，第123页。
② 参见《法国民用航空法典》L·422—1条，L·422—3条，中国民航局航空法编写小组译，1979年11月印制（内部资料）。

(4)将严重违法的旅客移交给英国警官或其他公约国相应职能的官员的权力。[1]总体来看,英国法律的规定是1963年《东京公约》的翻版或国内化。日本《航空法》的规定与英国《1982年民用航空法》的规定大同小异。[2]

苏联1983年《航空法典》除规定了上述权力外,还规定,机长在自己的权限范围内对航空器上的任何人下达的命令,对此命令必须绝对执行。在对威胁飞行安全的人和不服从机长命令的人采取的措施上,还可使用武器,从而使"一切必要的措施"进一步明确。[3]

总之,因为航空器机长要对航空器本身、航空器上的人员以及财产安全负责,所以各国法律基本上都对航空器机长的权力在法律上作了规定,只不过这些规定或长或短,或原则或具体。可以说,机长是航空器上的最高行政长官,航空器上的任何人都必须绝对地服从他的命令。同时,在有些情况下,他还是一个司法官,因为他有权对威胁飞行安全的人采取一切必要的措施。这一切都是基于在飞行中的航空器这一特定的时空范围内,最终目的只有一个,即保证飞行安全。

(三)国内法的规定

对于航空器机长的权力,我国《民用航空法》和《安全保卫条例》作了初步规定。《民用航空法》第44条第2款规定:"机长在其职权范围内发布的命令,民用航空器所载人员都应当执行。"第46条规定:"飞行中,对于任何破坏民用航空器、扰乱民用航空器内秩序、危害民用航空器所载人员或者财产安全以及其他危及飞行安全的行为,在保证安全的情况下,机长有权采取必要的适当措施。"《安全保卫条例》第23条规定了机长可以行使的四种权力:(1)在航空器起飞前,发现有关方面对航空器未采取本条例规定的安全措施的,拒绝起飞;(2)在航空器飞行中,对扰乱航空器内秩序、干扰机组人员正常工作而不听劝阻的人,采取必要的管束措施;(3)在航空器飞行中,对劫持、破坏航空器或者其他危及安全的行为,采取必要的措施;

---

[1] 参见英国《1982年民用航空法》第94条。
[2] 参见日本《1982年航空法》(第24次修订)第73条、第73-2条、第73-3条。2004年日本对其航空法做了修订。
[3] 参见《苏联航空法典》第25条。

(4)在航空器飞行中遇到特殊情况时,对航空器的处置作最后决定。可以看出,我国法律的规定,也借鉴了《东京公约》的规定。

综上所述,可以说机长的权力是非常广泛的,简直是空中"无冕之王"。法律授权他可以对已经或将要、可能实施机上犯罪和其他不良行为的乘客以广泛的管理权。实际上,其权限还不仅限于在飞机上。有的国家法律还将机长的权力扩展到在登上飞机之前,只要机长认为某乘客有危害航空安全的可能或嫌疑,就可以拒绝其登机。

四、"必要的而又正当的措施"的解释

《东京公约》规定的机长的权力,其中很重要的一点是机长有权实施必要而又合理的措施。但怎样的措施是必要而又合理(适当)的呢?怎样的行为是管束行为呢?在实际工作中究竟怎样做,才符合法律的规定,这是令机长最困惑的问题。

在《民用航空法释义》一书中解释《民用航空法》第46条时指出:"必要的,是指如果机长不采取某些措施,上述行为人有可能给民用航空器及其所载旅客、货物的安全进一步带来危害或威胁,那么采取措施就成为必要。适当的,是指机长对行为人所采取的措施刚好足以制止行为人进一步实施破坏民用航空器、扰乱民用航空器内秩序、危害民用航空器所载人员、财产的安全以及其他危及飞行安全的行为。"[①]

《民用航空法释义》虽然做出了上述解释,但有一关键的问题是,是以谁的判断作为认定的标准呢?是机长本人的判断,还是机上旅客的判断?抑或是在涉讼后以法官的判断为准?

赵维田先生认为,"从立法意图来说,第六、八、九条中使用的'正当理由''正当而又必要的措施'等,含有客观标准的意思。也就是说,这些据以采取行动的理由是否正当,措施是否正当而又必要,不是以机长主观判断为标准。可见,这是个相当严格的标准"。但"这些用词很难说就是绝对客观标准。即使法庭后来审理时,也应考虑机长当时所处的、不可能全面了解客观情况的境况,并结合审视机长主观上是否出自善意执行公约规定等因素,才

---

① 曹三明、夏兴华:《民用航空法释义》,沈阳:辽宁教育出版社1996年版,第110页。

能做到公正。因此，应当从主观与客观相统一的角度来判断机长采取行动的理由是否'正当'，措施是否'必要'"。① 赵先生之言极是。因为如果完全以机长的判断为准，在一些情况下机长难免有滥用权力之嫌。但如果不设身处地考虑机长当时所处的环境与情势，将势必影响机长维护航空器上正常秩序以及人员生命和财产安全的积极性，最终后果是牺牲了公众的利益，放纵了违法和犯罪行为。所以，上述法律规定可以看作是一种授权性规范，机长可以根据该规定，灵活处理。

在具体可以采取的措施上，《民用航空法》和《安全保卫条例》仅规定"机长有权采取必要的适当措施"或"采取必要的管束措施"，这是一种原则性的规定，并且是借鉴《东京公约》的规定的结果，为了便于讨论，让我们先来了解《东京公约》第6条的英文表述：

"The aircraft commander may, when he has reasonable grounds to believe that a person has committed, or is about to commit, on board the aircraft, an offence or act contemplated in Article 1, paragraph1, impose upon such person *reasonable measures including restraint which are necessary*：……"

对于"restraint"一词，《布莱克法律词典》的解释是："Confinement, abridgment, or limitation. Prohibition of action; holding or pressing back from action. Hindrance, confinement, or restriction of liberty."② （监禁，限制，拘留，禁止。行动之禁止，自由之约束。）

可以看出，根据《东京公约》的规定，机长可以采取包括拘留这种限制人身自由在内的措施。第6条中使用"包括"一词，将这种严厉的处罚形式纳入其中。从立法技术上讲，在使用概括式规定时，又以一个列举的规定，使得机长可以根据情况权衡后采取的措施最严厉到可限制某人的人身自由。从而使该条的规定，从表面上不是很明确变的具有一定的可操作性，机长的处罚措施不能超越这一最严厉的措施。

既然我国《民用航空法》和《安全保卫条例》是借鉴《东京公约》的结果，因此完全可以将上述法律中的"管束"措施解释为我国法律中的限制人

---

① 赵维田：《论三个反劫机公约》，北京：群众出版社1985年版，第132页。
② Black's Law Dictionary, fifth edition, West Publishing Co., 1979, p.1181.

身自由的措施——拘留。

五、安全员是否有权对乘客使用手铐

无论是《中华人民共和国人民警察法》《中华人民共和国治安管理处罚法》，还是《中华人民共和国人民警察使用警械和武器条例》，都将执行限制人身自由的这种措施赋予了公安机关。1996年1月16日颁布并开始实施的《中华人民共和国人民警察使用警械和武器条例》第8条规定："人民警察依法执行下列任务，遇有违法犯罪分子可能脱逃、行凶、自杀、自伤或者有其他危险行为的，可以使用手铐、脚镣、警绳等约束性警械：（1）抓获违法犯罪分子或者犯罪重大嫌疑人的；（2）执行逮捕、拘留、看押、押解、审讯、拘传、强制传唤的；（3）法律、行政法规规定可以使用警械的其他情形。"那么，安全员有权使用手铐吗？

虽然安全员不是警察，但根据《民用航空法》和《安全保卫条例》的规定，安全员是在机长的授权之下，机长有权力对旅客采取包括限制人身自由在内的措施。只是机长在行使这一权力时，我国现行法律的规定不是很明确。因此，在修订《民用航空法》和《安全保卫条例》时，借鉴《东京公约》的规定，进一步明确安全员的权力。

有人说，既然《东京公约》有规定，我国已经加入了该公约，还有必要再另行规定吗？这里存在两个问题：一是《东京公约》的规定能否直接适用于我国法院的案件审理；二是《东京公约》有其适用范围。就第一个问题而言，涉及国际法在国内的适用这一重大的问题，迄今为止，关于国际条约在中国的适用问题，我国还没有在法律上做出统一的规定，而是散见于一些部门法或有关条例之中。概括起来，我国主要采用以下几种方式来适用国际条约：[1]（1）我国宪法没有明文规定条约在中国的适用问题。在条约方面，宪法只对缔结条约的程序做出了具体规定。这些规定说明，在中国，条约的缔结程序和一般国内法的制定程序基本相同。据此，我们也可以推定：条约和国内法在我国具有同等的效力。（2）一些部门法明确规定直接适用国际条约，即将国际条约纳入国内法予以直接适用。例如，《民法通则》第142（2）条、

---

[1] 曾令良：《WTO协议在我国的适用及我国法制建设的革命》，《中国法学》2000年第6期。

《民事诉讼法》第 189 条等。(3) 为了履行我国加入的国际条约，还制定了一些专门的条例，以便将有关的条约内容"转化"为国内法而予以适用。

对于《东京公约》是直接适用，还是通过转化的方式制定国内法予以适用，笔者认为两种方式均可采纳。但对于《东京公约》规定的第三章机长的权力，却不能直接适用。虽然我国加入了《东京公约》，但公约第三章仅适用于"国际飞行"，不包括国内飞行。关于这一点，公约第 5 条第 1 款表述得非常明确："除航空器前一起飞地点或预定的下一降落地点不在登记国领土上，或航空器继续飞往非登记国领空，而罪犯仍在航空器内的情况外，本章规定不适用于航空器在登记国领空、公海上空或不属于任何国家领土的其他地区上空飞行时，在航空器内所发生或行将发生的犯罪和行为"。这也与公约其他部分既适用于国际飞行也适用于国内飞行不同。所以，在涉及航空器机长的权力时，不能直接适用《东京公约》。基于上述原因，笔者建议在修订航空法时，将《东京公约》第三章的内容，结合我国实际，转化为我国国内法的规定。

六、结语

其实，在飞行的航班上出现旅客打架斗殴，与乘务员、安全员发生争执后寻衅滋事的事例时有发生，有时在经劝阻后，旅客能够安静下来，而有时事态会越闹越大。在万米高空高速飞行的航班上，发生像在这起案例中旅客站立观望和向前拥挤的场面，致使飞机很有可能失去平衡，出现安全隐患。因此，我们不得不思考这样一个问题：当发生这种情况时，我们该怎么处理或应对？

航空器无疑是一种快捷且舒适的交通工具，但因其特殊的运输轨道，航空业必须有更严格的安全标准。因而，任何可能危及航空安全的言行都是绝对不能宽容的。但我国的航空运输正在从"贵族时代"走向"平民时代"，有相当一部分乘客不了解航空运输的特殊性和航空安全的敏感性。因此，首先，应使乘客充分认识到航空运输对乘客的严格要求，在适当的场合给乘客以足够的警示，使其避免做出不负责任的言行。其次，应加强立法，不仅要在国内层面上根据航空安全的需要适时补充修订现有法规，而且应在国际层面上积极参与国际立法，努力使国际立法趋于统一，最终达成一项防止机上犯罪和不良行为的新的国际公约。再次，航空公司应加强管理，改善服务，对机组人员加强培训，给乘客营造一个舒适、温馨的乘机环境。在本案中，如果安全员当时灵活处理，同意该旅客使用头等舱的卫生间，恐怕就不会有之后的纠纷了。最后，乘客也应当正确认识航空安全的重要性，文明乘机，服从管理，遇到问题时要以平和的心态处理，避免情绪化。乘客不能片面引用《消费者权益保护法》，忽视航空法规的特殊规定，更不要处处以"上帝"自居，提出无理要求进行纠缠。乘机时避免使用容易引起误解、猜疑或恐慌的言行，更不应对机组人员和其他乘客进行骚扰、攻击，否则将为此付出代价。

> 后记：2002年3月3日，国务院印发了《民航体制改革方案》（国发〔2002〕6号）中，决定组建民航空中警察队伍。2003年4月11日，中国民用航空总局、公安部、财政部、人事部印发了《中国民航空中警察组建方案》（民航公发〔2003〕57号）。2003年年底，空中警察队伍组建完成后开始上岗值勤，执行空防安全保卫工作。但是，空中警察的权力、义务等内容在其他的法律法规中没有具体的规范，为弥补这方面的缺陷，《中华人民共和国民用航空安全保卫条例》（修订送审稿）增加一章，作为修订稿第六章（民用航空器飞行中安全保卫）。根据该章，在民用航空器内，空中警察、航空安全员遇有危及航空安全和扰乱客舱秩序的行为时，在必要时，应当采取约束性措施予以管束。遇有"强行冲击驾驶舱"等严重危及航空安全的行为时，经警告无效，有权依法对行为人使用制服性警械或者武器予以制止。并且，机长、机组成员（包括空中警察、航空安全员）和机长授权的旅客，依照该条例第51条、第52条规定采取合理措施而引起诉讼的，不受法律追究。有关承运人、民用航空器所有人亦不受法律追究。

第二节　机长权力及其责任豁免

一、问题的提出

2021年2月20日，东海航空DZ6297航班在飞行过程中，机长提出需要使用卫生间。但前舱乘务员未按规定操作，受到机长的严厉批评。乘务员不服，与机长理论，并与机长发生争执和推搡。后机长回到机舱，驾驶飞机安全着陆。民航政府管理部门认为，机长在空中与其他机组乘员发生肢体冲突，对民航行业形象造成恶劣的负面影响，按照《民用航空器驾驶员合格审定规则》第61.197条的规定，于2021年4月23日做出《民用航空行政许可撤销决定书》，撤销了机长的航线运输驾驶员执照和商用驾驶员执照。[1] 机长不服，申请行政复议。2021年8月17日，中国民航局做出《行政复议决定书》[2]，认定《民用航空行政许可撤销决定书》事实清楚，证据确凿，适用依据正确，程序合法，内容适当，根据《中华人民共和国行政复议法》第28条第1款第（一）项的规定，维持《民用航空行政许可撤销决定书》。机长不服行政复议决定，向北京市第二中级人民法院提起行政诉讼，请求依法撤销《民用航空行政许可撤销决定书》和《行政复议决定书》。法院经审理认为，两份决定书认定事实清楚，适用法律准确，程序合法。原告的诉讼请求缺乏事实及法律依据，依法予以驳回。[3] 原告不服，提起上诉。北京市高级人民法院认为，一审法院判决驳回上诉人的诉讼请求并无不当，应予维持。上诉人的上诉请求和理由缺乏事实和法律依据，法院不予支持。判决驳回上诉，维持一审判决。[4] 公安部门认为机长和乘务员的行为涉嫌构成暴力危及飞行安全罪，已将案件移送检察院。本案将机长如何行使权力、履行职责的问题再次

---

[1] 参见《民用航空行政许可撤销决定书》（局撤字〔2021〕6号）。
[2] 参见民航复决字〔2021〕16号。
[3] 参见北京市第二中级人民法院（2021）京02行初305号行政判决书。
[4] 参见北京市高级人民法院（2022）行终1518号行政判决书。

摆在了我们面前，机长行为关乎航空安全，关乎航空器及其所在人员和财产的安全，关乎国家的安全、形象和声誉，因此，在前文的基础上，本节对此再做一点探讨。

二、《民用航空法》赋予机长广泛的权力

航空器机长的权力是与其职责紧密相关的。《一般运行和飞行规则》规定的机长职责有："民用航空器的机长对民用航空器的运行直接负责，并具有最终决定权。"具体言之，机长在舱门关闭后必须对机上所有机组成员、旅客和货物的安全负责。机长还必须在从飞机为起飞目的准备移动时起到飞行结束最终停止移动和作为主要推进部件的发动机停车时止的时间内，对飞机的运行和安全负责，并具有最终决定权。

正是因为机长对整架飞机的运行和安全负责，所以无论是我国的《民用航空法》还是其他国家的民航法律，抑或是国际条约，均是考虑到航空安全系于机长一身，因此，赋予了机长广泛的权力。

我国《民用航空法》规定的机长的权力主要有以下几点。

（1）拒绝起飞：机长发现民用航空器、机场、气象条件等不符合规定，不能保证飞行安全的，有权拒绝起飞。（第45条）

（2）采取措施：飞行中，对于任何破坏民用航空器、扰乱民用航空器内秩序、危害民用航空器所载人员或者财产安全以及其他危及飞行安全的行为，在保证安全的前提下，机长有权采取必要的适当措施。（第46条第1款）

（3）作出处置：飞行中，遇到特殊情况时，为保证民用航空器及其所载人员的安全，机长有权对民用航空器作出处置。（第46条第2款）

（4）调整机组人员：机长发现机组人员不适宜执行飞行任务的，为保证飞行安全，有权提出调整。（第47条）

（5）遇险处置：民用航空器遇险时，机长有权采取一切必要措施，并指挥机组人员和航空器上其他人员采取抢救措施。在必须撤离遇险民用航空器的紧急情况下，机长必须采取措施，首先组织旅客安全离开民用航空器；未经机长允许，机组人员不得擅自离开民用航空器；机长应当最后离开民用航空器。（第48条）

总之，为了保证航空安全，从起飞前的安全检查，到飞行中危害航空安

全的行为，再到飞行中遇到特殊情况或遇险时的处置，都赋予了机长最高权力，这些权力包括但不限于起飞前航空器检查权、拒绝起飞权、采取必要措施权、特殊情况下的处置权、机组人员调整权、航空器遇险时的处置权、机长决策权。

三、机上所有人员均应服从机长管理

机上乘客自不用说，必须服从机长的管理。机长与机组人员之间是领导与被领导、管理与管理的关系，机组人员必须服从机长的指挥，并有协助机长完成任务的职责。民用航空器的操作由机长负责。机组成员虽各有分工，各司其职，但均应在机长的统一领导下工作。对于民用航空器如何操作和运行，以及航空器及所载人员和财产的安全，机长负全部责任，其他机组成员都要按照机长的指令进行工作。正因为如此，我国《民用航空法》第44条规定："机长在其职权范围内发布的命令，民用航空器所载人员都应当执行。"不仅我国法律这样规定，其他国家也是如此。如法国《民用航空法典》第L.422-3条规定："机长有权管理登机的所有人员。"

四、机长有权管束危害航空安全的行为

我国《民用航空法》规定，对于下列危害航空安全的行为，机长有权采取必要的适当措施：

（1）破坏民用航空器。
（2）扰乱民用航空器内秩序。
（3）危害民用航空器所载人员或者财产安全。
（4）其他危及飞行安全的行为。

不仅我国《民用航空法》有上述规定，英国、日本等国法律均有类似的规定。如英国1982年《民用航空法》第94条规定，"如果飞行中的航空器的机长，无论航空器可能在哪里，有合理的根据相信，对于航空器上的任何人：该人在飞行中的航空器中已经或者打算实施任何行为危害或可能危害（a）航空器上的安全或航空器上的人员或财产的安全，或（b）航空器上的良好秩序或纪律，那么机长可以对该人采取必要的合理措施，包括限制其人身自由。"

国际公约方面，1963年《东京公约》第6条也规定了机长的必要措施

权:"机长有正当理由认为某人在航空器内已经或即将实施第一条第一款所指的犯罪或行为时,可以对此人采取必要的合理措施,包括看管措施,以便:(1)保护航空器或者所载人员或财产安全;(2)维持航空器内的正常秩序和纪律;(3)使他能够按照本章规定将此人移交主管当局或使此人下机。"2014年《蒙特利尔议定书》的规定与此相同。

五、机长有权采取的管束措施

对于危害航空安全的行为,机长有权采取的管束措施,各国法律和国际公约从以下两个方面做了规定:

第一,机长有权采取必要的适当措施。比如,我国《民用航空法》第46条的规定就是如此。1963年《东京公约》第6条规定机长可以采取必要的合理措施,1982年英国《民用航空法》有同样的规定。"必要的"是指,机长如果不采取某些措施,行为人有可能给航空安全带来或造成进一步的危害或威胁,那么采取措施就成为必要。"适当措施"是指,机长对行为人所采取的措施刚好足以制止行为人进一步实施破坏民用航空器、扰乱民用航空器内秩序、危害民用航空器所载人员、财产的安全以及其他危及飞行安全的行为。至于怎样才算必要的适当措施,需要机长根据当时航空器上发生的情况来判断。鉴于在航空器上发生的情况复杂多样,所以法律不可能对机长可采取的措施一一列明,采取概括授权是最好的解决方法。因此,机长采取必要的适当措施,是法律考虑到航空安全的重要性和紧迫性,以及具体情况的复杂性,赋予机长的权限,由机长决定采取相应的措施。因为只有机长最清楚相关当事人行为的危害性和严重性,也只有机长明白采取什么措施可以防范或制止危害航空安全的行为。

第二,机长可以使用武器。如苏联1983年《航空法典》第25条第3款规定:"对其行为对直接威胁到飞行安全和不服从机长命令的人,机长可以采取一切必要措施,直至使用武器。"

总之,对于机长可采取的措施,国内外法律及国际公约基本上采取授权方式,由机长决定可采取的措施,除一般的命令行为人下机、对其进行看管、限制其人身自由外,严重的情况下还可使用武器。

六、各国法律严惩影响机长履行职责的行为

机长肩负航空器及其所载人员、财产的安全重任，任何影响机长履行职责的行为，都可能影响到航空安全，因此，各国法律都严厉禁止对机长进行袭击、恐吓或威胁，并对此类行为规定了严厉的法律责任。如美国 1978 年《联邦航空法》第 902 条 J 款规定："任何人如在属合众国航空器特殊管辖权范围内的航空器上，对该航空器上的任何飞行机组成员或飞行服务员进行袭击、恐吓或威胁，以致干扰此组成员或服务员履行其职责，或影响此种成员或服务员履行其职责的能力，应处以不超过一万美元的罚金或不超过二十年的监禁，或二者兼处之。"

七、机长因履行职责引起的法律责任应予豁免

机长不是法律专家，其在紧急、不可能全面掌握情况的条件下做出决定，难免有失误，应该用法律给予其保护。这类情况，在各行业中都有定例，即"职责责任"的保护问题。对警察行使职权所引起的问题，有法律加以保护，对于机长也应如此。如果机长因履职行为动辄入刑，在面对影响航空安全的行为时，机长难免会畏首畏尾、踌躇不前，或者说是无所作为，这对航空安全是致命的。因此，法律必须鼓励机长大胆作为，只要是为了航空安全，哪怕其行为在事后看来比较"出格"，我们可以批评教育，可以予以行政处罚，但绝不能予以刑事处罚。如果对为了维护航空安全而敢作敢为的机长予以刑事处罚，让其承担刑事责任，这对整个民航安全的影响将是难以想象的。中国民航正处于大发展时期，旅客运输量持续上升，不论是旅客，还是机组成员，都应服从或听命于机长的指挥。我们必须树立机长权威，这是保证航空安全的基础和先决条件。

正是基于上述考虑，1963 年《东京公约》第 10 条明确规定："对于依据本公约所采取的行动，无论是航空器机长、任何其他机组成员、任何旅客、航空器所有人或经营人，还是为其利益进行此次飞行的人，在因被采取行动的人所受待遇而提出的任何诉讼中，都不能被宣布负有责任。"

八、结语

航空运输有其特殊性，机长所面对的是一个小小的、密闭的、在某种程度上处于隔离状态的特殊空间，而机长肩负这一密闭的特殊空间内的所有乘客的生命财产安全和航空器的安全，机长的责任重大。为此，从各国法律到国际公约，都授权机长对这一密闭空间进行管理。为了使机长能有效地履行其职责，法律规定机长在其权限范围内对航空器上的任何人下达命令，对此命令必须绝对执行。机长有权采取必要的适当措施，以确保航空安全。措施的必要性和适当性，是机长的一种主观判断，是基于当时航空器上的特殊情况，只要是以维护机上秩序、保证航空安全的行为，即使是该行为在事后看来有所"出格"，也不应该因此而对机长予以处罚。措施的必要与否以及适当与否，是机长基于其专业知识和长期的飞行经验做出的判断，对此判断应予以尊重。不应以事后的认知而对机长当时的行为大加指责，这是不明智的，更不能对机长予以刑事处罚。两弊相衡取其轻，两利相权取其重。唯有坚定地支持机长的做法，坚定地维护机长权威，中国的民航安全才有保障。

附：国内外相关法律及国际公约关于机长职权的规定

1. 我国《民用航空法》的规定

第 44 条：

民用航空器的操作由机长负责，机长应当严格履行职责，保护民用航空器及其所载人员和财产的安全。

机长在其职权范围内发布的命令，民用航空器所载人员都应当执行。

第 46 条第 1 款：

飞行中，对于任何破坏民用航空器、扰乱民用航空器内秩序、危害民用航空器所载人员或者财产安全以及其他危及飞行安全的行为，在保证安全的前提下，机长有权采取必要的适当措施。

2.其他国家的相关法律规定

(1)法国《民用航空法典》

第L.422-3条：机长有权管理登机的所有人员。机组或旅客中的任何人，或者装载的部分物品，凡可危害航空器上的安全、整洁或良好秩序时，机长有权令其离开或卸下航空器。

(2)美国1978年《联邦航空法》

第902条J款：任何人如在属合众国航空器特殊管辖权范围内的航空器上，对该航空器上的任何飞行机组成员或飞行服务员进行袭击、恐吓或威胁，以致干扰此种成员或服务员履行其职责，或影响此种成员或服务员履行其职责的能力，应处以不超过一万美元的罚金或不超过二十年的监禁，或二者兼处之。

(3)苏联1983年《航空法典》

第24条第1款：航空器机长负责领导机组的一切活动，保证机上的纪律和良好的秩序，保证遵守航空器的飞行规则，以及采取必要的措施，以保证机上人员的安全、航空器和财物的完整。

第25条第2款：在自己权限范围内对航空器上的任何人下达命令，对此命令必须绝对执行。

第25条第3款：对其行为对直接威胁到飞行安全和不服从机长命令的人，机长可以采取一切必要措施，直至使用武器。

(4)日本《航空法》

第73条：机长应对机上工作人员实施指挥和监督。

第73-3条：从该机起飞全部舱门关闭时起到着陆后因下机而打开其中任一个舱门时止，机长认为机上有人危害航空器安全、危及机上人员或财产、扰乱机内秩序或违反机内规章制度的行为，或者有足够理由怀疑其作出以上犯罪行为时，为确保航空器安全、保护机上人员或财产、维持机内秩序和纪律，必要时可对其采取限制和其他制止的措施，或者可令其下飞机。

第74条，当机长认为航空器或乘客发生危险时或者可能发生危险时，可命令机上乘客采取应急措施和为保证安全所必需的其他措施（不包括对机长采取前条/款所述措施的必要援助）。

（5）英国1982年《民用航空法》

第94条：如果飞行中的航空器的机长，无论航空器可能在哪里，有合理的根据相信，对于航空器上的任何人：该人在飞行中的航空器中已经或者打算实施任何行为危害或可能危害（a）航空器上的安全或航空器上的人员或财产的安全，或（b）航空器上的良好秩序或纪律，那么机长可以对该人采取必要的合理措施，包括限制其人身自由。

后记：2023年5月25日，西安市莲湖区人民检察院做出《不起诉决定书》[①]，结论如下："经本院审查并退回补充侦查，被不起诉人张某和杨某如何引发肢体冲突、冲突经过以及伤情如何造成等情节，在案证据无法排除合理性怀疑。本院认为陕西省公安厅机场公安局认定的犯罪事实不清、证据不足，不符合起诉条件。依照《中华人民共和国刑事诉讼法》第175条第4款和《人民检察院刑事诉讼规则》第376条第2款的规定，决定对被不起诉人张某不起诉。"

---

① 莲湖检刑不诉（2023）76号。

第六章
航班延误研究

第一节　航班延误的法律分析[*]

一、法律意义上的航班延误

什么是航班"延误"？怎样才构成法律意义上的延误呢？按一般人的理解，只要未能按机票上注明的时间起飞，就是"延误"，或我们通常所说的"晚点"或"误点"。其实，这是一种错解。航空运输不同于铁路运输或公路运输，由于其潜在的风险性，不能像要求其他运输方式那样按客票注明的时间起飞。综观世界民航运输的立法史，从1929年的《华沙公约》到1971年的《危地马拉议定书》及至1975年《蒙特利尔第四号议定书》，再到1999年新通过的《统一国际航空运输某些规则的公约》，人们不难发现，这些国际公约都没有对"延误"做出明确的界定。不是不想界定，而是实在难以界定。

关于延误问题的规定最早出现在1929年《统一国际航空运输某些规则的公约》（以下简称1929年《华沙公约》）的第19条。该条规定："承运人对旅客、行李或货物在航空运输中由于延误所造成的损失应当承担责任。"1929年《华沙公约》是关于国际航空运输的第一个国际公约，该公约是由法国倡议并由法文写成的。公约对延误做出规定的根据也是基于大陆法系的观点，即航空运输是在承运人与旅客或托运人之间的一种合同行为，承运人负有义务把旅客或货物尽快运送到目的地，否则即构成违约并要承担违约责任。1955

---

[*] 本节发表于2004年6月24日的《南方周末》，本书收录时略作修改。

年的《海牙议定书》也有类似规定。但是，《华沙公约》第 19 条的规定过于简单和笼统。首先，它没有规定构成延误的要素，即在什么情况下构成延误；其次，对承运人应承担什么样的责任也未作明确规定。

1999 年 5 月在蒙特利尔通过的《统一国际航空运输某些规则的公约》（以下简称 1999 年《蒙特利尔公约》）也没有作出明确的界定。

实际上，早在 1996 年，为了实现华沙体制的现代化和一体化，国际民用航空组织法律委员会的执行主席就指定毛里求斯的庞罗沙密作为报告人，就"华沙体制的现代化和一体化"进行研究。1997 年 4 月 28 日，在加拿大蒙特利尔举行的国际民航组织第 30 次会议上，会议对报告人庞罗沙密提出的延误定义进行了讨论。在此基础上，起草小组有关延误的定义（但仍留待外交会议最后决定）成为公约草案的第 18 条第 2 款。起草小组提出的定义是："在本公约中，延误是指综合所有有关情况，在可向一个勤勉的承运人合理期望的时间内，未将旅客运送到其直接目的地点或者最终目的地点，或者未将行李或者货物在其直接目的地点或者最终目的地点交付。"

在当时的会议上，就是否对延误进行定义，意见并不一致。以美国等为代表的发达国家主张不对延误进行定义，理由是这些国家已经通过判例对延误做出了界定；而另一些国家则持相反意见，主张对延误进行定义，从而有利于界定延误的范围。虽然上述延误的定义写进本次会议通过的公约草案中，但最终在外交会议上被删除了，只保留了原草案第 18 条第 1 款的规定，也就是正式文本的第 19 条。

参照国际航空运输协会起草的、被各国航空公司普遍采纳的《旅客行李运输的一般条件》等文本，承运人承担的只是"尽最大努力合理地迅速运送旅客及行李"的义务，班期时刻表上或其他地方所显示的时间是不能被保证的，它们不构成航空运输合同的一部分，承运人未遵守注明的时间不构成违约。可以说，在大多数情况下，就航空旅客运输而言，承运人和旅客没有约定非常明确的时间，班期时刻表仅作为预期的运输时间。

我国《民用航空法》及其相关规则也没有明确的规定或解释。《民用航空法》第 126 条规定："旅客行李或者货物在航空运输中因延误造成的损失，承运人应当承担责任；但是，承运人证明本人或者其受雇人、代理人为了避免损失的发生，已经采取一切必要措施或者不可能采取此种措施的，不承担责任。"应该说，与上述《华沙公约》或 1999 年《蒙特利尔公约》的规定并无二致。

一般来说，《华沙公约》第 19 条意义上的延误，不是指航班的具体始发或抵达目的地时间上的"误点"，而是指旅客或托运人选择空运这种快速运输方式所合理期望的期限。要想对延误引起的损失提出索赔，通常要证明它是一种不合理的延误。尽管普通法系与大陆法系对这种"不合理的延误"的理论根据与说法不同，但就其表现的标准而言，基本相同。

对普通法系各国来说，《华沙公约》并没有强制承运人订立在何时或到何时为止进行运输的合同。其当然可以订立这种合同，果如此，当未按约定时间完成运输时，就等于延误。如果其订立的合同中没有这一条，怎样才构成延误呢？一般认为，应从普通法规则中找答案：在无明文条款时，承运人只有在合理的时间内完成运输的义务，而这要考虑事情的全部情况后确定；陆海运输中都可找到这条规则。因此，延误指未能在合理的时间内完成运输。

法国法院在早期判例中虽未明确使用"合理延误"的说法，但只要未发现承运人有重大过失，稍有延迟，均不以《华沙公约》第 19 条意义上的延误论处。

英美和法国法院在审视具体案件情况后，却都裁决过一些不合理延误的著名案件。例如，1958 年法国"罗伯特-霍丁诉巴西航空公司"案。原告是一个杂技演员，原计划乘坐该航班到达葡萄牙出席葡萄牙总统就职庆典，结果该航班被承运人取消，耽误了演出时机。法院认为，被告举不出任何他无法控制的原因（气象条件不好、机器故障等）的证据，判处赔偿原告损失。在 1977 年还有一个类似货运案件，由于音响设备与乐器未能如期运抵，影响了原告的巡回演出（"联合运输体诉汉莎航空公司"案）。在普通法系的圭亚那法院判处的"巴特诉大不列颠西印度航空公司"案中，原告行李包中有一张他购买的伦敦足球赛的彩券，如中彩可获两万英镑，结果原告飞抵伦敦，而行李却被被告航空公司遗留在圭亚那机场未起运。等行李运到时，时机已过，无法中彩，原告提出索赔。被告辩护说，它没有在某天送达行李的法律义务。圭亚那法院在判决中反驳说："但这并不表明，也不能表明允许承运人随便在哪天送到。考虑具体事情的全部情况，承运人必须在合理时间内完成，这是一个必然有的暗示。"

二、航班延误后旅客享有的权利和航空公司应尽的义务

从法律层面上说，航空公司与旅客之间是运输合同关系。根据我国《民用航空法》，航空公司运送旅客，应当出具客票。旅客乘坐飞机，应当交验有效客票。客票是航空旅客运输合同订立和运输合同条件的初步证据。旅客未能出示客票、客票不符合规定或者客票遗失，不影响运输合同的存在或者有效。我国《合同法》规定，运输合同是承运人将旅客或者货物从起运地点运输到约定地点，旅客、托运人或者收货人支付票款或者运输费用的合同。这是针对整个的运输行为而言，也就是说，这里的运输合同不仅指航空旅客运输合同，还指水路运输合同、公路运输合同、铁路运输合同等。

在发生延误的情况下，旅客有知情权、选择权、索赔权。这三项基本权利对旅客而言非常重要。航空公司应当及时、准确地把延误的理由、能正常起飞的时间告诉旅客。在航班延误时间较长情况下，旅客可以选择退票或选乘其他航班。

根据现行法律，在发生延误后，航空公司的义务主要有以下三个方面：

一是告知义务。航空公司应当向旅客及时告知有关不能正常运输的重要事由和安全运输应当注意的事项。航班延误或取消时，承运人应迅速及时将航班延误或取消等信息通知旅客，作好解释工作。

二是补救义务。航空公司应当按照客票载明的时间和班次运输旅客。承运人迟延运输的，应当根据旅客的要求安排改乘其他班次或者退票。

三是对旅客的损害赔偿义务。对旅客因延误造成的损失予以赔偿。

三、航班延误的法律责任

在发生延误，导致旅客与航空公司发生纠纷的情况下，解决纠纷的依据首先是我国《民用航空法》及其相关的法规和规章，如果是国际航空运输，应适用国际条约的规定；其次是我国《合同法》的规定；最后是我国《消费者权益保护法》的规定。

一旦发生延误，航空公司是否必须承担责任，这要根据造成延误的原因而定，不能一概而论。我们初步可以将航班延误分为航空公司自身的原因所致和非航空公司的原因所致两方面。

（一）航空公司自身的原因造成的延误

应该说，由于航空公司自己的原因导致的航班延误，毫无疑问，航空公司应承担责任。哪些行为（情况）可以归属于航空公司自己的原因，通常判断的标准就是，这些行为航空公司自己完全可以控制。根据现行法律，将机务维护、航班调配、商务、机组等原因引起的航班延误，认定为由航空公司自己所造成的。对此，航空公司应承担责任。现行的法律依据是1996年3月1日起施行的《中国民用航空旅客、行李国内运输规则》（以下简称《运输规则》）和《民用航空法》。《运输规则》规定在由于上述原因造成延误的情况下，航空公司应当向旅客提供餐食或住宿等服务；《民用航空法》规定，旅客、行李或者货物在航空运输中因延误造成的损失，航空公司应当承担责任。

在责任的承担上，首先需要明确的一点是，航空公司承担的是违约责任。具体如何承担责任，我国《民用航空法》仅作了原则规定，这样只能根据《合同法》，参照《运输规则》的规定。《合同法》规定的承担方式，有以下几种：（1）继续履行。在发生延误后，如旅客愿意，航空公司应当继续履行运输义务。（2）采取补救措施。航班延误或取消时，航空公司应根据旅客的要求，安排后续航班或给旅客退票。（3）赔偿损失。如旅客证明自己确实因航班延误遭受了财产损失，则航空公司应予赔偿。这里有两点需要明确，一是承担责任的前提条件是造成了损失，承运人只在因延误造成损失时才承担责任，如果延误没有造成任何损失，承运人就不承担责任。这就要求旅客负责举证因延误给其所造成的损失，如果旅客不能证明这一点，就不能要求承运人承担责任。并且，因延误造成的损失必须是实际的经济损失，不包括因延误给旅客造成的精神损失。二是这种赔偿是一种限额赔偿，即不管造成多大的损失，一般情况下航空公司只在法律规定的最高限额范围内承担赔偿责任。

根据《民用航空法》第128条的规定，国内航空运输承运人在各种情况下的赔偿责任限额由中国民航局制定，报国务院批准后公布执行。实践中执行的只有1993年11月29日国务院修订后发布的《国内航空运输旅客身体损害赔偿暂行规定》，其中也只规定了旅客在航空器内或上下航空器过程中死亡或受伤的赔偿限额。《中国民用航空旅客、行李国内运输规则》从服务的角度规定了航班延误等不正常情况下的承运人的义务，其中又区分了非承运人原因和承运人原因两种情况，后一种原因下服务的范围也只限于"提供餐食和住宿等服务"。可以说，在这方面，我国现行的法律需要完善。1999年《蒙特利尔公约》对延误造成的损失的赔偿规定了最高数额：4150特别提款权，这是赔偿的上限。

另外，在实践中，还存在一种错误的看法，即有的旅客认为因航班延误导致其错过了重大商机等获得经济利益的机会而要求航空公司赔偿损失。对此，我国《合同法》作了明确规定，即"当事人一方不履行合同义务或者履行合同义务不符合约定，给对方造成损失的，损失赔偿额应当相当于因违约所造成的损失，包括合同履行后可以获得的利益，但不得超过违反合同一方订立合同时预见到或者应当预见到的因违反合同可能造成的损失。"《合同法》以"可预见性"标准限制了赔偿范围的任意扩大。"可预见性"应以一般社会常识为预见标准，航空公司自然无法预见众多旅客贻误了怎样的商机。因此，因飞机延误贻误了商机而造成的损失一般不予赔偿。

（二）非航空公司的原因造成的延误

非航空公司的原因造成的延误，航空公司不承担责任。这些原因包括天气、突发事件、空中交通管制、安全检查等，是航空公司无法控制的。因此，《运输规则》规定，在由于上述原因造成延误时，航空公司应协助旅客安排餐食和住宿，费用可由旅客自理。《民用航空法》规定，航空公司如能证明航空公司自己或它的代理人为了避免损失的发生，已经采取一切必要措施或者不可能采取此种措施的，不承担责任。但是，航空公司违约责任的免除，并不当然免除法律规定的航空公司应尽的义务。即便是在这种情况下，航空公司仍然负有告知义务和补救义务。

四、国外有关延误的规定

对于延误，笔者目前还没有看到哪个国家在法律上做出明确的界定。如上所述，是否构成延误，是在个案中由法官综合各种因素来认定。更多的是航空承运人（即航空公司）协会的自愿承诺，以及航空公司的特别承诺。

国外航空公司在其运输总条件中，对于航班延误的规定，一般只是在航班延误后提供食宿、交通和通信等服务。

航空公司在机票超售（即航空公司销售的机票数超过了该次航班的实际座位数）的情况下，拒绝已确认座位的旅客登机，也经常导致旅客延误。对此，美国和欧盟在其相关的法律中规定了航空公司的责任。

如美国《联邦条例法典》规定，每一承运人应在其机场的值机柜台张贴"航班超售通知"，并且要将该"通知"印在机票上，或者附随于机票的单另的纸上。要求承运人请求不急于出行的旅客自愿放弃其座位以换取赔偿金。所有被拒载的旅客有权利获得赔偿，但有例外：比如旅客未能遵守值机规则。要求承运人给被拒载的旅客一个书面声明，对拒载赔偿规定的相关术语、条件和限制做一解释，并且说明承运人的优先登机规则和标准。

如果被拒载的旅客在航空公司的重新安排下，能乘坐上预计到达时间比原航班预计到达时间推迟一个小时之内到达其目的地或其原航程的下一个经停点的替代航班或其他交通方式的，航空公司就可以不必赔偿；如果替代交通安排预计到达时间比原航班晚一到两个小时之间，则航空公司须赔偿被拒绝登机的旅客相当于单程机票票价的金额，最高不超过 200 美元；如果替代交通安排预计到达时间晚于两个小时（国际航班为晚于四个小时），或者航空公司无法安排替代交通的，赔偿翻番为票价的 200%，最高不超过 400 美元。如果旅客自行安排交通，则他可以按照非自愿退票的规定退回机票款。

欧盟在其 1991 年通过的一个有关超售的规定中，要求在超售的情况下，除了对由于后续的延误引起的损失的赔偿外，乘客有权利得到由航空承运人（航空公司）支付的一定数额的金钱。3 500 千米及 3 500 千米以下航程的飞行是 150 欧元，更长一点的航程是 300 欧元。

但是，如果旅客被提供了替代运输，与最初预定的到达时间比较，在延误不超过两小时的情况下，或者在超过 3 500 千米航程的飞行延误不超过 4 小时的情况下，上述金额将减半支付。

欧盟于 2004 年 2 月 26 日通过了修改上述规定的新规定（2005 年 2 月 17 日起正式生效），该规则适用于所有从欧盟境内的机场出发或飞往欧盟境内的机场的航班拒载旅客的情形，包括包机；赔偿标准为：航程在 1 500 千米以内的短途飞行为 250 欧元；欧盟境内的 1 500 千米以上的中长途飞行或航程在 1 500 千米至 3 500 千米之间的其他所有航行为 400 欧元；3 500 千米及其以上为 600 欧元。这个赔偿额不仅适用于航班超售拒载的情形，而且适用于航班取消和长时间的延误。由此可以看出，欧盟逐渐强化了对旅客权利的保护。

第二节　我国航班延误的现状、原因及治理路径[*]

改革开放几十年来，我国民航运输总周转量、旅客运输量和货邮运输量分别以17.5%、15.9%和14.9%的平均速度增长[①]，远高于其他运输方式和我国GDP的平均增长水平。从2005年起，我国航空运输总周转量在国际民航组织各缔约国的排名已居第二位，成为名副其实的航空运输大国。但与此同时，延误航班的数量也在快速增加，而且与发达国家相比，我国民航业航班延误的频次高、时间久、纠纷多、矛盾激烈。[②] 因此，如何治理航班延误，提高航班正常率，化解因航班延误导致的旅客与航空公司之间的矛盾，已不仅是民航政府主管部门、航空运输企业、机场等迫切需要考虑和解决的问题，也是全社会需要认真对待的问题。

一、我国航班延误的现状及主要原因

从航班正常率角度看，我国航班延误呈现出以下四个特点：第一，航班正常率呈下降趋势。随着航空运输量的增长，我国的航班正常率却呈下降趋势，如表6-1所示。2008年航班正常率为82.14%，同比下降0.65个百分点；

---

[*] 本节发表于《北京航空航天大学学报》（社会科学版）2013年第6期。本书收录时略作修改。
[①] 李家祥：《世界民用航空与中国民用航空的发展》，载中国民航局网，http : //www.caac.gov.cn/A1/200906/t20090619_26056.html，2009年6月19日，最后访问时间：2012年8月12日。
[②] 我国因航班延误引起的矛盾非常突出，已成为一个社会问题。尽管我国航班延误率与欧美国家相比差距不大，但与欧美国家相比，我国航班延误纠纷多，矛盾激烈。相当数量的延误由于各种原因被激化，发展为争吵、斗殴，甚至出现毁坏机场公共设施、"罢乘"、"霸机"等极端性、群体性事件。例如，2012年，因航班延误就导致了一些纠纷。2012年1月28日，海口美兰机场有近千名旅客侵占停机坪；2012年4月11日，上海浦东机场部分旅客冲闯上海浦东机场登机口并冲进停机坪；2012年4月13日，广州白云机场海南航空公司一航班部分旅客滞留飞行控制区并走向滑行道；2012年8月6日，刚刚投入使用的昆明长水国际机场发生30多名航班延误旅客冲上跑道事件。这些事件不仅对航空运输正常生产秩序和安全运营造成威胁，而且影响了民航业的形象，影响了社会的和谐，成为迫切需要解决的社会问题。

2009年主要航空公司[①]航班正常率为81.9%，同比下降0.24个百分点；2010年主要航空公司航班正常率为75.77%，同比下降6.13个百分点；2011年主要航空公司航班正常率为77.90%，同比上升2.13个百分点。总体而言，航班正常率持续下降，从2007年的82.80%下降到2011年的77.90%，只不过2011年同2010年相比，略有回升。第二，中小航空公司的航班正常率更低。与主要航空公司的航班正常率比较，中小航空公司的航班正常率更低，2009—2011年三年基本上维持在70%左右，与主要航空公司相比，其航班正常率相差5~7个百分点。第三，航班延误时间越来越长。以2010年为例，延误时间在1~3小时的航班占比高达29.9%，几近1/3。还有延误时间超过4小时的，有18 422班，占4.03%。[②]

表6-1 2007—2011年民航航班正常统计

年份	计划班次 主要航空公司	计划班次 中小航空公司	正常班次 主要航空公司	正常班次 中小航空公司	不正常班次 主要航空公司	不正常班次 中小航空公司	航班正常率/% 主要航空公司	航班正常率/% 中小航空公司
2007年	1 394 985		1 155 004		239 981		82.80	
2008年	1 668 816		1 370 794		298 022		82.14	
2009年	1 751 710	195 462	1 434 602	143 547	317 108	51 915	81.90	73.44
2010年	1 888 115	259 891	1 430 644	179 233	457 471	80 658	75.77	68.96
2011年	2 017 668	335 094	1 571 725	243 523	445 943	91 571	77.90	72.67

资料来源：(1)本表2007年、2008年、2009年、2010年四年的数据均来自中国民航出版社出版的《从统计看民航》(2008、2009、2010、2011)；(2)《从统计看民航》(2008)将2007年的航班划分为国内和国际航班，分别统计正常率，本表只显示国内航班的正常情况；(3)在《从统计看民航》(2009)中，2008年的民航航班正常统计表不再区分国内和国际。(4)在《从统计看民航》(2010)中，对于2009年的航班正常情况，分主要航空公司和中小航空公司分别统计航班正常率，《从统计看民航》(2011)也是如此。(5)2011年数据来自中国民航局《关于2011年航班正常情况的通报》(民航明传电报，局发明电〔2012〕271号)。

---

① 根据中国民航局《关于2011年航班正常情况的通报》(民航明传电报，局发明电〔2012〕271号)，主要航空公司有9家：中国国际航空、中国东方航空、中国南方航空、海南航空、厦门航空、山东航空、上海航空、深圳航空、四川航空。中小航空公司有15家：幸福航空、首都航空、西部航空、昆明航空、吉祥航空、天津航空、重庆航空、大新华航空、奥凯航空、联合航空、河北航空、春秋航空、祥鹏航空、华夏航空和成都航空。
② 参见中国航空运输协会的《中国航空运输业发展蓝皮书》，2011年版。

根据中国民航的统计，航空公司航班延误的主要原因如表 6-2 所示。导致航班延误的比例大小，主要有航空公司原因、空管原因、天气原因和军事活动[①]，这四项的总和占到航班延误总数的 90% 以上。从表 6-2 可以看出，虽然航空公司自身造成的航班延误占绝大多数，但从 2008 年以来，这一比例在逐年下降；天气原因造成的航班延误基本上保持在 20% 左右；但空管和军事活动造成的航班延误却呈逐年上升趋势。

表 6-2　航空公司航班延误的主要原因及其造成的不正常航班比例统计　　单位：%

原因	2008 年	2009 年	2010 年	2011 年
公司	47.00	42.72	41.14	37.06
天气	21.99	23.00	19.45	20.02
空管	21.11	22.79	27.56	27.53
军事活动	3.02	7.73	8.92	11.90
合计	93.12	96.24	97.07	96.51

资料来源：本表数据来自中国民航出版社出版的《从统计看民航》（2009、2010、2011）和中国民航局《关于 2011 年航班正常情况的通报》（民航明传电报，局发明电〔2012〕271 号）。

二、治理航班延误需要解决的主要矛盾

如上所述，航班延误的原因已经清楚，在航班延误的治理上如果从原因入手，似乎就能找出解决办法，问题似乎迎刃而解，但实则不然。在上述四大原因中，除天气外，其他三方面原因只是航班延误的表层原因，并不是航班延误的深层次的原因或实质性矛盾。表面上看，航空公司是航班延误的"罪魁祸首"，因为统计数据表明，其自身原因导致的航班延误占总量的将近 40%，但由于航空运输的系统性，航班能否正常准点起飞，很大程度上取决于民航其他相关单位的配合与协作，如机场和空中交通管理部门。而且，目前

---

① 根据《关于印发民航航班正常统计办法的通知》（民航发〔2007〕149 号），延误航班的原因分为十大类，分别是：天气、（航空）公司、空管、机场、联检、油料、离港系统、旅客、军事活动、公共安全。每一类下又具体列举了次一级的原因。如空管原因包括流量控制、航行保障设备设施故障、未及时提供气象服务、航行情报服务不及时或有误。军事活动包括军事演习、专机禁航、重大科研项目限制或禁止航班飞行。目前空中交通管理部门统计航班延误均是按照上述原因分类统计。

的航班延误的统计也存在一定问题，致使一些并不是航空公司导致的航班延误也记在航空公司的头上[①]。如空中交通管理部门实施的流量控制也会导致了航班延误。空中交通管制和相关军事活动，实质上涉及空域的管理和使用问题。因此，在航班延误的治理上，必须抓住导致航班延误的真正矛盾以及需要解决的主要问题，才能有的放矢，对症下药，从而达到期望的效果。笔者认为，治理航班延误，首要的是解决以下四大矛盾。

（一）快速增长的航空运输需求与空域资源有限使用之间的矛盾

我国的空域，在管理上以空军为主体，在协调上以军航为主导，在程序上施行民航申请、军方审批。也就是说，民航对空域的使用是受限制的，民航航班只可以在特定的空域范围内飞行，并不是"天高任鸟飞"。民航可使用的空域仅占我国全部空域的20%左右，大量空域被划为军航空域以及禁区。

随着国家经济社会的发展和改革开放的深入，我国航空运输需求日益高涨。从往年运输量来看，航空运输已成为公众的主要出行方式之一。"十一五"期间民航旅客运输量超过10亿人，2011年中国人均年乘机次数达到0.2次，比2002年的0.07次增长近3倍，比1978年提高了100倍。在全球航空运输业和我国国内综合交通运输体系中继续保持最快增长速度。据预测，到2030年，我国乘坐飞机的旅客量将达到15亿人次。[②]

从经济发展角度看，"航空经济"在全国以及区域经济发展中的重要性日益凸显。各省（自治区、直辖市）政府把发展航空运输业作为调整产业结构，转变经济增长发展方式，建立现代服务业的重要平台和抓手，积极发展该地区的"航空经济"。据统计，仅2011年，就有24批、涉及17个省（自治区、直辖市）的40位省级领导，到访民航局商谈当地民航发展事宜。[③]据笔者不完全统计，从2005—2012年，地方各省（自治区、直辖市）与民航局签署了35份加快当地民航发展的会谈纪要或合作协议，几乎每个省（自治区、直

---

① 目前，航班正常统计有几种口径，空管局、航空公司、机场都有自己的统计，航班正常率、延误原因等对外发布是空管局的统计数据。三个统计主体的统计数据不尽相同。民航局提出，修订航班正常统计办法，"要从统计指标体系、统计口径、统计方法、数据来源等各方面来完善航班正常统计办法"。见《民航局情况通报》（第5期），2011年3月14日印发。
② 韩磊：《全国人均年乘机次数5年增加1倍》，《中国民航报》2012年10月30日，第1版。
③ 韩磊：《民航对经济发展促进作用日益凸显》，《中国民航报》2012年10月24日，第1版。

辖市）都与民航局签署了会谈纪要，一些地方（新疆、西藏、内蒙古、河南）还多次与民航局签署发展当地民航业的文件，足见地方政府对发展当地民航业的重视和强烈的内在需求。2013 年 3 月 7 日，国务院批复了《郑州航空港经济综合实验区发展规划》[①]，再次说明了"航空经济"的重要性。2011 年，二十多个省的领导多次向民航局提出增开航线、安排航班时刻的请求，但由于空域管理现状，无法满足各省市的要求。

从国际航空运输的发展看，随着航权的不断开放，越来越多的外国航空公司进入中国市场。截至 2011 年 1 月，我国已与 113 个国家签署了双边航空运输协定。[②]一旦签订双边航空协定，就有更多的外国航空公司和更多的外国航班进入中国。但由于目前空域资源有限，机场时刻非常紧张，外国航空公司的很多航班无法安排，有的航线执行率只有 50%，影响了我国对承担的国际义务的履行。

可以看出，一方面是航班量的持续增长，现有空域航班密度不断增加，另一方面是民航可使用的空域资源严重不足。正因为如此，空中交通管制部门不得不对空中交通流量实施管制，"车多路窄"是流量管制的主要原因。表面上流量控制是导致航班延误的主要原因，实质上却是空域资源的严重不足所致。目前，我国三大机场（北京、上海、广州）的空域资源十分紧张，近 20 个机场的空域接近饱和。东部部分枢纽机场的飞行流量已经超过保障能力，繁忙扇区和航路的容量已经严重饱和，西部地区飞行量也增长迅速。从国际比较来看，美国现在每天在空中飞行的航班量达到 6.5 万架次，欧洲各国的国土面积总和我国接近，每天有 5.2 万架次，但我国每天的航班量只有 1.2 万架次。[③]

综上所述，运输量的快速增长和可使用空域资源严重不足的矛盾是影响

[①] 《郑州航空港经济综合实验区发展规划》（国函〔2013〕45 号）。其战略定位是：建成国际航空物流中心、以航空经济为引领的现代产业基地、内陆地区对外开放重要门户、现代航空都市、中原经济区核心增长极。

[②] 参见中国民用航空局：《2010 年度中国民用航空政策报告》（民航年度政策白皮书），2011 年 4 月 18 日。

[③] 王丽、齐健：《我国将竭力缓解空域资源"瓶颈"减少航班延误》，载新华网，http：//news.xinhuanet.com/society/2011-04/08/c_121281278.htm，2011 年 4 月 8 日，最后访问时间：2012 年 8 月 12 日。

民航航班正常的主要矛盾，这一矛盾已成为制约民航全面协调可持续发展的瓶颈。改革空域管理体制，释放更多的空域是解决航班延误问题的当务之急。

（二）航空运输的系统性要求与民航各单位缺乏协调配合之间的矛盾

航班运输是一项系统工程。航班正常既涉及空域、天气等外部因素，又涉及行业内的运输、空管、机场、航油、航信等多个业务系统，与之相对应的就是航空公司、空管、机场、航油、航信等各个运行主体。航空业务链上任何一个环节出现问题都会造成航班延误。

2004年民航体制改革后，各单位隶属关系发生了变化，航空公司联合重组，机场属地化管理。除北京首都国际机场和西藏自治区内机场外，由原民航总局直接管理的全国其他机场及其资产和人员，全部移交地方政府管理，民航公安也随着机场一并移交地方。这次体制改革后，民航一分为四：航空公司归国资委系统管理，机场归地方政府管理，空中交通管制部门归民航局管理，原民航公安由地方公安管理。民航是具有高度链条联动性的产业，环环相扣。改革后，一家分四家，分属于不同的政府部门管理，需要相互协调。民航局除了行业管理外，对航空公司、机场没有其他任何约束手段，因此，协调配合难成为航空运输的一大难题，并成为航班延误的一大主因。虽然《民用机场管理条例》已明确了机场管理机构的协调职责，但由于机场管理机构的企业身份等因素，很难协调驻场的各个运行主体。此外，航空公司、机场和空管部门有着不同的目标追求。航空公司和机场是在确保安全的前提下追求企业效益最大化，空管部门的首要目标则是保证安全。因此，在缺乏协调机制和目标追求不同的情况下，航班运行效率大打折扣，航班延误在所难免。要减少或避免航班延误的发生，建立有效的协调机制势在必行。

（三）旅客对航班信息的即时性需求与民航航班信息反馈滞后的矛盾

长期以来，社会公众及媒体对民航的信息服务极为不满，特别是延误航班的信息服务已成为关注焦点。根据民航资源网2010年面向旅客的"航班延误后您最期望得到哪些服务"的调查发现，航班延误后，旅客最期望得到的服务中，位居第一的是航班确切的预计起飞时间，占50.7%；其次是延误情况的及时通报，占42.5%。可以看出，"航班确切的预计起飞时间"和"延误情况的及时通报"是旅客最需要的信息，而这两项恰恰是民航最无法满足旅客的。

航班延误的最大特点就是不确定性，信息可能随时发生变更。而航班信息真正的发布源则在于空管部门。管制员会根据航空管制、天气等各种因素，控制和指挥飞机的飞行，航空公司只能根据空管部门传来的消息再向旅客进行发布。所以很多时间，航空公司都拿不准到底什么时候会通知起飞。而由于与空管的信息沟通还存在些技术层面的问题，所以航空公司发布的信息通常会滞后或不确定。

造成这一矛盾的原因有二：一是民航内部各有关单位的信息传递没有统一的平台。航空公司、机场和空管运行管理部门的信息共享、及时传递尚未实现。二是民航与旅客的信息传递不畅。由于民航内部信息的不全面、不及时、不准确、不畅通，面对旅客的运输服务一线人员，难以及时和准确地将信息告知旅客，尤其是发生大面积航班延误时，信息更加难以及时传达，导致旅客的不满。究其根本，民航方面缺少一套整合民航内部各系统资源、提供统一沟通与协作平台、为公众提供准确一致信息的一体化运行与服务系统。所以，建立统一、权威、准确的信息系统尤为紧迫和必要。

（四）民航服务品质与社会公众的要求不相适应的矛盾

与铁路、公路等运输方式的服务相比，社会公众对民航服务有着更高的期望和要求，认为民航应有更高的服务标准和更好的服务质量。在保证安全的前提下，航班正常是社会公众对民航运输企业的最基本要求。在航班延误的情况下，社会公众期望民航能提供优质的服务。虽然航空运输和保障企业这些年确实在大力提升服务品质，但收效甚微，远远达不到旅客内心的期望值。这也就是为什么一有延误发生，就很容易导致旅客砸机场、占跑道、冲安检、追打航空公司和机场地服人员。旅客的上述行为，又会进一步加剧航班的延误，甚至威胁到航空安全。实际上，社会公众并不是对航班延误本身不满，而是对航班延误后民航所提供的服务不满。民航系统的服务质量与社会公众的期望和要求有相当的差距。因此，着力提升民航的服务品质有助于化解乘客和航空公司的矛盾，有助于建立民航系统互信机制以及和谐的航空运输秩序。

综上，我国航班延误治理需要解决的主要矛盾有上述四个方面，可以概括为八个字：空域、协作、信息、服务。

三、我国航班延误的治理路径

航空运输是一个系统工程，某一环节、某一链条出现问题都会影响航班的正常运营。因此，在航班延误的治理上，更需要顶层的制度设计，从全局出发，制定制度，建立机制，这些制度应该可以打通航空运输各个相关单位，使得各个单位高度自觉地保障航班正常，以制度促行动，以机制保正点。

（一）空域资源的使用：加强沟通合作与推进改革并行

毋庸置疑，空域限制是造成航班延误的重要因素之一，也是制约民航高速发展的最大的瓶颈问题之一。为此，民航业内多次提出改革空域管理体制，释放更多的空域给民航使用。《中华人民共和国国民经济和社会发展第十二个五年规划纲要》明确提出"改革空域管理体制，提高空域资源配置使用效率"。但是，空域管理体制的改革，非民航政府主管部门、航空运输企业、机场等所能单方推动和完成。在目前情况下，务实高效的做法是，继续加强与军方的沟通合作，巩固前期可行的改善空域的措施，并进一步予以推进。与此同时，推进空域管理体制的改革，以法定形式明确空域资源的性质、管理与使用。

1. 加强与军方的沟通合作，继续推进空域的高效灵活使用

最近两年，民航通过与军方的沟通协调，初步建立起了两种机制：空域资源灵活使用机制和临时航线使用"主动释放"机制。

为解决华北地区空域紧张、增加飞行流量、减少航班延误的问题，华北空管局于2011年12月15日起正式实施了华北空域调整方案。该次调整涉及北京、天津、山西、内蒙古、河北5个省（自治区、直辖市），辐射东北、西北、华东、中南等相邻地区。优化调整新增了9条国际航线，调整和增加了11条国内航线，实现了华北地区主要机场的进场和离场航线分离。特别需要指出的是，在航班正常率不降低的情况下，整个华北地区空域容量能够提高8%。就首都机场而言，调整前，首都机场飞机起降量为83架次/小时，调整后将达到88架次/小时，这意味着首都机场范围内每周将增加600多个起

降架次。更为重要的是，该次调整促成了空域资源灵活使用的机制，军民航空域共享开始从概念阶段进入实际阶段。① 2012 年 8 月 1 日，经过军民航有关单位反复研究出台的临时航线使用"主动释放"机制正式试行。我国空域临时航线将从以往民航协调申请使用为主，转变为由军航"主动释放"提供使用为主。民航空管和航空公司将于前一天获知次日临时航线的可用信息，并且实时掌握当天临时航线可用变更情况，灵活实施管制指挥和安排航班运行。②

上述两大机制的建立，对民航空域的扩容和航班延误的减少起到了积极作用，效果明显。因此，进一步加强与军方的沟通合作，继续推进空域的高效灵活使用，不失为破解空域限制问题的有效手段。

2. 以国家立法明确空域的管理与使用

空域作为国家的重要资源，应该确保其安全、有序、高效地使用。建议在国家层面统筹空域资源的有效使用，建立军方和民航协调统一的空域管理体制，通过国家立法确定和平时期和战时两种情况下的不同管理方法，建立适应航空运输、通用航空和军事航空和谐发展的空域制度。为此，应通过全国人大常委会制定国家层面的空域法律，进行顶层设计，以满足日益增长的航空运输需求。

（二）运输单位的协调配合：应大力推行航班运行协同决策系统

航班延误的治理，除了要与军方协调解决空域问题外，民航内部的团结协作也十分关键。前已述及，民航各运行主体目前最缺乏的是团结协作。为了解决这一问题，民航局提出建立航班生产的常设协调机构。但从实践运行来看，有的地方建立了这样的机构，有的却没有建。从保障航班正常、减少航班延误以及航班延误后的处置来看，这一机构的作用似乎也不明显。从国外经验看，建立推广航班运行协同决策系统（Collaborative Decision Making，CDM）是解决这一问题的有效方法。CDM 是一种基于信息交换及政府与企业之间联合协作的理念，用于创造更为安全和更为有效的系统环境。它通过所

---

① 赵继岚：《空域调整让飞行更安全顺畅》，《中国民航报》2012 年 1 月 4 日，第 2 版。
② 钱春弦：《军航将主动释放临时航线可用信息供民航使用》，载新华网，http://news.xinhuanet.com/air/2012-08/01/c_123505152.htm，2012 年 7 月 31 日，最后访问时间：2012 年 8 月 6 日。

有参与方之间的信息交换，在整个系统和所有运作限制间达成一个公共的态势认知，并在此基础上使各参与方协调地做出更为安全有效的决策，同时也在最大程度上满足了各参与方的需求，使得航空公司和机场运营者参与流量管理的机会增多，使得所有参与者更加积极主动，使得整个航空运营达到一种最优化效果。

1. 协同决策系统在空管的应用

CDM 最初的构想源于 1993 年美国联邦航空局（FAA）与航空公司之间开展的数据交换试验。这些试验表明，当航空公司及时提供运行信息时，FAA 能够更好地改进空中交通流量管理决策。CDM 是通过信息交换、程序改进、工具发展及势态共享等措施来改善空中交通管理，其基本原理是：（1）创建一个流量管理部门和用户共享问题的公共视图；（2）为用户提供通过他们自身行为来减轻问题的机会和机制；（3）在流量管理部门初始的流量管理策略中，提供给用户满足自己优先级的选择弹性；（4）允许用户参与到空中交通流量管理方针和策略的制定中来。从 2000 年开始，CDM 的概念被实际应用到空中交通流量管理（Air Traffic Flow Management，ATFM）的各个领域，应用范围包括地面流量管理方案、航线管理方案以及机场场面管理等，随后建立了全国范围的空中交通流量管理系统。

2. 航班运行协同决策系统在我国的实践——以华北地区流量管理及多机场放行协调决策系统为例

为了提高北京首都机场及华北地区航班正常率，华北空管局与国家有关科研部门共同研制开发了"华北地区流量管理及多机场放行协调决策系统"，[①] 2012 年 11 月 1 日正式启用。启用后，华北空管局将在运行控制中心与机场和航空公司开始联席办公，机场及各航空公司将在运行控制中心设立席位，保持与各自单位的联系，统一协调航班运行。该系统引接了飞行器的综合航迹、航空公司的飞行计划、航班信息、电子进程单四大类八项数据，通过对这些数据的融合、加工、分析、处理，系统实现了航迹显示及过滤、流量预测及显示、流量控制信息录入与发布、统计与分析等功能，并在此基础上实现多机场的协同放行，也就给出了更接近实际情况的起飞时间。目前，首都机场、

---

① 刘建峰：《关舱门后旅客长时间等待现象有望改善》，《中国民航报》2012 年 10 月 31 日，第 1 版。

南苑机场、天津机场、石家庄机场已经正式使用这套系统,未来还将在华北地区其他机场推广。

航空公司和机场接入流量管理放行决策系统后,就可全面了解首都机场及整个华北地区的地面和空中航班动态,最终在华北空管部门的统一协调下安排航班的上客、飞机滑出及地面保障等工作。华北空管局提前 90 分钟给出飞机起飞时间,这是比航班时刻表更接近实际运行情况的准确起飞时间。如果起飞时间发生变更且超出 30 分钟,华北空管局就会给出新的起飞时间。通过信息共享来缩短航程时间,提高航班准时的可能性。这些共享信息包括飞行航迹数据、航空器性能、预计的容量需求、空域限制和天气情报,可以有效地实施计划并从航空运输中断中迅速恢复。

航班运行协调决策系统能够实现旅客与民航的双赢。特别是在恶劣天气引发大面积航班延误时,该系统能够实时发布天气情况、航班预计起飞时间和顺序,让民航部门更好地为客提供餐食和住宿等服务,避免盲目登机。同时,该系统能够让航空公司实时了解流量情况,及时向旅客解释延误原因,维护旅客的知情权,避免由于长时间不确定等待而引发的旅客情绪激动等问题。此前这套流量管理决策系统已经试运行 3 个月。在试运行期间,虽然首都机场的航班出港架次仅增加了 2.94%,但航班正常率却提高了 5.73%。[①]

(三)社会公众的信息需求:开发航班信息分享网络平台

开发和建立航班信息分享网络平台,为所有航空运输系统用户提供随需应变、实时的信息和动态。通过该平台,所有利益关系各方,包括航空公司、机场、空中交通管制部门、军事部门、旅客和其他航空运输系统用户,都可以掌握自身以及所处环境的动态,如现状、计划和影响系统的事件,当前的和预计的空域需求、天气信息和机场航班延误情况,以便及时做出决策。

1. 航班信息分享网络平台的建设——美国的实践[②]

美国的航班也有延误,但却几乎没有罢乘、霸机、冲击机场的事件发生。航班信息网络平台的建设起到了积极作用。2009 年奥巴马在就任总统后,为

[①] 刘建峰:《关舱门后旅客长时间等待现象有望改善》,《中国民航报》2012 年 10 月 31 日,第 1 版。

[②] 涂子沛:《大数据》,桂林:广西师范大学出版社 2012 年版。

了增加政府资料透明度而设立了 Data.gov 网站，该网站向全社会开放政府拥有的公共数据。Data.gov 上线以后，美国交通部开放了全美航班起飞、到达、延误的数据，有程序员立刻利用这些数据开发了一个航班延误时间的分析系统（Flyontime.us）。该系统向全社会免费开放，任何人都可以通过它查询分析全国各次航班的延误率及机场等候时间。这个系统上线之后，由于其简单、实用，获得了全美多个新闻报刊的报道和关注，成为很多人乘机、候机的行动指南。这些数据和分析结果有三大作用：一是可以帮助消费者找到表现最佳或最符合自己需要的航班。如果没有这些信息，消费者在选择航空公司的时候，信息是不完全、不充分的，其与航空公司构成一种典型的信息不对称关系。航班的历史数据是一种有效的参考和信号，公开这些信息，弥补了消费者的信息不对称的问题。二是最大程度降低了旅客等待时间的不确定性。单次航班的延误时间似乎是随机的、无规律的，但当数据累积到一定程度时，航班延误时间的长短就会在统计上呈现出一种秩序和稳定。航班延误分析系统把这种统计学上秩序和稳定传达给了旅客，帮助他们建立正确的期待，合理安排时间，避免焦虑。三是有利于推动航空市场的良性竞争。航班延误分析系统按平均延误时间给相关航空公司排了"座次"。这些数据，不仅是消费者的行动指南，也是各大航空公司的核心竞争指标。通过这种数据公开，无疑可以促进市场竞争，航班延迟必然逐渐下降到消费者能够接受的合理范围之内。开放数据是一石三鸟，不仅服务大众、刺激经济，还调动了大众创新，为政府节省了软件开发的开支。

2. 我国信息分享网络平台的建设：开放数据，鼓励社会力量参与

借鉴美国的经验，我国建设信息分享网络平台，应先开放相关数据，使社会公众可以方便地获取。目前数据开放方面存在的主要问题有：一是民航政府主管部门掌握的数据不全面；二是统计数据的标准不明确，导致数据的可靠性差；三是航空公司和机场等相关单位向政府主管部门上报的数据有水分；四是向社会公布的数据不完整；五是社会公众获取数据的渠道有限，不是很畅通。

在信息分享网络平台的建设上，应鼓励社会力量参与。在民航部门和相关单位限于财力物力不能及时开发的情况下，应允许并鼓励社会其他单位、个人参与平台的建设和开发。实际上，我国已有民间组织开始了网络平台的

建设，如民航资源网的"飞常准"系统。

（四）服务品质的提升：从革新服务理念入手

服务理念体现在航空运输过程中的方方面面，给旅客提供面对面的服务，只是服务过程中的一个环节。航空服务还包括其他许多方面，如机场候机楼的规划和设计，再具体到候机楼卫生间的设计，机场的指示牌的设置等，都体现出了一种服务理念，而不能狭隘地理解成只有现场面对面的服务。民航服务品质的提升，必须革新服务理念。

1. 航空服务的核心不是一种技能服务

长期以来，在民航企业服务一线，很大程度上一直把服务作为一种技巧，或者是一种技能。因此，提供的服务培训，主要是服务技巧的传授，如名目繁多的"民航服务技能培训班"，归纳出的服务技巧技能有：面部表情要和颜悦色，眼神要温和，身体动作要稳重端庄，等等。许多企业对于服务技能推崇备至，似乎只要掌握了这些服务技能，就可以为旅客提供优质的服务了。这种服务技能因其实用性，同时在某些情况下又有一种事半功倍的诱惑——不必透过服务的理念，上溯到服务的人生态度，上溯到人类的服务精神，而只需对某个具体的管理情形，作静态的分析，总结出数种应付顾客的技能和方法就可以了。这种注重服务的具体方式方法的服务观，则是缘木求鱼、本末倒置。

2. 以体验为核心提升航空服务品质

与过去的服务理念相比，体验最大的不同在于，人们购买产品时，并不只是购买产品本身，而是购买解决问题的方案。例如，去餐厅吃饭，它只不过是满足生存需求的一种手段。需求就是充饥，而可用于充饥的场所有很多选择，顾客选择餐厅时就不仅考虑吃饭本身，而是关注吃的过程是否有一种满足感，如果没有，顾客完全可以选择另外的替代品。在民航业内，素有服务美誉的新加坡航空凭借大胆前卫的特殊风格与强烈主题、风格迥异却充满个性色彩的客舱娱乐文化正在吸引着顾客的眼球，抢占着商务旅客的消费市场，把原本很简单的旅行过程变成充满情调的体验时尚和休闲娱乐的过程。传统的服务理念需要彻底变革，消费者有愉快的消费体验将是品牌与服务成长关键。因此，应该牢记：无论什么时候，顾客是不会关心你的问题的，他们只关心他们自身的需要是否得到了关注。航空公司和机场的目标应该是使服务消费过程更加圆满,更加愉快。①

3. 制定顾客导向的服务标准

民航企业的服务标准基本上是根据运营需要制定的,是企业自己的理解,而不是对顾客期望的理解,这样的服务标准与顾客的期望之间存在着差距。缩小这种差距的途径就是要从顾客期望的角度来制定服务标准。企业导向的服务标准,是公司的生产率、效率、成本、技术质量等运营目标所要求的服务标准。这样的服务标准代表企业的目标和需要,而企业的目标不一定代表顾客的期望或要求。按照这样的标准提供的服务,最终不一定能满足顾客的需要,或只能满足顾客的部分需要。只有当企业的目标与顾客的期望或要求完全一致时,顾客才会对服务做出较高的评价。②

(五)航班延误纠纷的预防与解决:用法治思维和法治方式化解矛盾

1. 借鉴欧美经验,制定航班延误法规

无论是在航班延误的治理方面,还是在因航班延误引起的旅客与航空公司的纠纷的解决上,欧美都制定了相关法规,明确规定了航空公司应尽的义务及不遵守规定的后果。例如,美国运输部于 2009 年 12 月 30 日公布了航空旅客权利法案。根据该法案,运输部要求相关的美国航空承运人制定机坪长时间延误应急预案,对消费者的投诉做出回答;在它们的网站上公布航班延误的信息;制定、遵守顾客服务计划并审查之;定义何为"长期延误的航班"并将这类航空公司认定为是具有"不公正和欺骗性"做法的服务提供者,等等。欧盟早在 2004 年就制定了关于航班超售拒载、航班取消以及航班延误的规定,分别规定在这三种情况下承运人的义务和旅客的权利。这些法规的颁布,都取得了明显的效果。如美国关于机坪长时间延误的规定生效后,机坪长时间延误的航班量大大减少。

虽然我国《民用航空法》《合同法》等法律以及相关的国际条约,已对航空运输因延误造成的损害赔偿问题做出了规定,但缺乏明确的、可操作的具体规定。2004 年 6 月 26 日民航总局下发了《民航总局关于国内航空公司因自

---

① 邹建新:《民航企业服务管理与竞争》,北京:中国民航出版社 2005 年版,第 89 页。
② 邹建新:《民航企业服务管理与竞争》,北京:中国民航出版社 2005 年版,第 100 页。

身原因造成航班延误给予旅客经济补偿的指导意见（试行）》（以下简称《指导意见》）。《指导意见》指出：航空公司因自身原因造成航班延误，除按照《中国民用航空旅客、行李国内运输规则》有关规定做好航班不正常情况下的服务工作以外，还应根据航班延误 4 小时以上、8 小时以内及延误超过 8 小时以上的实际情况，对旅客进行经济补偿；补偿方式应根据并尊重旅客本人的意愿和选择，通过现金、购票折扣和返还里程等方式予以兑现；为避免进一步延误影响后续航班和旅客，防止空勤人员疲劳驾驶形成飞行安全隐患，经济补偿一般不在机场现场进行，航空公司可以采取登记、信函寄回等方便旅客的方法完成经济补偿。《指导意见》同时指出，具体的补偿办法和方案由各航空公司在此框架下根据各自的情况制定，目标是将航班延误后的经济补偿办法逐步纳入航空公司各自对旅客的服务承诺之中。

现实情况是，有的航空公司参照《指导意见》制定了补偿标准，有的没有制定补偿标准。而且航空公司制定的补偿标准并不相同，导致旅客相互攀比，与航空公司讨价还价，考虑到我国的国情，建议应制定航班延误管理规定和航空运输旅客权利法规，明确规定什么是航班延误、航班延误的责任制度、航班延误补偿范围和航班延误补偿标准等，统一尺度，定分止争。

2. 成立第三方纠纷仲裁（调解）中心

在现有的航班延误纠纷解决机制中，旅客认为法院诉讼费时费力，又不认可、不相信航空公司的投诉机构，因此设立第三方仲裁（调解）中心显得非常必要。建议成立非常设的第三方纠纷仲裁（调解）中心，以解决旅客与航空公司之间因航班延误产生的纠纷。

3. 依法处理扰乱航空运营秩序的行为

航班延误引发的非法干扰事件具有非法性、群体性和危害性特征。民航公安干警要在维护现场秩序的同时，对违法旅客坚持依法给予处罚。2012 年接连发生的旅客冲闯机场隔离区、不听劝阻闯入滑行道或停机坪等严重事件，就是因为相关机场公安机关执法不及时、力度不够。

4. 加强法制宣传和教育

加强法制宣传和教育工作，鼓励依法维权和文明维权，坚决制止旅客在航班延误后采取罢乘霸机等过激行动，切实维护机场的正常秩序，保障民用航空安全和航空运输生产的正常进行。

四、结语

航班延误的治理，关系到航空公司的生存和发展，关系到我国民航业的可持续发展，关系到和谐民航乃至和谐社会的建设大局，其重要性不言而喻。在航班延误的治理上，应着力解决空域、协作、信息、服务四大方面存在的矛盾。同时，应借鉴欧美航班延误的立法，完善我国航班延误法规。公安机关应该认真执法、严格执法。加强法制宣传和教育工作，提倡依法维权和文明维权。切实保护消费者合法权益，维护航空运输秩序，保障民用航空安全，促进航空运输发达通畅。

第七章
通用航空研究

第一节 我国通用航空的发展现状[*]

通用航空，是指使用民用航空器从事公共航空运输以外的民用航空活动，包括从事工业、农业、林业、渔业和建筑业的作业飞行以及医疗卫生、抢险救灾、气象探测、海洋监测、科学实验、教育训练、文化体育等方面的飞行活动。[①] 近年来，我国通用航空快速发展，飞行总量年均增长达10%以上，行业规模日益扩大，应用领域不断拓展，飞行种类日益增多，飞行需求渐趋旺盛。随着经济持续快速发展和城乡居民生活水平的不断提高，今后10年间我国通用航空年均增长将达到15%以上[②]。虽然通用航空在我国有了较大发展，但与我国快速发展的经济并不适应，不能满足社会经济发展的需要，不能满足我国工业化和城镇化发展的要求。因此，在我国运输航空已经具有相当基础、形成一定规模的情况下，如何促进通用航空的发展，使运输航空和通用航空"两翼齐飞"，不仅对于建设民航强国具有重要意义，更为重要的是，对促进我国经济结构调整，加快产业结构升级很有必要。

我国通用航空整体上保持了持续、快速的发展态势。通用航空企业数量、年飞行（作业）小时、通用航空机队规模、通用机场数量、从业人员、社会经济效益是反映一个国家通用航空发展基本情况的六大指标。从作业时间来看，2012年，全行业完成通用航空生产作业飞行51.7万小时，比2011年增长2.8%。其中，工业航空作业完成7.71万小时，比2011年增长36%；农林

---

[*] 本章发表于《北京理工大学学报》（社会科学版）2014年第1期。
[①] 参见《中华人民共和国民用航空法》第145条。《通用航空飞行管制条例》第3条对通用航空也做了界定，与《中华人民共和国民用航空法》第145条的规定基本一致。
[②] 国务院、中央军委：《关于深化我国低空空域管理改革的意见》，2010年8月19日发布。

业航空作业完成 3.19 万小时,其他通用航空作业完成 40.81 万小时。从通用航空企业数量来看,截至 2012 年底,获得通用航空经营许可证的通用企业有 146 家,其中,华北地区 41 家,中南地区 27 家,华东地区 29 家,东北地区 16 家,西南地区 16 家,西北地区 11 家,新疆地区 6 家。从机队规模来看,2012 年底,通用航空企业适航在册航空器总数达到 1 320 架,其中教学训练用飞机 328 架。[1]

实际上,从上述统计数据还很难真正了解我国通用航空发展的现状。笔者认为,考察一个国家通用航空发展和发达的程度,有以下四个标准:一是航空运输的通达能力,二是抢险救灾与事故救援的能力和水平,三是工业航空作业和农林作业能力和水平,四是公务航空和居民私人飞行状况。在我国,目前的航空运输网络初具规模,但运输网络的连接能力、覆盖范围有限,从而通达能力也非常有限。目前,航空运输网络只连接了全国主要大中城市,尚没有覆盖小城市及广大农村[2]。航空客货运输主要集中在东部地区[3],通用航空更是如此,上述通航企业的分布范围就是明证,146 家通航企业中,东部地区占大头,西部地区(西北地区加新疆地区)还不到 20 家。

从抢险救灾与事故救援的能力和水平来看,通用航空发挥了其他运输方式不可替代的作用。在 2008 年汶川抗震救灾中充分显示了通用航空的重要性,在陆路交通中断的情况下,只能依靠直升机第一时间转运伤员、运送物资[4],直升机把通用航空的机动灵活、快速高效的特点体现得淋漓尽致,被外

---

[1] 中国民用航空局:《2012 年民航行业发展统计公报》,2013 年 5 月发布。
[2] 2011 年 9 月 15 日,中国飞龙通用航空公司开始使用 15 座的运−12 飞机,以根河林业机场改建的通用机场为起降基地,在根河—海拉尔、根河—满洲里航线上开展通用航空短途运输试点(包机飞行任务)。该项目的正式运营,标志着由通用航空企业使用通用航空器,在通用机场间或通用机场与支线机场间开展的通用航空短途运输模式在我国得到正式应用。见靳军号:《把握战略机遇,大力发展通用航空》,载中国航空运输协会编:《中国航空运输业发展蓝皮书》(2012),2012 年。
[3] 20 世纪 30 年代,我国地理学家胡焕庸画了一条线,一直被国内外人口学者和地理学者所引用,称为"胡焕庸线"。这条线从黑龙江的黑河到云南的腾冲,大致是条 45 度的倾斜线。当时,这条线东南方占 36% 的国土居住着全国 96% 的人口,所以他断定这条线的东南方是最适合人居的。我国目前的航空运输基本也是这样。"胡焕庸线"的东南方航空运输最发达,运输量最大。但即便是东南方,也只是在大中城市,小城市也享受不到航空服务。中国民用航空局《2012 年民航行业发展统计公报》的相关统计也说明了这一点,见第 3 页、第 4 页机场业务量数据统计。
[4] 统计显示,此次全军及民航系统出动抗震救灾的直升机达 99 架。根据民用直升机抗震救灾飞行指挥部的统计,至 2008 年 6 月 1 日,30 架民用直升机共执行飞行救援任务 608 架次,运入各类救灾物资 152.6 吨,救援人员 405 人;从灾区接运出伤员和灾民 1 511 人。此外,在唐家山堰塞湖的治理工作中,米−26 直升机起到了突出的作用,共执行 33 次任务,运送多台大型机械和物资,共计 481 吨。载凤凰网,http://news.ifeng.com/mainland/200806/0603_17_576637.shtml,最后访问时间:2013 年 10 月 3 日。

界称为汶川大地震死亡线上的"天使战机"。在此次地震中,直升机和其他通用飞机是最给力的交通工具,突破地理条件的限制,起到了快速救援的目的。但是,同时也暴露了我国通用航空的孱弱,这就是技术装备落后,通用航空器种类数量少,作业能力还有待进一步提升。

从工业航空作业和农林作业能力和水平看,在我国通用航空发展过程中,农林作业和工业作业发展较早,但 2012 年二者年作业小时之和不到 11 万小时,可见其发展之缓慢,也说明应用领域不广。

从公务航空和居民私人飞行状况来看,目前有以公务飞行和公务机代管为主营业务的通用航空企业 19 家,还有近 50 家正在筹建。2012 年底公务机的机队规模为 166 架,机队中绝大部分为各型喷气式公务机。2012 年国内的公务机企业飞行约 2.7 万小时,比 2011 年增长 28%。[1] 虽然公务航空近年来的增长速度明显超过了通用航空的总体增速,但区区 19 家通用航空企业、100 多架的飞机以及年飞行时长不到 3 万小时这三组数字,已把我国公务航空的发展状况体现得清清楚楚。当然,还有极少数的私人飞行,但限于各方面条件的限制,都"无力回天",被外界称之为"黑飞"。

总之,我国通用航空长期以来为支持工农业生产、保护人民生命财产和预防、抵御各种自然灾害做出了重要贡献,社会效益比较显著,但经济效益并不明显。就发展状况而言,可以概括为三点:第一,起步晚;第二,发展缓慢;第三,规模小。一句话,我国的通用航空刚刚起步。这种现状,难以适应国民经济发展的需要,难以为我国经济发展转型提供应有的支撑。

比较而言,在通用航空最为发达的美国,通用航空为美国政府和公众提供了紧急医疗飞行、重要的航空执法服务(如海关和边境保护、森林服务等)、抢险救灾和搜救、飞行训练等服务,也提供了大量包机客运服务、公务飞行服务、自驾商务飞行、航空货运服务,为偏远地区的居民出行提供了极大便利,其提供的航空服务中,很多是商业服务机场无法有效提供的。同时,通用航空也为美国社会的发展做出了巨大经济贡献,2009 年通用航空为美国经济贡献了 388 亿美元的经济产出,如果把航空制造业和游客支出计算在内,通用航空对经济的贡献是 765 亿美元[2]。正是由于通用航空的发展,带动了美

---

[1] 数据来源:2013 年 9 月 11 日在北京举办的"2013 中美航空研讨会"上中国民航局运输司领导讲话。
[2] Federal Aviation Administration. Report to Congress National Plan of Integrated Airport Systems(NPIAS)2013-2017,p7. http://www.faa.gov/airports/planning_capacity/npias/reports,最后访问时间:2013 年 9 月 15 日。

国航空工业的发展。

如果对中美通用航空的发展状况从上述六个方面做一统计数据的比较（表7-1），就会发现中美通用航空差距较大。我国通用机场的个数是美国的约十分之一，机队规模、飞行人员、年飞行小时等差距都很大。但反过来看，差距就是潜力。通用航空的发展是社会经济发展的必然要求。随着我国经济的发展，必然要求通用航空发展。近年来，无论是地方政府，还是企业个人，对发展通用航空的积极性很高。作为一个农业大国，作为一个旅游大国，作为一个经济迅速发展的国家，我国的通用航空市场随着政策法规与资本两个向度上的解冻将会有突出的表现。我国的通用航空还有巨大的发展空间和前景，达到美国的发展程度只是时间问题。

表7-1　中美通用航空发展对照表[①]

类别	中国	美国
通航企业/家	174（500）[②]	—
机队规模/架	1 392（300）[③]	222 520
通用机场（含临时起降点）/个	286（43）[④]	2 563[⑤]
专业技术人员（飞行、机务、签派）/人	5 000	380 000[⑥]
飞行小时/万小时	55[⑦]	2 480[⑧]
提供就业机会/万个	—	130[⑨]

注：①表中中国的统计数字截至2012年年底。
②表中中国通用航空的有关统计数据，来自2013年9月在北京举行的"中美航空研讨会"上中国民用航空局公布的最新数字。通航企业栏括弧中的数字是正在筹建的通用航空公司。根据中国民用航空局2013年5月发布的《2012年民航行业发展统计公报》，截至2012年年底，全国通航企业有146家，通用航空企业适航在册航空器总数1 320架，其中教学训练用飞机328架。
③1 392架航空器中，直升机超过了300架。
④43表示在286家通用机场中，持有民用机场使用许可证的通用航空机场数。
⑤美国有19 786个"着陆设施"（landing facilities），其中商业机场数是13 451，直升机机场数是5 658，水上飞机基地数是498，滑翔机机场35，气球起降场13，超轻型飞机机场131。在这19 786个机场中，只有5 171个是对社会开放的、公用的，剩下14 615是私用机场。如果加上非主要商业机场和备用机场，通用机场有2 952个。
见 Federal Aviation Administration. Report to Congress National Plan of Integrated Airport Systems（NPIAS）2013-2017，p1. http://www.faa.gov/airports/planning_capacity/npias/reports，最后访问时间：2013年9月15日。
⑥仅指通用航空飞行员，不包括机务、签派人员。
⑦2012年的飞行总量。
⑧参见民航华北地区管理局：《美国通用航空考察报告》，2013年，第2页。
⑨参见民航华北地区管理局：《美国通用航空考察报告》，2013年，第2页。

第二节　我国通用航空发展困境分析

我国通用航空发展缓慢、力量弱小，有经济发展的因素，更有政策法律因素。有关的政策法规限制了通用航空的发展，束缚了通用航空腾飞的翅膀。

一、困境之一：空域无法有效使用

通用航空的发展，与运输航空一样，首先需要一定的空域。在空域的使用上，我国对通用航空活动实行严格的审批制度。有一形象的比喻是，"离地三尺就要打报告"。说明我国对通用航空活动审批很严。现行《民用航空法》、《中华人民共和国飞行基本规则》（以下简称《飞行基本规则》）、《通用航空飞行管制条例》的规定充分说明了这一点。《民用航空法》对空域管理明确提出了两大基本原则：第一，国家对空域实行统一管理；第二，空域的划分，应当兼顾民用航空和国防安全的需要以及公众的利益，使空域得到合理、充分、有效的利用。[①] 今天看来，《民用航空法》的规定有其积极意义，一是明确了空域实行统一管理，二是明确了空域使用的"六字方针"——合理、充分、有效。但是，对于空域的具体管理办法，《民用航空法》未做规定，而是授权国务院、中央军委制定。后者所制定的《飞行基本规则》，在空域的管理上重复了《民用航空法》的规定[②]，对于如何划设空域，空域在军民航之间如何使用没有明文规定，但是却明确规定"所有飞行必须预先提出申请，经批准后方可实施"[③]。《通用航空飞行管制条例》对通用航空飞行活动的要求与《飞行基本规则》如出一辙："从事通用航空飞行活动的单位、个人使用机场飞行空域、航路、航线，应当按照国家有关规定向飞行管制部门提出申请，经批准后方可实施。""从事通用航空飞行活动的单位、个人实施飞行前，应当向当

---

① 参见《民用航空法》第70条、71条。
② 参见《中华人民共和国飞行基本规则》第11条。
③ 参见《中华人民共和国飞行基本规则》第35条。

地飞行管制部门提出飞行计划申请，按照批准权限，经批准后方可实施。"①

实际上，2003年颁布实施《通用航空飞行管制条例》后，已经简化了使用手续和审批过程，将原本起飞前的"一事一报"，改为"一次申请划设的临时空域，可以长期使用"，最长时间可达一年；并将申请时间的要求，由过去的"提前一周"，缩短到"执行飞行任务的前一天"。然而，《通用航空飞行管制条例》虽然改变了"一事一报"的制度，但事实上如果要申请不同的临时空域，仍必须一次次经过审批。审批的时间也很长，要么两天，要么一周，这对可能第二天就有业务的通用航空来说，根本不可行。

审批程序复杂，涉及单位、层级过多，是通用航空活动主体持续多年反映的问题。严格的审批程序，造成了两方面的后果：一是使通用航空便捷、快速的特点减弱，无法充分发挥作用；二是影响了通用航空市场活动主体的积极性。

二、困境之二：通用机场严重不足

通用机场是指为从事工业、农业、林业、渔业和建筑业的作业飞行，以及医疗卫生、抢险救灾、气象探测、海洋监测、科学实验、教育训练、文化体育等飞行活动的民用航空器提供起飞、降落等服务的机场。② 对于通用航空活动，一方面需要广阔的天空，另一方面还需要广袤的大地，但我国空域的严格审批使得通用航空活动受限，而通用机场的短少则使通用航空飞机落地也受限。前已述及，截至2013年年底，我国通用航空机场及临时起降点只有286个。造成通用机场短缺的原因较多，但有两个原因是不可回避的：一是机场建设上的严格审批制，二是对于通用机场"享受"了运输机场③的"待遇"。在通用机场的建设上，实行与运输机场一样的审批程序。首先要符合依法制定的民用机场布局和建设规划的民用机场标准，其次要报经有关主管机关批准。④ 在通用机场工程的规划与建设上，参照运输机场的规定。⑤ 严格

---

① 参见《通用航空飞行管制条例》第6条、第12条。
② 参见《民用机场管理条例》第84条第2款。
③ 运输机场是指为从事旅客、货物运输等公共航空运输活动的民用航空器提供起飞、降落等服务的机场。见《民用机场管理条例》第84条第1款。
④ 参见《民用航空法》第56条。
⑤ 参见《用机场建设管理规定》第73条："通用机场工程的规划与建设参照本规定执行，并由所在民航地区管理局实施监督管理。"

的审批程序，使得通用机场的报批建设相当困难，建设上没有对运输机场和通用机场加以区分。"尽管通用航空机场的建设成本低、投入小、工期短，但长期以来通用航空机场的建设审批程序等同于航空运输机场，审批层级过高、周期过长，严重影响到地方、社会修建通用航空机场的积极性。"① 通用机场的不足，使得距离机场较远的地区无法享受航空服务，通用航空机场之间、通用机场与运输机场之间均无法形成网络，限制了通用航空交通运输功能的发挥。

三、困境之三：专业技术人员（飞行员）严重短缺

专业技术人员短缺，运输航空和通用航空均存在这一问题。飞机可以向国外购买，但是发展航空运输的基本要素——专业技术人员却是买不来的，并且由于培养周期长、费用高，短时间内难以解决。以飞行员为例，中国通用航空拥有的航空器从 2003 年的 559 架增加到 2012 年 1 320 架。2020 年，整个行业对飞机和直升机的需求总和超过 10 000 架，若按照每架飞机（直升机）配置 2 名飞行员估算，则需要 20 000 名飞行员，保守估计飞行员缺口在 15 000 人以上，然而目前每年经过培训并符合要求的仅在 1 000 人左右。② 目前我国通用航空飞行、机务、签派三者之和只有 5 000 人，对于通用航空的发展来说是后继无人，或者说是"无人可用"。通用航空专业技术人员特别是飞行员的短缺已严重影响和制约了通用航空的发展。

从民航飞行员的成长路径来看，飞行学员要经过理论学习和实际飞行训练，经过考试，依次取得学生驾驶员执照、私用驾驶员执照（业内简称"私照"）、商用驾驶员执照（业内简称"商照"）、航线运输驾驶员执照。这些不同名称的执照，是飞行员的资格证书，表明飞行员的能力水平，可以驾驶什么类别的航空器，可以从事的航空飞行行为。持有学生驾驶员执照，不得在载有旅客的航空器上担任机长，不得在以取酬为目的的载运货物的航空器上担任机长，不得为获取酬金担任航空器机长等；持有私用驾驶员执照，可以

---

① 靳军号：《加强行业管理，保障和规范我国通用航空可持续发展》，载中国航空运输协会：《中国航空运输业发展蓝皮书（2010）》，第 156 页。
② 薛艳雯、毛海峰：《中国航空人才培训市场缺口巨大》，载新华网，http：//news.xinhuanet.com/tech/2013-10/19/c_117786270.htm，最后访问时间：2013 年 10 月 23 日。

在不以取酬为目的的非经营性运行的相应航空器上担任机长或者副驾驶，不得在以取酬为目的的经营性运行的航空器上担任机长或副驾驶等；持有商用驾驶员执照，可以在以取酬为目的的经营性运行的航空器上担任机长或副驾驶，但不得在 CCAR-121FS 运行和相应运行规章要求机长必须具有航线运输驾驶员执照的运行中担任机长，可以为获取酬金担任机长或副驾驶等；持有航线运输驾驶员执照，可以在从事公共航空运输的航空器上担任机长和副驾驶。[1] 从飞行员执照的取得过程中可以得出以下几点结论：第一，持不同执照的飞行员从事的飞行行为不同。从最初的学生驾驶员执照到最后的航线运输驾驶员执照，越往后，对飞行员的能力要求越高，考试也越严格，相应地，飞行员的权利也越大，最高可以成为公共航空运输的机长或副驾驶。第二，飞行员的培养是递进的。飞行员不是一开始就可以取得商照或航线运输驾驶员执照，而是从头开始，从最"底层"干起，不断积累飞行小时和飞行经验，逐渐取得相应的资格。第三，飞行员的培养是一个漫长的过程。从取得学生驾驶员执照到航线运输驾驶员执照，至少需要 10 年以上的时间。第四，驾驶员的执照显示出与公共安全和利益的紧密度。与公共安全和利益的关系越紧密，对驾驶员执照的要求就越高，比如从事公共航空运输的航空公司，其驾驶员起码也要持有私照和商照，要想成为机长，必须在前二者的基础上再取得航线运输驾驶员执照。

我国通用航空飞行员短缺，原因有二：一是飞行员培训的垄断体制。长期以来，我国只有中国民航飞行学院有资格培训飞行员，后来中国民航大学、北京航空航天大学、南京航空航天大学等院校加入，这些院校重点是为国内各大商业航空公司培训飞行员。"民航局审批的国内飞行学校有 7 家，每年培养量达 1 300 名左右；境外飞行学校有 30 家，每年培养航空公司外送学生达 1 700 名左右。"[2] 而且这 3 000 名飞行员主要是为运输航空培养的。

二是飞行员培养采用单一的"绑定式定向培养"模式。上述国内外飞行

---

[1] 参见《民用航空器驾驶员、飞行教员和地面教员合格审定规则》（中国民用航空总局令第 115 号，自 2003 年 6 月 1 日起施行，2004 年和 2006 年对部分条款进行了修订）第 61.107 条、61.139 条、61.173 条、61.195 条。
[2] 李家祥局长在 2011 年全国民航航空安全会议和工作会议上的讲话（内部资料），第 4 页，2011 年 1 月印制。

学校基本上是为国内各大航空公司定向培养，学员毕业直接到航空公司上班。换言之，通用航空的飞行员根本不在培训计划之列。通用航空飞行员大多是未能进入航校的人，或是军转民飞行员。近年随着通用航空的发展，才有部分通用航空企业经批准可以开展飞行员培训[①]。我国这一独特的培养模式在通用航空未普及时不会有明显弊端，毕竟航校的系统性与专业性是任何私照、商照培训机构都无法比拟的，但面对急速扩张的通用航空领域，这一模式却令国内专业人才需求处于尴尬境地，不是没有飞行员，而是飞行员不能越界。

其实，影响或限制通用航空发展的困境不仅是以上三个方面，但这三个方面是目前最为突出的，其他诸如通用飞机制造、通用航空油料供应、通用航空领域融资、保险等都在一定程度上影响着通用航空的发展。本节只就当前对通用航空影响较大的上述三方面予以讨论。

第三节　我国通用航空发展对策探析

发展通用航空，首先，必须解放思想，转变观念，真正认识到通用航空对国民经济和社会发展的重要作用。不能把通用航空简单理解为农林作业、观光娱乐飞行，而应该看到通用航空活动背后的重要性：第一，通用航空对行业本身均衡发展的重要性。通用航空和运输航空是民用航空的"一体两翼"，应该是"两翼齐飞"。通用航空为运输航空培养人才、创造技术。通用航空的发展可以促进运输航空的发展，偏废任何一方都不可行。同时，通用航空产业与航空器制造、运营、维修息息相关，通用航空发展起来将带动我国航空制造业的发展。第二，对城乡均衡一体化发展的重要性。通用航空一个重要的作用是将城市和乡村联结了起来，尤其是偏远、落后地区，使所有的人均等地享受到航空运输服务。但是，我国有960万平方千米的陆地面积，有56个民族，如果只关注运输航空的发展，只在"胡焕庸线"东南方发展航

---

① 截至2011年底，具有私用、商用飞行驾驶执照培训资质的通用航空企业有47家，其中已开展执照培训业务的通用航空企业13家。靳军号：《把握战略机遇，大力发展通用航空》，载中国航空运输协会：《中国航空运输业发展蓝皮书（2012）》，2012年。

空运输，这将不利于全面推进现代化建设，也不利于保障国家安全。第三，通用航空对国防建设的重要性。通用航空一旦发展起来，为通用航空服务的机场、飞行员，以及由此形成的发达的航线网，均是国防的潜在力量。第四，通用航空对国家经济发展有重要的作用。因此，发展通用航空的当务之急是解放思想，转变观念。

其次，要促进通用航空发展，首当其冲的是改革空域使用和机场建设等方面的审批制。在空域使用上的审批制，一定程度上限制了通用航空的发展，而在通用机场建设上的审批，使通用航空活动的基本保障受到影响。因此，"凡市场机制能有效调节的事项，不再设定行政审批；凡可采用事后监管的不再前置审批。需要审批的，也要严格规定程序和时限。"[①] "把该放的权力放掉，把该管的事务管好，激发市场主体创造活力，增强经济发展内生动力，把政府工作重点转到创造良好发展环境、提供优质公共服务、维护社会公平正义上来。"[②]

一、空域资源的使用：以国家立法明确空域的管理与使用

毋庸置疑，空域限制是影响通用航空发展的重要因素之一，也是制约民航高速发展的最大的瓶颈问题之一。为此，社会各界多次提出改革空域管理体制，释放更多的空域给民航使用。可喜的是，有关政策或政策性文件已经对空域的改革提出了明确的要求和具体规划。《中华人民共和国国民经济和社会发展第十二个五年规划纲要》明确提出"改革空域管理体制，提高空域资源配置使用效率"。《关于深化我国低空空域管理改革的意见》（以下简称《空域改革意见》）则提出了更为具体的意见："把低空空域管理改革作为今后一个时期国家空管改革和建设的重点任务"，探索和完善"具有中国特色的低空空域管理体制、运行机制、政策法规和服务保障体系"。具体思路是"分类划设低空空域。按照管制空域、监视空域和报告空域划设低空空域，区分不同模式实行分类管理试点"（表7-2）。《空域改革意见》的出台意义重大，它是空域改革领

---

① 2013年9月6日李克强主持召开国务院常务会议听取民间投资政策落实情况第三方评估汇报，载中华人民共和国中央人民政府网，http：//www.gov.cn/ldhd/2013-09/06/content_2482827.htm，最后访问时间：2013年10月6日。

② 李克强：《最大限度减少审批 把该放的权力放掉》，2013年5月13日在国务院召开的动员部署国务院机构职能转变工作全国电视电话会议上的讲话。载凤凰网，http：//finance.ifeng.com/news/macro/20130513/8026608.shtml，最后访问时间：2013年10月6日。

域一部纲领性文件。它使空域的改革不再停留在纸面上，而是具有一定的可操作性。

表 7-2　三类空域对比表

空域类别	飞行计划（申请、报备）	空管部门职责
管制空域	申请	掌握飞行动态，实施管制指挥
监视空域	报备	监视飞行动态，提供飞行服务和告警服务
报告空域	报备	根据用户需要，提供航行情报

但是，我们也应该看到，自《空域改革意见》颁布至今，空域改革方面还是进展缓慢，并没有出现社会各界在看到《空域改革意见》后所期望的结果。自 2011 年低空空域管理改革工作开展以来，对真高 1 000 米以下的低空空域实行分类管理，虽较以往取得了很大进步，仍存在报告、监视空域划设较少，跨空域管制区飞行活动的审批程序长等问题。《空域改革意见》中提到的"按照管制空域、监视空域和报告空域划设低空空域"，现在的问题是如何划设这三类空域？各自的高度、范围是多大？换言之，划设的标准是什么？实行分类管理，究竟如何管理？管理的具体依据、规定何在？所有这些方面都是一片空白，因此无法进行更进一步的改革，这也就是为什么进展缓慢的原因。笔者认为应该将政策的基本规定转化为更为详细、更为具体的法律规定，以法律的稳定性、透明性为通用航空的发展提供可预期的支持。为此，建议制定空域方面的法律法规，以法定形式明确空域资源的性质、管理与使用。在法律制定上具体可分为以下几个层次：

第一，制定国家层面的空域管理法。我国目前对空域管理的法律有《民用航空法》和《飞行基本规则》。我国《民用航空法》在第 7 章中单设一节对空域管理作了规定，但只有 3 条内容；比较而言，《飞行基本规则》设专章规定，内容较多，条文有 17 条。综观这两部法律的规定，主要内容有二：一是规定了空域管理的基本原则；二是规定了机场飞行空域、航路、航线、空中禁区、空中限制区和空中危险区等的划设。这样的规定，过于原则，实难根据这些规定对空域进行管理和利用。因此建议由全国人大制定一部空域方面的基本法——《空域管理法》。《空域管理法》应整合《民用航空法》《飞行基本规则》中有关空域的内容，兼顾国防和民航发展，从空域管理体制、运行机制、管理主体、权限范围等方面作全面规定，厘清相关各方权限、职责等。如果认为制定单行法有一定困难，可考虑在修订《民用航空法》时，设专章予以规定。

第二，修订《通用航空飞行管制条例》。根据《空域管理法》，对《通用航空飞行管制条例》进行修订，使该条例成为通用航空活动的基本法。期望通过上述法规的制定和修订，真正解决通用航空发展中空域使用的问题。

总之，空域作为国家的重要资源，应该确保其安全、有序、高效率地使用。建议在国家层面统筹空域资源的有效使用，建立军方和民航协调统一的空域管理体制，通过国家立法确定和平时期和战时两种情况下的不同管理方法，建立适应运输航空、通用航空和军事航空和谐发展的空域制度。为此，应通过全国人大及全国人大常委会制定国家层面的空域法律，进行顶层设计，以促进通用航空的发展。

二、通用机场不足：加大政府扶持力度

要解决通用航空活动"无地可落"的局面，在减少政府管理部门审批的同时，更需要政府部门通过制定相关政策法规，对通用航空机场的建设予以扶持[①]。美国通用航空如此发达，与其星罗棋布的通用机场密切相关。"第二次世界大战后，美国将注意力转向民用航空的发展。这主要有国家机场网络的发展和国家机场规划。"庞大的通用机场群，造就了联系紧密的机场网络，为通用航空乃至全国航空运输网络的形成奠定了基础。借鉴美国的经验，在突破通用机场不足的问题上，应重点解决以下问题：

第一，按机场类别制定机场建设标准和审批程序，减少行政审批，简化审批程序。与运输机场起降大型商业航空器不同的是，通用机场主要起降小型通用航空器，因此二者对机场的建设标准要求完全不同，如果说大型商业航空器需要"高标准"的机场与之配套的话，通用航空的小型航空器则对机场的要求低多了，"低标准"的简易机场就行。在美国，将机场统称为"着陆设施"，按照起降的航空器的不同，具体分为机场、直升机起降场、水上飞机

---

① 近年国务院和民航局出台了较多扶持民航业发展的政策文件，但多原则性规定，无具体的能落地的措施。

基地、滑翔机机场、超轻型飞机机场，在建设上有不同的设计要求和标准。因为使用机场的航空器不同，自然对机场的建设标准有不同的要求。因此，在通用机场的建设上，应按照机场类别，即通勤机场、直升机机场、水上飞机基地、滑翔机机场等，制定设计要求和建设标准。可喜的是，2012 年 5 月中国民航局发布的《通用机场建设规范》，将通用机场分为三类，① 按类设定建设标准，但这还远远不够。在通用机场的审批上，应进一步简政放权。具体而言，对通勤机场，应进一步下放审批权限；对提供短途运输的通用机场、公务机机场、直升机机场及水上机场等，应简化审批程序。

第二，加大通用机场建设政府补贴力度。美国在通用机场的建设上，政府的扶持功不可没。美国民用机场全部由地方政府拥有。FAA 对机场建设提供协助和安全指导，根据机场辐射范围、经济影响、环境保护等因素确定补助金额，重点投资跑道和飞行区建设并拥有产权。FAA 几乎对所有机场提供不同程度支持。总体上，对中小机场的补助比例要高于大机场。地方政府更重视机场发展，也非常支持机场建设和运营。机场建设采取多元化融资渠道，主要方式之一是债券，一般发行期为 30 年。另有两项重要的资金来源：联邦政府补助资金——航空改善计划，以及由地方政府规定的机场收费项目——旅客设施费。根据法律规定，一旦接受 FAA 的补助拨款，则机场的利润只能用于机场自身的发展。2011 年中国民用航空局出台了《民航基础设施项目投资补助管理暂行办法》，但其中提到"通用机场建设项目补助标准另行研究"。2012 年中国民用航空局出台的《通用航空发展专项资金管理暂行办法》规定，对具有公益性的通用航空作业项目、通用航空飞行员培训、通用航空安全设施设备购置、飞机更新等予以资金支持。通用机场建设似乎并没有包括在内。而在《加快通用航空发展有关措施》中，提到在我国江浙、东北、西部以及应急救援基础薄弱的其他特殊地区，规划与安排通用航空机场（起降场）的布局与建设，所需资金由民航局和地方人民政府筹措解决。具体怎么解决，看来还需要双方商量。

---

① 《通用机场建设规范》按照对公众利益的影响程度将通用机场分为以下三类：一类通用机场，指具有 10~29 座航空器经营性载人飞行业务，或最高月起降量达到 3 000 架次以上的通用机场；二类通用机场，指具有 5~9 座航空器经营性载人飞行业务，或最高月起降量达到 600~3 000 架次之间的通用机场；三类通用机场，除一、二类外的通用机场。

总之，在通用机场建设审批和建设标准上，应制定适用于通用机场的法规政策，废除通用机场之前享有的与大型商业机场一样的"国民待遇"，完善通用航空机场建设标准体系，对各类通用航空机场的建设予以指导和规范。

三、专业技术人员（飞行员）短缺：走市场化道路

为了解决飞行员紧缺的难题，国内航空公司纷纷出招。由于招收外籍机长能省去航空公司高额的培训费和漫长的时间成本，因此民航业内曾一度视引进外籍飞行员为解决民航飞行员紧缺问题的一条捷径。2005年，鹰联航空率先引入外籍飞行员，深圳航空则紧随其后。但由于中国引进外籍飞行员程序比较烦琐，除需要符合相关劳务引进法规外，外籍飞行员还必须参加中国民用航空总局的测试，取得中方认可的飞行执照。[1] 此外，根据中国民用航空总局出台的有关规定，外籍飞行员在国际航线和国际机场执行飞行任务，或在非对外开放的航线和机场飞行时，飞行机组必须要有中国籍机组成员，并负责保管航行资料。[2] 在飞行人才急缺的航空公司，引进外籍飞行员只能救急而不能救市。况且，外籍飞行员也是良莠不齐，有些飞行员的职业操守和技术水平值得考量。[3] 为此，在解决专业技术人员短缺上，提出如下建议：

第一，打破垄断，建立开放式的市场化人才培养体制。市场化并不只意味着学员自费学习飞行技术，或者是航空公司招收自费飞行员，而且最为重要的是减少政府的干预或管制，由市场主体自行决定其行为。美国等国的实践表明，飞行员的培养根本不用航空公司和政府部门操心，政府部门只管飞行员的考核认定，航空公司只在社会上招聘他们需要的合格飞行员。因为其飞行员的培养是开放的，由自然人自己决定是否学飞行技术，飞行学校自主招收飞行学员。可喜的是，中国民用航空总局已经提出"制定并实施通用航

---

[1] 根据中国民用航空总局颁布的《民用航空器驾驶员、飞行教员、地面教员合格审定规则》（中国民用航空总局令第115号）第61.95条，"国际民用航空公约缔约国颁发的现行外国驾驶员执照的持有人可以按照本条申请颁发认可证书。……经局方审查合格后，可以获得根据其外国驾驶员执照颁发的认可证书"。
[2] 参见《外籍民用航空器驾驶员参加我国飞行运行规定》（民航发〔2012〕60号）。
[3] 2011年吉祥航空发生的"拒让门"事件就是明证。

空人才培养规划，满足通用航空发展需要"[1]。"扩大通用航空技术人员队伍的培养能力与培养渠道"，"鼓励社会力量、境外资本投资兴办通用航空专业技术人员培训企业和机构"。希望能有更具体的、可以落地的措施。

第二，遵循飞行员的养成规律，全力培养私照、商照飞行员。在垄断体制情况下，不仅培养的飞行员数量有限，而且其培养目标就是为大型商业航空公司培养副驾驶和机长，即学员主要目的是要取得航线运输执照。这样做的一个主要弊端是安全风险加大，飞行安全隐患增加。因为这样会导致人为促成飞行员的成长，拔苗助长[2]，尤其是在目前我国飞行员短缺的情况下。前已述及，飞行员的培养是先私照，再商照，最后才是航线运输执照。考察国外航空发达国家，以大规模私照、商照飞行员培训为主，取得基础资格后进入通用航空，积累飞行小时和经验后进入运输航空。因此，在飞行员的培养或培训上，应循序渐进，全力培养私照、商照飞行员，使他们通过通用航空飞行活动不断接受锻炼，逐渐提升能力和水平。有了大量合格的通用航空飞行员，运输航空飞行员短缺的问题也就自然而然解决了。

我国通用航空的规模与美国、欧洲等通用航空发达国家相比差距较大，发展空间巨大。空域、机场以及专业技术人员是制约通用航空发展的三大障碍。《全国民用机场布局规划》提出，到2020年全国80%以上的县级行政单元能够在地面交通100千米或1.5小时车程内享受到航空服务，所服务区域的人口数量占全国总人口的82%、国内生产总值（GDP）占全国总量的96%。[3]《国务院关于促进民航业发展的若干意见》对于通用航空的发展目标是：通用航空实现规模化发展，飞行总量达200万小时，年均增长19%。目标已经明确，重在实际行动。解放思想，转变观念，建立适合通用航空发展的制度环境，为通用航空创造一个宽松的发展环境，使通用航空张开翅膀，飞向蓝天。

---

[1] 中国民用航空总局：《关于印发建设民航强国的战略构想的通知》(民航发〔2010〕34号)。
[2] 2008年伊春空难充分地证明了这一点。当班机长技术不过硬是导致空难发生的一个重要原因。近年来，民航监管部门通过调查还发现了多起飞行员飞行经历造假或不实的问题，其中在某一家航空公司就查出108名飞行员的飞行经历不实。见《李家祥局长在2011年全国民航航空安全工作会议上的讲话》，2011年1月民航局综合司印制。
[3] 中国民用航空总局：《全国民用机场布局规划》，第8页，2007年12月公布。《国务院关于促进民航业发展的若干意见》(国发〔2012〕24号)在发展目标中提到，航空服务覆盖全国89%的人口。

第八章
通用航空争议解决年度观察

第一节 争议解决年度观察（2014）[*]

一、我国通用航空发展现状

通用航空，是指使用民用航空器从事公共航空运输以外的民用航空活动，包括从事工业、农业、林业、渔业和建筑业的作业飞行以及医疗卫生、抢险救灾、气象探测、海洋监测、科学实验、教育训练、文化体育等方面的飞行活动。[①] 上述的定义只是指通用航空的运营而言，如果从通用航空产业链来看，通用航空还包括通用航空器及其零部件的研发制造，通用航空服务保障并延伸至金融、保险、会展贸易等方面。随着我国经济的持续增长和国民收入的稳步提高，通用航空在我国具有极大的发展机遇和投资前景。

（一）通用航空器的研发与制造

通用航空器的研发制造主要指整机和零部件的研发制造。总体而言，我国通用航空器的研发制造基础薄弱，具备自主知识产权的产品不多。目前，我国专门从事通用航空器主机制造的规模化厂家仅十余家。通用飞机型号单一，数量较少。通用航空制造企业的综合实力不强，尚未建立起具备足够品

---

[*] 本节刊载于北京仲裁委员会编：《中国商事争议解决年度观察（2014）》，北京：中国法制出版社2014年版。LexisNexis 于2014年出版了该书的英文版，本书收录时略作修改。

[①]《中华人民共和国民用航空法》第145条。《通用航空飞行管制条例》第3条对通用航空也做了界定，与《中华人民共和国民用航空法》第145的规定基本一致。

牌影响力的核心制造企业，没有形成以核心企业研发与总装、各类专业公司分工配套的产业生态。现有商业模式主要是与外商合资、合作或者并购外商、引进生产线等。①

（二）通用航空运营

在通用航空运营上，我国通用航空整体上保持了持续、快速的发展态势。通用航空企业数量、年飞行（作业）小时、通用航空机队规模、通用机场数量、从业人员、社会经济效益是衡量通用航空发展基本情况的六大指标。从作业时间来看，2012年，全行业完成通用航空生产作业飞行51.7万小时，比上年增长2.8%。其中，工业航空作业完成7.71万小时，比上年增长36%；农林业航空作业完成3.19万小时，其他通用航空作业完成40.81万小时。从通用航空企业数量来看，截至2012年年底，获得通用航空经营许可证的通用航空企业有146家，其中，华北地区41家，中南地区27家，华东地区29家，东北地区16家，西南地区16家，西北地区11家，新疆地区6家。从机队规模来看，2012年年底，通用航空企业适航在册航空器总数达到1 320架，其中教学训练用飞机328架。②

从公务航空和居民私人飞行状况来看，有以公务飞行和公务机代管为主营业务的通用航空企业19家，还有近50家正在筹建。2012年年底公务机的机队规模为166架，2013年超过200架，机队中绝大部分为各型喷气式公务机。2012年国内的公务机企业飞行约2.7万小时，比上年增长28%。③

（三）通用航空服务保障

通用航空服务保障是指以通用航空起降点建设为基础，为固定翼飞机、直升机等通用航空器提供起降、飞行导航、气象观测、供油、清洁、维护维修等一系列飞行保障服务，此外还可延伸到金融租赁、会展贸易、中介服务等。

---

① 如昌河飞机工业有限公司与阿古斯特维斯特兰合作生产CA109项目，哈尔滨飞机工业集团有限公司与欧直公司合作生产AC352项目，通飞公司并购美国西锐公司、中航国际并购美国大陆发动机公司等。
② 数据来源：中国民用航空局2013年5月发布的《2012年民航行业发展统计公报》第9页。
③ 数据来源：2013年9月11日在北京举办的"2013中美航空研讨会"会议资料。

在通用机场的建设上，从 2003 年开始，通用机场建设速度明显加快，至 2013 年近十年的年均增幅为 24%，是 1952—2003 年年均增幅的 13 倍。随着中国低空空域开放的推进和通用航空产业的快速发展，全国各省市、自治区均对通用机场建设作了详细规划。黑龙江、内蒙古、新疆、吉林、辽宁、四川、山西、河南、河北、云南、青海、西藏等在 2015 年前分别建设 10~60 个通用航空起降点。其中，湖南规划在 2030 年前建设 30 个通用机场，浙江规划到 2030 年在全省范围内布局建设超过 80 个通用机场。[①] 另外，已经建成了 4 个航空服务站，即沈阳法库、深圳南头、珠海三灶、海南东方。

通用航空维修方面，根据《民用航空维修行业"十二五"发展指导意见》，我国未来将进一步完善航空器维修产业链，继续加强通用航空器和关键部件的维修能力，并在全国范围内引导建设通用航空器产业集群，预计通用航空维修未来将成为政策扶持的重点。

我国 FBO[②] 发展刚刚起步，目前仅有北京、上海、深圳、珠海、三亚等地建设了 FBO。相比之下，美国则拥有数千家 FBO。随着我国通用航空的发展，FBO 的市场需求将快速增长。

根据我国公务机及通用航空器租赁市场发展趋势，2020 年通用航空金融租赁市场达到 1 000 亿元以上营业额，其中公务机占据 600 亿元。[③] 从市场现状看，截至 2010 年年底，国内共有融资租赁企业约 16 家，主要来自于银行业、大型航空公司和进出口公司等。

总之，就我国通用航空的发展现状而言，可以概括为三句话：起步晚，发展慢，规模小。一句话，中国的通用航空刚刚起步。这种现状，难以适应国民经济发展的需要，难以为我国经济发展转型提供应有的支撑。通用航空的发展是社会经济发展的必然要求。随着我国经济的发展，必然要求通用航空发展。近年，无论是地方政府，还是企业个人，对发展通用航空的积极性很高。作为一个农业大国，一个旅游大国，一个经济迅速发展的国家，我国

---

① 吕人力、于一、杨蕤、沈振：《资本进入通航产业现状》，《公务与通用航空》2013 年第 5 期。
② FBO 是 Fixed Base Operator 的英文缩写，中文意为固定基地运营商。FBO 一般由三部分组成：公务机专用候机楼、维修机库和停机坪，提供旅客候机、登机、飞机维护、飞行服务、飞机租赁、航行、气象信息等服务，是通用航空服务保障体系的重要组成部分。
③ 许东松：《通航发展与投资前景》，《公务与通用航空》2013 年第 5 期。

的通用航空市场随着政策法规与资本两个向度上的解冻将会有突出的表现。我国的通用航空还有巨大的发展空间和前景，达到美国的发展程度只是时间问题。

二、促进通用航空发展的法律法规或其他规范性文件

我国通用航空发展缓慢、力量弱小，有经济发展的因素，更主要的是政策法律因素。有关的政策法规限制了通用航空的发展，束缚了通用航空腾飞的翅膀。因此，近年颁布的相关政策法规基本上是针对影响通用航空发展的因素，在制度层面为通用航空松绑解套。相关政策法规见表8-1，下面择其要者予以介绍。

表8-1　2010—2013年与我国通用航空相关政策法规列表

政策（法规）名称	颁布时间	颁布部门	对通用航空的重要意义
关于深化我国低空空域管理改革的意见	2010	国务院、中央军委	改善通用航空空域使用环境。重点在于低空空域的划设，以及建立航空服务站等服务保障体系
关于加快培育和发展战略性新兴产业的决定	2010	国务院	干支线飞机和通用飞机为主的航空装备是高端装备制造产业的重要组成部分，并确立为重点发展的战略性新兴产业
中华人民共和国国民经济和社会发展第十二个五年规划纲要	2011	国务院	首次将通用航空纳入国家经济社会发展目标，明确提出"积极推动通用航空发展，改革空域管理体制，提高空域资源配置使用效率"
"十二五"国家战略性新兴产业发展规划	2012	国务院	明确了通用航空发展的产业目标，即通用飞机、民用直升机发展和应用实现全面突破；通用航空实现产业化发展
国务院关于促进民航业发展的若干意见	2012	国务院	提出了通用航空的发展目标和发展通用航空的主要任务，是今后推动通用航空发展的行动指南
民航发展基金征收使用管理办法	2012	财政部	民航发展基金将支持通用航空发展，包括支持应急救援等作业项目，通用航空专业技术人才（飞行、机务）培养，通航基础设施建设等
中国民用航空第十二个五年规划	2011	民航局	通用航空被列为民航发展的五大任务之一。要推进基础设施建设，扩大通航规模，完善规章标准体系

续表

政策（法规）名称	颁布时间	颁布部门	对通用航空的重要意义
通用航空飞行任务审批与管理规定	2013	中国人民解放军总参谋部、中国民用航空局	进一步减少审批范围、事项和层级，支持企业自主决策
关于加强公务航空管理和保障工作的若干意见	2013	中国民航局	民航局首次出台的专门规范保障中国公务航空发展的政策性指导文件，18条措施将助推公务航空发展

1. 关于深化我国低空空域管理改革的意见[①]

通用航空的发展与运输航空一样，首先需要一定的空域。在空域的使用上，中国对通用航空活动实行严格的审批制度。有一形象的比喻是，"离地三尺就要打报告"。《飞行基本规则》明确规定："所有飞行必须预先提出申请，经批准后方可实施。"[②]《通用航空飞行管制条例》对通用航空飞行活动的要求与《飞行基本规则》如出一辙："从事通用航空飞行活动的单位、个人使用机场飞行空域、航路、航线，应当按照国家有关规定向飞行管制部门提出申请，经批准后方可实施。""从事通用航空飞行活动的单位、个人实施飞行前，应当向当地飞行管制部门提出飞行计划申请，按照批准权限，经批准后方可实施"。[③]

上述法规的规定严重制约了通用航空的发展。为此，社会各界多次提出改革空域管理体制，释放更多的空域给民航使用。可喜的是，有关政策或政策性文件已经对空域的改革提出了明确的要求和具体规划。《中华人民共和国国民经济和社会发展第十二个五年规划纲要》明确提出"改革空域管理体制，提高空域资源配置使用效率"。而这其中最重要的是《关于深化我国低空空域管理改革的意见》（以下简称《空域改革意见》）。《空域改革意见》首次明确了深化低空空域管理改革的总体目标、阶段步骤和主要任务。"把低空空域管理改革作为今后一个时期国家空管改革和建设的重点任务"，探索和完善"具有中国特色的低空空域管理体制、运行机制、政策法规和服务保障体系"。具体思路是："分类划设低空空域。按照管制空域、监视空域和报告空域划设低

[①] 国务院、中央军委2010年8月19日发布。
[②] 《中华人民共和国飞行基本规则》第35条。
[③] 《通用航空飞行管制条例》第6条、第12条。

空空域，区分不同模式实行分类管理试点"（表 8-2）。具体措施有：在前期试点的基础上，推进真高 1 000 米以下管制、监视和报告等三类空域划设；在现行航路内 4 000 米以下参照监视空域管理；改进通用航空起降点审批办法，简化程序、缩短时间；发行低空航图；建立区域、分区、航空服务站三级服务管理机构。民航负责航空服务站的建设和管理；建立健全飞行员培训机制、联合监管机制、评估监督机制等等。

表 8-2　三类空域对比表

空域类别	飞行计划（申请、报备）	空管部门职责
管制空域	申请	掌握飞行动态，实施管制指挥
监视空域	报备	监视飞行动态，提供飞行服务和告警服务
报告空域	报备	根据用户需要，提供航行情报

《空域改革意见》的出台意义重大，它是空域改革领域一部纲领性文件。它使空域的改革不再停留在纸面上，而是向实施操作方向迈进，最终目的是改善通用航空的空域使用环境。

2. 关于促进民航业发展的若干意见[①]

《关于促进民航业发展的若干意见》（以下简称《意见》）是中国政府首次发布的国家层面的航空产业政策，《意见》分析了我国民航业的现状，提出民航业 2020 年的发展目标，同时还提出了具体的任务和政策措施，在民航业发展史上具有里程碑的意义。其重要意义有以下几方面：

第一，将民航业定位为"中国社会经济发展重要的战略产业"。这是我国第一次将民航业定位为战略产业。

第二，提出要大力发展通用航空。巩固农、林航空等传统业务，积极发展应急救援、医疗救助、海洋维权、私人飞行、公务飞行等新兴通用航空服务，加快把通用航空培育成新的经济增长点。推动通用航空企业创立发展，通过树立示范性企业鼓励探索经营模式，创新经营机制，提高管理水平。坚持推进通用航空综合改革试点，加强通用航空基础设施建设，完善通用航空法规标准体系，改进通用航空监管，创造有利于通用航空发展的良好环境。

[①] 国务院 2012 年 7 月 8 日发布。

第三，积极支持国产民机制造。鼓励民航业与航空工业形成科研联动机制，加强适航审定和航空器运行评审能力建设，健全适航审定组织体系。积极为大飞机战略服务，鼓励国内支线飞机、通用飞机的研发和应用。引导飞机、发动机和机载设备等国产化，形成与我国民航业发展相适应的国产民航产品制造体系，建立健全售后服务和运行支持技术体系。

第四，大力推动航空经济发展。通过民航业科学发展促进产业结构调整升级，带动区域经济发展。鼓励各地区结合自身条件和特点，研究发展航空客货运输、通用航空、航空制造与维修、航空金融、航空旅游、航空物流和依托航空运输的高附加值产品制造业，打造航空经济产业链。

第五，加大空域管理改革力度。以充分开发和有效利用空域资源为宗旨，加快改革步伐，营造适应航空运输、通用航空和军事航空和谐发展的空域管理环境，统筹军民航空域需求，加快推进空域管理方式的转变。加强军民航协调，完善空域动态灵活使用机制。科学划分空域类别，实施分类管理。做好推进低空空域管理改革的配套工作，在低空空域管理领域建立起科学的基础理论、法规标准、运行管理和服务保障体系，逐步形成一整套既有中国特色又符合低空空域管理改革发展特点的组织模式、制度安排和运行方式。

第六，制定完善相关政策，支持国内航空租赁业发展。《关于促进民航业发展的若干意见》在将民航业确定为国民经济的战略产业的基础上，提出大力发展通用航空，支持国产民机制造，加大空域管理改革力度，鼓励各地发展航空产业经济，这为通用航空的发展奠定了政策基础，之前影响通用航空发展的诸多制度因素，将在《关于促进民航业发展的若干意见》的推动和指导下，进行修改和完善。

3. 通用航空飞行任务审批与管理规定[①]

《通用航空飞行任务审批与管理规定》（以下简称《审批与管理规定》）是中国在空域管理改革上的又一阶段性"成果"。《审批与管理规定》在改善通航整体运营环境等方面进行了积极探索，在通用航空管理领域进一步改革创新，主要体现在五个方面：

一是按照行政审批制度改革的要求，首次对通用航空飞行任务审批实行

---

① 中国人民解放军总参谋部、中国民用航空局 2013 年 11 月 6 日颁布，自 2013 年 12 月 1 日起施行（参作〔2013〕737 号）。

"负面清单"式管理，明确规定除九种情况外，其他通用航空任务一律不需要申请和审批，体现了"法无禁止即合法"的基本原则。

二是首次明确了民航、军队相关部门在通用航空飞行任务审批职责方面的事权划分，保证了民航行业管理部门实施通用航空行业管理职责的一致性和统一性。《审批与管理规定》第 3 条明确，国家民用航空管理部门负责通用航空飞行任务的审批，总参谋部和军区、军兵种有关部门主要负责涉及国防安全的通用航空飞行任务的审核，以及地方申请使用军队航空器从事非商业性通用航空飞行任务的审批。

三是按照国务院简政放权的要求，将民航行业管理部门负责的相关通用航空飞行任务审批权限下放到民航地区管理局，为通航企业提供更多便利。

四是尊重通用航空企业的市场主体地位，最大限度地支持企业依法依规自主决策。这包括第 10 条飞行实施单位或者个人自行甄选野外临时起降场地、第 15 条机长负责最终决定放飞的制度等。关于自行甄选临时起降点的条款，对于通用航空更好地"飞起来"具有积极作用。从事通用航空作业的固定翼小飞机、直升机通常飞行距离比较短，在出发地与目的地间需要一些临时起降点经停。现在按照《审批与管理规定》第 10 条，意味着临时性起降点可以由通用航空企业自己选、自己建。企业在建设临时起降点时，只需避开飞行繁忙地区以及特殊区域等，不影响飞行安全和重要目标安全即可。

五是结合通用航空发展实际，进一步满足企业运营要求。这包括第 9 条每年集中办理部分通用航空飞行任务审批，一次审批的作业期限可长达一年，避免一事一报；还包括第 8 条和第 16 条对紧急救援的优先保障等，简化了审批程序。

总之，《通用航空飞行任务审批与管理规定》在通用航空飞行的审批上又向前迈了一大步，进一步减少审批范围、事项和层级，支持企业自主决策。

4. 关于加强公务航空管理和保障工作的若干意见[①]

这是我国民航政府主管部门专门就公务（商务）航空出台的首个政策文件。前已述及，我国内地公务航空发展迅速，已经成为通用航空领域发展最快的业务之一。但与此同时，公务飞行可用机场等基础设施数量不足、时刻

---

① 中国民用航空局 2013 年 2 月 5 日发布（民航发〔2013〕17 号）。

资源紧张、地面综合服务保障资源有限、市场供需失衡等问题日益突出，已经影响到公务航空的健康发展。为促进公务航空持续健康发展，中国民用航空局出台了该意见，针对公务航空发展中的安全管理、市场监管、服务保障等五个方面提出了18条具体措施，体现在以下三点。

第一，规范管理，确保安全运行。在规范管理、确保安全运行方面，提出规范市场准入管理，细化经营性公务包机飞行、公务机代管飞行和非经营性自用公务机飞行运营者的行业准入条件，分类实施行政许可；要求公务机运营者落实安全主体责任；进一步简化行政许可程序，下放审批层级，放宽市场准入条件，支持公务机行业的联合、兼并、重组，形成骨干企业；实施分类运行管理，依据公务机运行特点和机型，进一步明确CCAR135部和CCAR91部适用于公务航空运行的条款，区分公务飞行与航空运输飞行所适用的规章条款。

第二，协调时刻资源，简化审批手续。改进公务机引进管理方式；规范机场保障和空管服务收费；规范飞行计划审批，简化审批程序，缩短审批时限；按照运输机场繁忙程度，统筹安排航空运输与公务航空、国内与国外来华公务飞行的时刻资源；在繁忙协调时段，首都机场国外公务飞行起降总量每天不少于15个，上海虹桥和浦东机场均不少于10个。

第三，布局通航机场，鼓励FBO建设。建设一批适度超前、具有公务机保障服务能力的通用机场，并支持社会力量投资；协调国家有关部门，降低通用机场建设审批层级，简化审批程序；支持企业投资兴建机库、候机楼等公务航空地面保障设施和FBO；要求公务飞行活动频繁的运输机场大力推进公务航空功能区域建设，或利用"两舱"旅客休息设施为公务航空提供服务。

5. 引进通用航空器管理暂行办法[①]

《引进通用航空器管理暂行办法》的亮点有二：一是对引进通用航空器实施分类管理。一般通用航空器引进由民航地区管理局备案管理；喷气公务机引进由民航地区管理局负责受理，其中大型喷气公务机（包括B737系列、

---

① 中国民用航空局2012年12月24日发布（民航发〔2012〕117号）。《引进通用航空器管理暂行办法》是民航局对《引进进口通用航空器管理暂行办法》（民航发〔2010〕70号）的修订。

A320 系列、"世袭"1000，及最大起飞全重大于以上机型的喷气公务机同）由地区管理局审核，报中国民用航空局核准，其余喷气公务机由地区管理局核准，报中国民用航空局备案。以上新规定，改变了原规定由民航地区管理局和中国民用航空局形成的两级管理方式，即地区管理局负责申请项目的受理及初步审核，中国民用航空局负责核准。由此可见，航空器的引进审批权已由中国民用航空局逐步下放到地区管理局，并对不同航空器实行分类管理。二是缩短了审批和审核时限。对于引进一般通用航空器，如无异议，民航地区管理局应在 10 个工作日内出具备案证明；对于引进喷气公务机，地区管理局应该在 15 个工作日内完成评审，如无异议即予核准，并在 10 个工作日内报送中国民用航空局备案；对于引进大型喷气公务机，地区管理局应该在 10 个工作日内完成初步审核，将审核结果及申报材料报送中国民用航空局。而中国民用航空局的批复时限也由原来的 20 个工作日缩短为 15 个工作日。

总之，上述政策法规，释放出一个确定的信号：就是政府鼓励并且支持通用航空的发展，开始逐渐放松对通用航空的管制或限制。如果说初期发布的政策的规定比较宏观的话，后期出台的相关规定则更加微观和具体化，具有相当的可操作性，即开始从原则性的政策规定开始向可操作性的法规转变。

三、典型案例

概括而言，近年发生的案例涉及以下三方面：一是没有经过批准而从事通用航空飞行活动[①]；二是在通航活动中造成人员伤亡；三是航空器的买卖和租赁。航空器是航空企业运营中不可或缺的设备，也是航空企业的核心资产。综观近年发生的案件，大部分集中在航空器的买卖、租赁方面。因航空器的买卖和租赁与商事仲裁密切相关，所以下面重点介绍与此相关的两个案例。

（一）云南英安航空公司与哈飞航空工业股份有限公司飞机买卖纠纷案

英安航空于 2001 年 11 月 28 日通过分期付款方式向哈飞航空工业股份有

---

① 比如，2013 年 12 月 29 日上午 11 时左右，北京国遥星图航空科技有限公司在开展测绘作业时，飞机在正常测绘作业过程中，进入北京首都机场空域范围内，致使首都机场 10 余班次飞机延迟起飞，2 班次实施空中避让。而在开展测绘作业之前，委托方河北中色测绘有限公司并未按照合同约定申请空域。

限公司（以下简称哈飞公司）购买两架 Y12E 型飞机，单价为每架 1 880 万元，共计 3 760 万元，哈飞公司于 2002 年交付英安航空使用。英安航空在之后的使用中发现哈飞公司所交付的飞机存在多处质量问题，于是要求哈飞公司进行维修。但是一直到 2013 年 5 月，飞机存在的质量问题一直未能解决。同时，英安航空由于 Y12E 型飞机处于维修阶段等原因，于 2010 年左右资金运转出现困难，未能按合同规定支付哈飞公司所欠尾款 1 760 万元。2011 年，英安航空经营状况有所好转，请哈飞公司继续维修已到场的 Y12E 型飞机，并承诺待飞机投入使用后偿还欠款。2013 年 6 月，哈飞公司在维修 Y12E 型飞机时，以英安航空未及时支付尾款为由，将该飞机暂扣，并采取诉讼保全措施，将英安航空起诉至哈尔滨市平房区人民法院，请求英安航空支付其尾款 1 760 万元及逾期付款利息损失。经法院调解，英安航空将其一处房产抵押给哈飞公司，哈飞公司将飞机交还英安航空。

此案虽小，但涉及的问题却不容忽视。当通用航空在中国蓬勃发展的今天，此案更是具有一定的代表性。发展通用航空，航空器是不可或缺的要素，首当其冲的是航空器的买卖和租赁，因此，在航空器的买卖或租赁过程中，合同的签订和合同条款是重中之重。本案表面看是因航空器质量问题而引起的，但导致纠纷的根源在于合同签订存在问题。具体来说，有两方面：第一，合同中未能明确约定在产品出现质量问题时如何解决；第二，在无法协商一致的情况下，如何承担责任以及如何解决纠纷。事实是，哈飞公司交付的飞机确实存在质量问题，并且一直未能解决。但对于航空器质量问题，双方的合同中未做明确约定。因此，在签订航空器买卖合同时，应特别注意质量条款。在合同中应详细约定，当产品出现质量问题时，卖方的义务和责任。因航空器本身构造极其复杂，因此相关条款不仅应涉及航空器的主要零部件，如机身、机翼、起落架、动力装置和仪表设备等，还应包括其他方面。如果卖方最终还是不能解决质量问题，卖方如何承担责任，应在合同中有明确的约定。如果合同中的质量条款过于简略，一旦发生质量问题，就如同本案一样，将会久拖不决。

本案中，一方面是航空器本身存在质量问题，另一方面是买方因产品质量问题迟延付款，卖方不得已扣留飞机。在双方发生争议后，无法协商解决的情况下，如何合法地行使各自的权利，如何解决纠纷显得相当重要。卖方暂扣飞机的行为，似乎是在行使留置权。但是，行使留置权的前提是留置物必须是动产，而且必须是债务人享有处分权的动产，不动产不能作为留置物。《中华人民共和国担保法》关于留置有明确的规定。民用航空器是价值巨大的动产，因此在一些具体的实体法律制度的适用上常常将其作为不动产对待，如《民用航空法》关于民用航空法抵押权的规定。如果将民用航空器看作是动产，可以留置，将极大地影响航空器所有权人或使用权的利益。因此，民用航空器不适用于留置，中国法律也没有规定当事人为了实现自己的债权而可以留置民用航空器。实际上，在近年发生的案例中，因买方或承租方迟延付款而被另一方当事人扣留航空器的情况并不鲜见，本节第二个案例也发生了航空器被扣留的情况。因此，在有关航空器的买卖或租赁中，如双方无法协商一致解决问题，不妨选择一个公信力比较高的仲裁机构，比如北京仲裁委员会进行裁决，以便高效地解决双方的纠纷。

（二）东星航空[①]破产案

东星航空是中国第一个破产倒闭的航空企业，也是第一个被飞机出租人申请破产的航空企业。东星航空破产案不仅受到了社会各界的持续关注，而且也引起了法学界的广泛讨论。

2006年1月14日，东星航空与通用电气商业航空服务有限公司（GE Commercial Aviation Services Limited）等六家公司签订了租赁9架空中客车的《飞机租赁通用条款协议》和《单架飞机租赁协议》。后又于2007年3月14日与上述公司签订了租赁1台飞机发动机的《发动机通用条款协议》和《发动机租赁协议》。上述租赁合同的期限均为10年。后者根据飞机和发动机租赁合同将9架空中客车飞机和1台飞机发动机租赁给东星航空使用。

2009年3月10日，通用电气商业航空服务有限公司等六家公司以东星航空公司无力偿还其到期债务人民币74 121 565.74元，且明显缺乏清偿能力为由，向武汉市中级人民法院申请其破产清算。武汉中院于2009年3月30日

---

① 东星航空成立于2005年12月22日，注册资本为30 600万元，住所地为武汉市黄陂区天河街，经营范围为湖北省内航空客货邮运输业务及其他国内航空客货邮运输业务。截至2014年年底，东星航空在册员工共有1 380人，其中飞行员86人。东星航空是经原中国民用航空总局批准筹建的第四家民营航空公司。

做出（2009）武民商破字第4-1号《民事裁定书》裁定受理该案。同日，武汉中院指定东星航空清算组为东星航空公司破产管理人。破产管理人成立后，接管了东星航空公司全部资产，并委托中介机构完成了对东星航空公司破产债权、债务的申报登记、核实、财产清收及财产的审计、评估工作。

2009年8月25日，武汉众环会计师事务所出具众环审字（2009）750号审计报告，该报告确认，截至2009年3月31日，东星航空的资产总额为399 849 319.80元，负债总额为1 076 041 453.40元，净资产为-676 192 133.60元，东星航空公司已资不抵债，无力清偿到期债务。

在本案审理期间，中国航空油料有限责任公司等10家债权人和出资人武汉东星国际旅行社有限公司向武汉中院提起重整申请，但均因其申请不符合法律规定而被武汉中院及湖北高院裁定不予受理。湖北东星集团有限公司虽提起重整申请并提交重整草案，但因其缺乏资金能力、重整草案不具备可行性以及东星航空不具备重整事实基础，武汉中院（2009）武民商破字第4-19号民事裁定依法驳回其重整申请。武汉中院2009年8月26日（2009）武民商破字第4-20号民事裁定宣告东星航空破产还债。此后，武汉中院监督、指导破产管理人完成了两次破产财产分配，总额共计人民币2.43亿元。2010年12月23日，鉴于东星航空破产财产全部分配完毕，武汉中院遂做出裁定，终结东星航空破产清算程序。

由于该案是国内首例航空公司破产案，武汉中院在审理中遇到了大量新型疑难的法律问题，如解除租赁合同后的租金损失问题、航线经营权价值、飞机取回、飞行员流动补偿费用以及飞机留置权等复杂的法律问题。飞机租赁、飞机留置、航线经营权以及飞行员流动这都与航空业密切相关，并且都是这一行业特有的问题。这些问题有的法律有明确规定，有的没有规定。比如，解除租赁合同后的租金损失计算问题，通用电气商业航空服务有限公司认为自合同解除之日至合同到期日之间的租金都为其损失，应该赔偿。有一种观点是自合同解除之日至再转租给其他公司之日止期间的租金，以及租金差额。实际上，对于航空企业因破产而解除合同后的飞机租金损失问题，《合同法》等法律都没有具体规定。鉴于目前法律上的空白，因此在租赁合同中，需要双方对此予以明确。双方可以约定一定比例的违约金，或者一定期间的租金，比如三个月或半年。在东星航空停飞后，其租赁的9架飞机分别停留在武汉天河机场（4架）、广州白云机场（3架）、郑州新郑机场（2架）。其中，8架飞机被出租方取回，广州白云机场以东星航空拖欠其管理费为由留置了1架飞机。对于机场是否有权留置飞机，也是存在截然相反的观点。关于对航空器行使留置权，上一案例已有初步讨论，此不赘述。

四、学术热点

中国民航业的快速发展，许多问题随之产生，如空域管理与改革、通用航空的定义、机场建设与机场亏损、飞行员短缺，以及航空公司破产等问题。对于这些航空运输实践中产生的问题，学术界给予了积极回应。有关的研究也逐渐深入，下面择其要者予以介绍讨论。

（一）关于通用航空的定义

关于通用航空的定义，表面上看是一个学术问题，实际上涉及通用航空在一国的业务范围和发展方向，并最终影响到相关政策法规以及标准的制定。对于什么是通用航空，国际民航组织、美国等国家的定义并不一致。《国际民航公约》附件6第二部分对通用航空的定义是：除商业航空运输运行或航空作业运行以外的航空器运行。商业航空运行是为取酬或租金从事客、货、邮件运输的航空器运行；航空作业是指航空器用于专门的服务，诸如农业、建筑、摄影、测量、观察与巡逻、搜寻与救援等。前已述及，我国法律将通用航空定义为公共航空运输以外的民用航空活动，也就是说，除公共航空运输外，其他民用航空活动基本上都是通用航空，航空作业是通用航空的一部分。美国的通用航空的定义则相当宽泛，不但包括航空作业飞行、体育航空、医疗救助等，公务航空、出租飞行、支线航空以及不定期货运都归入了通用航空。

就中国目前关于通用航空的定义看，通用航空基本上由两大部分组成：一是作业飞行（工业、农业、林业、渔业和建筑业），二是特种飞行（医疗卫生、抢险救灾、气象探测、海洋监测等）。像出租飞行、公务航空、支线航空等没有包括进去，也就是说，中国关于通用航空的定义更多地局限在作业飞行和特种飞行方面，这不利于通用航空的发展。发展通用航空首先应重视其交通运输价值。通过通勤航空或通用航空短途运输的方式，拓展通用航空服务的领域和空间。国务院《关于促进民航业发展的若干意见》也指出，在巩固农、林航空等传统业务的同时，要积极发展私人飞行、公务飞行等新兴通用航空服务。内蒙古阿拉善通勤航空和呼伦贝尔通用航空短途运输试点的成功[①]表明，通用航空在联结小型机场与支线（干线）机场、解决偏远地区交通、促进区域经济社会发展方面具有运输航空不可替代的作用。尽管有关法律对通用航空的定义比较狭窄或不甚明确，但在实践中不妨跳出该定义，适当扩大其范围，将之前没有包括进去或者是根本没有予以重视的通勤航空、私人航空、公务航空纳入其中，积极发展。狭窄地理解通用航空的定义，等于是自我限制或者是自缚手脚，不利于通用航空的发展。

（二）关于飞行员流动的价值补偿

飞行员是航空运输中不可或缺的人力因素。中国民航业的快速发展，急需大量的飞行员，而中国目前的供给却无法满足需求，因此飞行员在不同航空公司之间的流动成为必然。飞行员流动的价值如何补偿成为首要问题。2005年，中国民用航空总局等五部委颁发了《关于规范飞行人员流动管理 保证民航飞行队伍稳定的意见》，要求"飞行员辞职必须征得原有单位的同意"，并要向原航空公司赔偿70万~210万元。但即使是按照最高标准210万元赔偿，原航空公司也不同意，并且提出远高于210万元的赔偿数额。原航空公司提出的赔偿额，主要是指其为培训飞行员而支出的培训成本。多年来，中国各家航空公司都在采取"订单"的方式培养他们自己的飞行员。飞行员从在航校学习开始到走上工作岗位，再到后期培训，费用全部由航空公司承担。因此，他们认为飞行员赔偿其培训成本是理所当然的。但也有观点认为，从法律角度说，飞行员是具有独立人格的劳动者，他们有权依据劳动合同法的规定精神，承担义务和享有权利。他们不是航空公司的私人财产。根据《中华人民共和国劳动合同法》的规定，劳动者有选择劳动岗位的自由和权利，只要航空公司违约，飞行员随时都有权解除劳动合同，并且不用赔偿。

虽然航空公司漫天要价的做法并不可取，但完全自由的、毫无代价的辞

---

① 2011年9月15日，中国飞龙通用航空公司开始使用15座的运-12飞机，以根河林业机场改建的通用机场为起降基地，在根河—海拉尔、根河—满洲里航线上开展通用航空短途运输试点（包机飞行任务）。该项目的正式运营，标志着由通用航空企业使用通用航空器，在通用机场间或通用机场与支线机场间开展的通用航空短途运输模式在中国得到正式应用。

职也是不可行的。诚然,在飞行员的培养过程中,航空公司的确付出了较大的成本,一旦飞行员辞职,会对航空公司的正常运行产生一定影响。但是,这不能成为航空公司拒不放人、要求高额赔偿的理由。飞行员在自己的工作过程中,也在为航空公司创造着价值。因此,即便航空公司为飞行员的培养付出了较大成本,飞行员的服务期限也不应该是终身的,而应该界定一个合理的期限。同样,对航空公司不予任何补偿或赔偿也是不现实、不合理、不合法的,毕竟,航空公司承担了飞行员的全部培养费用,而这种培养方式与国外通行的自费学习、自主择业的飞行员培养方式完全不同。所以,飞行员流动的价值补偿,应综合考虑飞行员的培养方式、企业承担的培养成本、飞行员已经在该企业的服务期限等因素,参照五部委的意见,确定一个合理的数额。当然,这一问题的最终解决,还是要通过市场化的方式培养飞行员。

(三)关于机场建设与机场亏损

中小机场亏损问题已成为大家关注的焦点[①]。关于中小机场是否建设过多,是否需要再建机场,尤其是建设中小机场的质疑不断。对于机场建设来说,不能将是否盈利作为要不要建设机场的衡量标准。是否建设机场,应考虑机场的综合效益。机场在促进区域经济结构调整、产业升级方面发挥着基础性和先导性作用。航空运输在改善区域投资环境、促进经济社会发展的同时,还优化了经济结构、带动了产业升级、增加了就业机会。大机场自不用说,以云南省迪庆藏族自治州为例,自治州政府中甸距昆明659千米,山高路远,交通不便,经济十分落后。投资2.56亿元的香格里拉机场1999年建成通航后,举世闻名的"香格里拉"旅游胜地吸引了世界各地的游客。旅游业的迅猛发展极大地带动了地区经济的发展,该州地区生产总值在"十五"期间(2001—2005年)年均增长21.5%,香格里拉机场的建成和通航功不可没。云南腾冲机场也是如此。该机场自2009年2月建成通航,当年旅客吞吐量就达到了25.5万人次,地区生产总值完成56.8亿元,比2008年同期增长13.5%,比全国增长速度快4.8个百分点;带动当地旅游人数、旅游总收入分

---

① 2010年,正式通航运营的175个机场中,120个亏损,合计亏损约16.8亿元,平均每个机场亏损1 000多万元。见李家祥:《更好地发挥民航业在加快转变经济发展方式和调整经济结构中的战略作用——在2011年全国民航规划暨机场工作会议上的讲话》,《空运商务》2011年第7期。

别增长 14%、29.6%，带来客商数量比 2008 年增长 60%。2010 年腾冲机场的旅客吞吐量同比增长 80.8%，远高于全国平均水平。如今的腾冲已从一个名不见经传的边境小镇，快速发展为中国面向南亚的第一县。①

再以黑龙江漠河为例。漠河地处中国最北端，旅游资源十分丰富，但从哈尔滨乘火车需要 23 个小时，交通不便影响了当地旅游资源开发和经济社会发展。漠河机场于 2008 年 6 月 18 日正式通航以来，旅游旺季一票难求、班班爆满，极大地促进了当地社会经济的发展。漠河机场建成仅用了 2.3 个亿，而机场的通航将漠河与全国乃至世界连了起来。②

可以说，中小机场的服务覆盖了全国 70% 以上的县域，对地区经济贡献以万亿计。因此，绝不能简单地从经济效益上考虑中小机场建设投资、运营亏损等问题，要从当地经济社会发展角度看待中小机场的综合效用。

五、总结与展望

中国通用航空刚刚起步。如果说中国的运输航空已经发展到了青壮年时期的话，通用航空还是襁褓中的婴儿。中国通用航空的规模与美国、欧洲等通用航空发达国家相比差距较大，发展空间巨大。空域使用上的严格限制、通用机场的严重不足以及专业技术人员的短缺是制约通用航空发展的三大障碍。令人欣慰的是，从中央政府到行业主管部门，再到地方政府，近年频频出台支持通用航空发展的政策。针对影响通用航空发展的制度障碍，或修订旧法，或出台新法，逐渐解除对通用航空的限制因素，更加具体、更加详细、更具可操作性的法规将会逐步推出。

中国经济持续稳定地发展，通用航空外部发展环境的逐步改善，相信中国的通用航空业将迎来自身发展的"春天"。《国务院关于促进民航业发展的若干意见》对于通用航空的发展目标是：通用航空实现规模化发展，年均增长 19%。③ 随着经济的发展，空域的开放，法规的修订，机场等基础设施的改

---

① 李家祥：《更好地发挥民航业在加快转变经济发展方式和调整经济结构中的战略作用——在 2011 年全国民航规划暨机场工作会议上的讲话》，《空运商务》2011 年第 7 期。
② 李家祥：《更好地发挥民航业在加快转变经济发展方式和调整经济结构中的战略作用——在 2011 年全国民航规划暨机场工作会议上的讲话》，《空运商务》2011 年第 7 期。
③ 《国务院关于促进民航业发展的若干意见》（国发〔2012〕24 号）在发展目标中提到，航空服务覆盖全国 89% 的人口。

善，相信上述目标的实现并不困难。中国通用航空展翅翱翔的日子已不遥远！

通用航空的快速发展，自然需要商事仲裁为之保驾护航。从通用航空器的研发制造、买卖、租赁，到维护、托管，再到通用航空的运营，以及运营涉及的保险等，在这一产业链上无论哪一个环节发生纠纷，商事仲裁都是最便捷、最高效、首选的解决纠纷方式。从近年发生的通用航空纠纷案例看，解决纠纷需要极强的专业知识和行业背景作为支撑，为此，北京仲裁委员会与北京市法学会航空法学研究会合作，为国内通用航空企业举办有关通用航空运营和法律方面的培训，提供相关法律服务。可喜的是，我国的一些通用航空企业已经认识到商事仲裁的这一优越性，从不了解转向积极学习接纳，并在其合同中开始订入仲裁条款。毫无疑问，通用航空将成为商事仲裁的又一重要领域，北京仲裁委员会将在这一新领域发挥重要作用。

第二节　争议解决年度观察（2015）[*]

一、概述

2014年，通用航空政策法规进一步向纵深推进。虽未出台有重大影响的法规政策，但有关顶层设计的细化规定已基本成形，静待推出。国内通用航空器制造企业或推出新机型，或兼并国外通用航空器制造商，以扩大研发制造能力，特别是ARJ21-700飞机取得型号合格证，为航空器的制造奠定了技术基础。在政府有关通用航空政策和法规的鼓舞和引导下，市场主体跃跃欲试，摩拳擦掌，布局踩点。通用航空市场规模不断扩大，市场活力日渐迸发。全国有"20余个省（自治区、直辖市）制订了通用航空产业发展规划或通用机场布局规划，各地出现了百余个通用航空产业园。"[①] 设立通用航空企业的申

---

[*] 本节刊载于北京仲裁委员会编：《中国商事争议解决年度观察（2015）》，北京：中国法制出版社2015年版。LexisNexis于2015年出版了该书的英文版。本书收录时略作修改。

[①] 中国民航局：《通航产业：潜力巨大的新经济增长点》，载中国民航局网，http：//www.caac.gov.cn/A1/201411/t20141124_69839.html，最后访问时间：2015年2月8日。

请在 2014 年达到了新高。有关通用航空器的托管、航空器融资买卖、航空器保险的纠纷日益增多。

（一）通用航空器制造

在通用航空器的制造方面，2014 年最大的亮点是 ARJ21-700 飞机获颁飞机型号合格证。2014 年 12 月 30 日，中国民用航空局在北京向中国商用飞机有限责任公司颁发了 ARJ21-700 飞机型号合格证。这标志着我国首款喷气支线客机通过了中国民用航空局型号合格审定，飞机设计满足保证安全的基本要求，获得了参与民用航空运输活动的"入场券"。其取得型号合格证意味着我国首架喷气支线客机向着交付运营的目标迈出了坚实一步。据介绍，ARJ21-700 飞机已经拥有 200 多架订单。通过 ARJ21-700 飞机研制，我国走完了喷气支线客机设计、制造、试验、试飞全过程，攻克了鸟撞试验、全机高能电磁场辐射试验、闪电防护间接效应试验等一大批重大试验课题，掌握了失速、最小离地速度、颤振、自然结冰、起落架摆振等一大批关键试飞技术，掌握了一大批新技术、新材料、新工艺，积累了重大创新工程的项目管理经验，初步探索了一条"自主研制、国际合作、适航为准"的民机技术路线，为 C919 大型客机项目顺利推进开辟了道路，创造了有利条件。国产 ARJ21-700 飞机获颁型号合格证，不仅是我国民机发展史上的一个里程碑，对培育发掘未来新的经济增长点也具有重要意义。[1]

中航通用飞机有限责任公司生产的两款飞机在 2014 年成功实现首飞。一款是"领世"AG300 飞机，[2] 它的最高飞行时速可达 600 千米，是世界同类单发涡桨飞机中飞行速度最快的。另一款是中航通用飞机有限责任公司的全资子公司——美国西锐公司生产的单发轻型喷气式公务机"愿景"SF50，该型飞机在研制阶段，已取得超过 500 架的订单。[3] 此外，在 2014 年中航通用飞

---

[1] 贾远琨、钱春弦：《中国民用航空局为国产 ARJ21-700 飞机颁发型号合格证》，载新华网，http：//news.xinhuanet.com/fortune/2014-12/30/c_1113831853.htm，2014 年 12 月 30 日，最后访问时间：2015 年 2 月 8 日。

[2] 《国产全复合材料涡桨公务机在珠海首飞成功》，载中国新闻网，http：//www.chinanews.com/df/2014/07-05/6354343.shtml，2014 年 7 月 5 日，最后访问时间：2015 年 2 月 8 日。

[3] 《我自主研发轻型喷气公务机愿景 SF50 首飞成功》，载光明网，http：//news.gmw.cn/2014-03/27/content_10809856.htm，2014 年 3 月 27 日，最后访问时间：2015 年 2 月 8 日。

机有限责任公司继续推进与美国赛斯纳飞机公司的合作进程，赛斯纳 208B 系列、奖状 XLS+ 均实现了通过双方的在华合资公司对客户进行交付。

（二）通用航空运营

根据中国民用航空局发布的信息通告，截至 2014 年 12 月 31 日，我国有 164 家实际在运行的通用及小型运输航空公司，从业飞行人员 2 191 名（含中国籍飞行员 2 043 人，外籍飞行员 148 人），航空器 1177 架。[1] 基于运行特点，将其分为五种类型：A 类，仅按照 CCAR-91 运行的公司，主要从事航空作业；B 类，仅按照 CCAR-135 运行的公司，主要从事小型运输，包括通勤和商务包机；C 类，A+B 混合运行；D 类，按照 CCAR-91 部运行，依据 CCAR-141 部训练的飞行学校；E 类，同时具有 CCAR-91、CCAR-135 和 CCAR-141 运行的公司。已获得运行合格证且实际在运行的公司，A 类 119 家，B 类 9 家，C 类 23 家，D 类 12 家，E 类 1 家。各类公司连续三年（2012—2014 年）数量变化对比统计如图 8-1 所示。[2] 可以看出，除 B 类公司 2014 年略有减少外，A、C、D 三类公司呈现持续增长的势头。

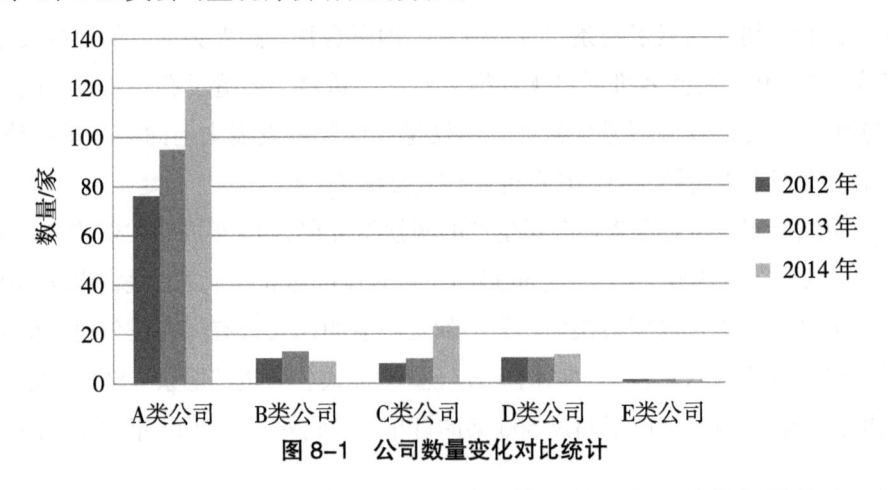

图 8-1　公司数量变化对比统计

飞行员人数：A 类公司多为实施工农业作业的飞行，总体规模较小，目前驾驶员 835 人，其中商用驾驶员 802 人、航线驾驶员 33 人。B、C、E 类公

---

[1] 数据参见中国民航局飞行标准司 2015 年 2 月 9 日发布的《2014 年通用和小型运输运行概况》（编号：IB-FS-2015-02），http：//pilots.caac.gov.cn/tongjiinfo.asp，最后访问时间：2015 年 2 月 15 日。在通用航空运营引用的数据，除特别注明外，均出自《2014 年通用和小型运输运行概况》。
[2] 中国民用航空局飞行标准司发布《2014 年通用和小型运输运行概况》第 18 页。

司驾驶员 1 103 人，其中商用驾驶员 602 人，航线驾驶员 501 人。D 类公司（训练学校），我国共有 14 家飞行学校，除飞行学院外，我国 CCAR-141 的航校 13 家，共有飞行教员 253 人。飞行员数量变化对比统计如图 8-2 所示。①

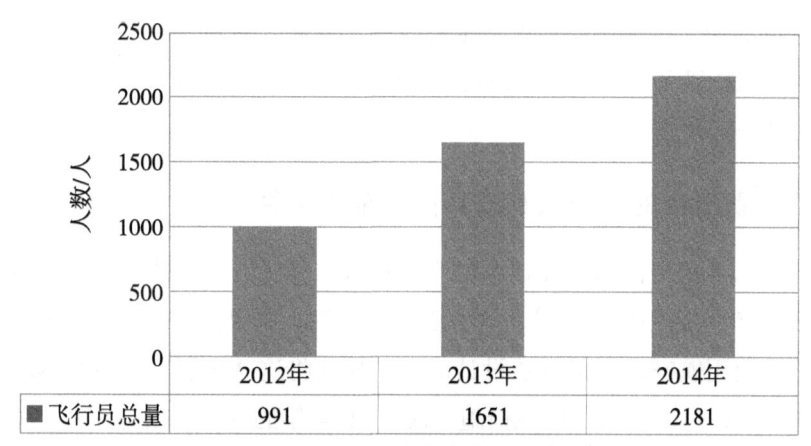

	2012年	2013年	2014年
飞行员总量	991	1651	2181

图 8-2　飞行员人数变化对比统计

航空器数量：按航空器种类划分，实际用于 91 部运行的通航公司，其飞行作业的航空器主要为飞机类、直升机类等。飞机 342 架、直升机 251 架、飞艇 1 架、运动类 14 架，共计 608 架航空器。B、C、E 类公司：我国小型运输类公司航空器共计 319 架，其中飞机 222 架、直升机 97 架。训练学校（D 类公司）：除飞行学院外，国内 CCAR-141 部训练学校共有航空器 247 架，其中飞机 241 架、直升机 6 架。

另外，私用飞行已经起步。截至 2014 年年底，我国注册私用航空器 145 架，其中飞机 114 架，直升机 31 架，2014 年度飞行小时总数 13 507 小时，大部分采取航空器代管的形式进行运行。

以上是从运行的角度做出的划分和数据统计，下面这组数据则进一步表明了通用航空的发展势头："截至今年（指 2014 年）9 月，中国通用航空企业总数 226 家，筹建单位 201 家，在册通用航空飞机、直升机总量 1 786 架，企业年增长速度近 5 年来已连续达到 25% 左右，航空器年均增长速度约 20%。目前，全行业从业总人数约 1.1 万人。"②

---

① 中国民用航空局飞行标准司发布《2014 年通用和小型运输运行概况》第 23 页。
② 呼涛、杨迪：《民航局官员：以政策引导激发中国通用航空市场活力》，载新华网，http：//news.xinhuanet.com/fortune/2014-10/15/c_1112839177.htm，最后访问时间：2015 年 2 月 10 日。

此外，通航企业的并购也可圈可点。2014年11月24日，中国民生投资股份有限公司（以下简称中民投）宣布成功并购民生国际通用航空有限公司、亚联公务机有限公司。[①]中民投通过增资扩股的方式，完成收购民生国际通航61.25%的股份，民生国际通航则全资收购了亚联公务机。通过此次并购，民生国际通航托管公务机机队规模达到70架，成为亚洲地区最大的公务机托管运营商之一。

二、新出台的法律法规或其他规范性文件

与前几年相比，2014年出台的政策法规寥寥无几，屈指可数。但这并不是说2014年在通用航空政策法规方面毫无建树。如果说前几年出台的政策法规致力于通用航空发展的顶层设计的话，如何将这些顶层设计方面的政策法规转化为可以付诸实施的法规措施，成为2014年的一个突出亮点，一些重要的法规的起草、修订在2014年逐步展开和推进，并已经形成征求意见稿，现择其要者予以介绍。

（一）低空空域使用管理

2010年国务院、中央军委印发《关于深化我国低空空域管理改革的意见》，拉开了开发低空资源、促进通航发展的序幕。四年来，我国空管系统分步进行了"两区一岛"改革试点和"两大区、七小区"扩大试点，[②]为空域管理改革全面推进探索了道路、积累了经验。2014年7月下旬，备受关注的《低空空域使用管理规定（试行）》（征求意见稿）开始征求各方意见。征求意见稿将低空空域按照管制空域、监视空域、报告空域和目视飞行航线进行分类，在管制空域内的飞行计划申请由起飞前15小时提出缩短为起飞前4小时提出。此外，该征求意见稿就未来我国真高1 000米以下低空空域的管理使用进行了详细、有实操性的规定，将成为未来我国低空空域使用管理的基本依据。《低空空域使用管理规定（试行）》（征求意见稿）将为未来《全国低空空

[①] 《中民投成功并购民生国际通航等两家公务机公司》，载搜狐财经，http：//business.sohu.com/20141124/n406340431.shtml，2014年11月24日，最后访问时间：2015年2月10日。
[②] 即沈阳、广州管制区，唐山、西安、青岛、杭州、宁波、昆明、重庆管制分区，已划设122个管制空域、63个监视区域、69个报告区域和12条低空目视航线进行低空空域分类管理。

域划设方案》提供依据。

（二）通用航空经营许可

《通用航空经营许可管理规定》2007 年颁布[①]，2010 年中国民用航空局首次启动了对原规章的修订工作，并形成征求意见稿，分别在 2012 年和 2013 年向行业内征求意见。2014 年 8 月初，《通用航空经营许可管理规定》修订稿面向全行业第三次征求意见。此次修订的基本思路是调整准入条件，激发市场活力；加强持续监管，规范运营秩序；保护消费者合法权益，推动行业安全、健康、可持续发展。

（三）通用机场建设的审批

2014 年 10 月 8 日，国务院原总理李克强主持召开国务院常务会议，决定向地方政府全部或部分下放通用机场、非跨境跨省电网等 23 类项目核准权限。"新建运输机场项目由国务院核准，新建通用机场项目、扩建军民合用机场项目由省级政府核准。"[②] 这意味着通用机场审批权下放，建设通用机场，只需要地方许可，从而缩短通用机场建设的审批周期，提高地方投资通用机场的积极性。

（四）其他法规草案

此外，《无人驾驶航空飞行器管理规定》《通用航空信息服务站系统建设和管理规定》《目视飞行航空地图管理规定》等法规已经起草完毕，也开始征求相关方面意见。

（五）关于积极支持民航投资基金设立有关问题的通知

2014 年 9 月 6 日，民航局向全行业下发了《关于积极支持民航投资基金设立有关问题的通知》，提出将由民航主要企业联合资本市场知名企业，共同

[①] 参见《通用航空经营许可管理规定》（CCAR-135TR-R3）2007 年 2 月 14 日中国民用航空总局第 176 号令公布，自公布之日起施行。
[②] 《国务院关于发布政府核准的投资项目目录（2014 年本）的通知》（国发〔2014〕53 号），2014 年 11 月 18 日，载中华人民共和国中央人民政府网，http：//www.gov.cn/zhengce/content/2014-11/18/content_9219.htm，最后访问时间：2015 年 2 月 6 日。

发起设立民航业首个主体多元化的投资基金——民航投资基金。这是民航系统破冰行业投资改革体制的一项大胆创新。民航投资基金承担着积极探索国家投资、地方筹资、社会融资的全新投融资模式的重要任务，进一步打通了社会资本参与民航建设发展的通道，提高民航市场化程度，推动实践民航混合所有制经济，丰富民航市场主体，激发改革活力。民航投资基金将与民航发展基金相辅相成，协调配合，共同构成我国民航建设发展的重要资金来源。民航投资基金将重点关注低成本航空、通用航空等业务中极具发展潜力的项目和成长性较强的企业，重点推动民航大数据应用等民航新兴业务发展，打造产业经济新的增长点。

（六）金融租赁公司专业子公司管理暂行规定[①]

《金融租赁公司专业子公司管理暂行规定》的重要性在于其与飞机租赁紧密相关。"本规定所称专业子公司，是指金融租赁公司依照相关法律法规在中国境内自由贸易区、保税地区及境外，为从事特定领域融资租赁业务而设立的专业化租赁子公司。本规定所称的特定领域，是指金融租赁公司已开展且运营相对成熟的融资租赁业务领域，包括飞机、船舶以及经银监会认可的其他租赁业务领域。"[②]《金融租赁公司专业子公司管理暂行规定》共四章33条，内容涵盖总则、设立变更与终止、业务经营规则和监督管理。该规定一是突出机构专业化，鼓励在特定领域做专做强，允许金融租赁公司在飞机、船舶等特定业务领域设立专业化租赁子公司，进一步推动相关租赁业务的专业化经营管理水平，引导金融租赁公司专业化发展。二是促进业务运营市场化，增强竞争力，借鉴国际通用的飞机、船舶租赁业务模式，允许专业子公司在境外设立项目公司开展融资租赁业务，提升金融租赁公司参与国际竞争的能力。自2007年银监会首次批准银行展开飞机租赁业务以来，中国的租赁公司一直将业务重点放在国内市场。三是强调并表监管，有效管控风险，明确金融租赁公司专业子公司为持牌的金融机构，具有独立法人性质，通过并表监管，强化对境内专业子公司自身资本充足率的监管，防控风险。《金融租赁公司专业子公司管理

---

① 银监办发〔2014〕198号。
② 参见《金融租赁公司专业子公司管理暂行规定》第2条。

暂行规定》对于飞机租赁公司的设立与发展、飞机租赁业的发展无疑具有积极意义。

三、典型案例

通用航空，是使用航空器从事相关的通用航空运营活动。在此过程中，涉及航空器买卖、租赁、托管、运行、维修等一系列商业行为。因此，有关通用航空的纠纷案件，也就更多地集中在这些方面。

（一）航空器托管纠纷

2012年4月，A发展有限公司联系B航空公司，提出希望委托B航空公司代为管理庞巴迪"挑战者"850型飞机1架。2013年10月15日，B航空公司与A发展有限公司签订《飞机管理协议》，双方约定飞机的初始管理时效为B航空公司接收飞机后的18个月。2014年1月9日，A发展有限公司与C飞机租赁有限公司签订《融资租赁合同》，A发展有限公司作为承租人向C飞机租赁公司融资租赁该架飞机。同日，C飞机租赁公司（出租人）、A发展有限公司（承租人）与B航空公司（飞机托管人）三方签订《飞机管理委托协议》。

2014年年初，A发展有限公司开始拖欠B航空公司管理飞机的各项费用。4月23日后，A发展有限公司再未向B航空公司支付任何款项。5月22日，A发展有限公司以电子邮件形式单方向B航空公司发出终止《飞机管理协议》的通知。5月27日，B航空公司在声明其在履行协议过程中并未存在任何违约行为的情况下，向A发展有限公司回复同意终止《飞机管理协议》。在终止《飞机管理协议》后，双方就A发展有限公司尚未偿还的欠款、飞机、钥匙和相关文件的移交进行多次协商，但未能达成一致意见。

2014年7月17日，A发展有限公司向法院提交《申诉状》，起诉B航空公司。7月22日，A发展有限公司向法院申请提交24万美金的担保，以便先行取回飞机。在法院发出收到A发展有限公司交纳的24万美金担保的证明后，B航空公司向A发展有限公司移交了飞机、飞机钥匙和相关资料。在诉讼过程中，B航空公司向法院递交《答辩状》及《反索偿书》。

本案是由拖欠飞机托管费用引起，但诉争的焦点是在承租人没有支付托管费用的情况下，托管人能否扣留飞机？

与公共航空运输航空公司一般拥有几十架大型航空器从事大规模客货运输不同的是，虽然通用航空也有专门的通用航空公司，但是在航空器的数量、类型以及航空专业人员的数量等方面都不具有可比性。通用航空的主体主要有两种，一种是专门的通用航空公司，另一种是单个的企业或个人，他们购买一架或数架航空器，专门用于企业或个人自己的相关飞行活动。不论是企业还是个人，在购买航空器后，缺乏运营、维护航空器的能力和技术，所以通常会将航空器委托专业的通用航空公司进行代管。在本案中，B航空公司就是航空器代管人[1]，由其提供航空器代管服务。这种代管服务是一种航空专业服务，"该种服务工作至少包括航空器运行安全指导材料的建立和修订工作，以及针对以下各项所提供的服务：（1）代管航空器及机组人员的排班；（2）代管航空器的维修；（3）为所有权人或代管人所使用的机组人员提供训练；（4）建立和保持记录；（5）制定和使用运行手册和维修手册"。[2] 换句话说，航空器的所有权人或出租人只管使用航空器，其他的所有事项均由托管人负责。为此，"航空器所有权人和航空器代管人之间应当签署一份包含以下内容的协议：（a）要求航空器代管人确保其在实施完全产权项目或部分产权项目时遵守本章[3]所有适用规定；（b）航空器所有权人或其委派的代表有权检查代管人与运行安全有关的各种记录；（c）航空器所有权人或其委派的代表有适当的权力进行运行安全方面的审核；（d）委托航空器代管人作为航空器所有权人的代理机构"。[4] 作为航空安全运行方面的基本规章，《一般运行和飞行规则》要求托管人和航空器所有权人签订上述协议，[5] 其着眼点自然在于航空安全，有关双方当事人权利义务的其他方面，如托管费用，则不在其规范之列，这属于当事人自治的范畴。但有一点可以肯定，《一般运行和飞行规则》要求双方签订合同应包括的内容是托管人的主要义务。在托管人履行了托管义务后，所有

---

[1] 航空器代管人，是指为航空器所有权人代管航空器，按照与所有权人之间签订的多年有效的项目协议为所有权人提供航空器的运行管理服务，经局方审定取得局方颁发的运行规范的法人单位。见《一般运行和飞行规则》第91.903条（a）项。
[2] 参见《一般运行和飞行规则》第91.903条（h）项。
[3] 此处的"本章"指《一般运行和飞行规则》中的"K章航空器代管人的运行合格审定和运行规则"。
[4] 参见《一般运行和飞行规则》第91.919条。
[5] 实践中，通常是由出租人、承租人、托管人三方签订托管协议，本案就是这种情况。

权人有义务支付托管费用。那么，在拒付托管费用的情况下，托管人是否有权扣留航空器？就其实质而言，托管人扣留航空器，实际上是把航空器作为其债权的担保或保障，目的是促使本案中的承租人支付托管费用。但是，托管人的这种占有航空器的行为，在现行法上找不到法律依据。除非双方的托管合同中明确约定，一方当事人不按照合同约定支付托管费用，另一方当事人可以扣留航空器。如果双方合同没有约定，在双方当事人同意终止合同的情况下，则托管人无权占有或扣留航空器。托管人可以通过其他方式维护自己的权利。

（二）航空保险纠纷

2014年4月15日，A保险公司就AS350B3型直升机向B通航公司签发《航空器综合险保单》，约定保险期限自2014年4月16日0时起至2015年4月15日24时止。

2014年5月23日，B通航公司AS350B3直升机发生侧翻，飞机受损。7月30日，民航监管机构作出《B通航公司AS350B3直升机侧翻事件最终调查报告》，报告认定5月23日，B通航公司AS350B3直升机在执行"悬停、起落训练"任务，该机在第2个起落起飞阶段向右侧大幅度偏转，在离地面约2米高度旋转2圈后失控坠落地面，并向右侧侧翻。事件导致该直升机发动机受损，三片旋翼折断，尾梁与机身衔接处断裂，起落架右侧断裂。因维修成本过高，B通航公司决定对该机按报废处置。B通航公司报案后，A保险公司组织现场查勘。2014年9月28日，B通航公司向A保险公司申请人民币900万元的预赔付。A保险公司于11月19日提出维修方案。11月25日，B通航公司发出《索赔申请》，不认可A保险公司2014年11月19日的维修方案，并提出"按投保金额1 900万赔付"或者"返回原厂维修"的索赔申请。而A保险公司因接获举报，称在事故发生时飞行员并非何某，航前检查也并非由机械师周某进行等情况，就此展开进一步调查，在未能得出调查结论的情况下，向公安机关报案。双方就保险理赔引发争议。

本案是一起因航空器综合险保险理赔引发的保险合同纠纷。随着通用航空的飞速发展，航空器数量日益增加，航空器保险将在通航领域中发挥越来越重要的作用。通常在发生保险事故后，应当按照保险合同约定和《中华人民共和国保险法》（以下简称《保险法》）第23条等规定的相关法律程序进行理赔。同时，《保险法》第22条等规定，保险理赔有其严格的事实根据和法律依据，并且有严格的理赔程序和标准。保险合同约定了投保人与保险人的保险权利义务关系，是依法理赔的重要依据。保险合同的责任免除条款，更是关系到在保险事故发生后保险人是否需要承担赔偿责任以及给付保险金数额多少的主要条款。在订立保险合同时，应当对该条款予以足够的重视。对保险合同中免除保险人责任的条款，保险人在订立合同时应当在投保单、保险单或者其他保险凭证上作出足以引起投保人注意的提示，并对该条款的内容以书面或者口头形式向投保人作出明确说明，未作提示或者明确说明的，该条款不产生效力。而且，在采用保险人提供的格式条款订立的保险合同中，免除保险人依法应承担的义务或者加重投保人、被保险人责任的条款属于无效条款。因此，应当综合考虑法律规定和保险标的的情况，确定保险合同中责任免除条款的具体内容。

根据《保险法》第27条第3款的规定，保险事故发生后，投保人、被保险人或者受益人以伪造、变造的有关证明、资料或者其他证据，编造虚假的事故原因或者夸大损失程度的，保险人对其虚报的部分不承担赔偿或者给付保险金的责任。因此，如果投保人、被保险人或者受益人有虚报的行为，保险人便可依法相应的免除部分赔偿或者给付保险金的责任。

四、热点问题

通用航空的发展，离不开空域，离不开飞行员。因此，空域管理改革和飞行员流动问题依旧是业界内外热烈讨论的问题。

（一）关于《航空公司飞行员有序流动公约》合法性的争论

2014年11月26日，在中国航空运输协会和中国民航飞行员协会的共同组织下，两家协会、4大航空集团、38家国内航空公司和4名飞行员代表在北京签署了《航空公司飞行员有序流动公约》（以下简称《公约》）。该公约对参与联署的航空公司每年飞行员进出数量进行了限制：各航空公司每年可流出的飞行员不得超过其前一年底在册飞行员数的1%，特殊地区（如新疆）可低于这一幅度，航空公司收到赔偿后才允许飞行员离职。而依靠从其他航空公司流入解决飞行员来源的航空公司每年可净流入人数（即扣除流出人数）从 2~15 人不等，按照飞行员等级（机长/副驾驶）、接收方运行年限（1~6 年及以上）和所获颁运行许可（121 部/135 部）来区分，精确到个位数。①《公约》明确了接收方对流出方的经济补偿标准，即以"五部委 104 号文件"为基础，考虑价格指数上涨等因素，由双方协商确定。接收方给予流动飞行员的个人安置费，也应公开透明，便于监督。《公约》明确了设立监督协调委员会，全面监督《公约》施行，协调解决飞行员流动过程中遇到的各种问题，并根据各签约方的需求，对所发生的争议进行调解。同时，尽可能避免和减少劳动争议仲裁及法院诉讼。②

针对《公约》出现了两种截然相反的声音。赞成者认为，该《公约》规范了民航飞行员的流动和流出幅度，稳定飞行员队伍，保证飞行安全，有其积极意义。③反对者认为④，《公约》严重违法、侵权，当属无效。理由有四：第一，《公约》侵犯《宪法》赋予飞行员的劳动权利。在我国，何人享有劳动权？我国《宪法》第 42 条明确规定："中华人民共和国公民有劳动的权利和义务"。只要是中华人民共和国的公民，便受到《宪法》的保护，享有劳动的权利。《公约》所适用的对象"具有中华人民共和国国籍的飞行员"当然是中华人民共和国的公民，其与其他公民同样享有劳动的权利和义务，《公约》对其劳动权利的肆意侵犯，显然违背了我国《宪法》和法律的规定。第二，《公约》限制了飞行员的平等就业和自由择业。根据《劳动法》，个人一旦与用人单位建立了劳动关系，便是一名劳动者。我国《劳动法》《劳动合同法》等相关法律法规均没有对劳动者分门别类区别对待，所以，飞行员一旦与航空公司建立了劳动关系，便是一名劳动者，依法享有平等就业和自由择业的权利，飞行员的工作性质不应当成为其受到不公平对待的理由。一份由各航空公司

---

① 参见《〈航空公司飞行员有序流动公约〉签署》，载 http：//www.aopa.org.cn/a/19013.html，最后访问时间：2015 年 2 月 8 日。
② 许晓泓：《〈航空公司飞行员有序流动公约〉在京签署》，载《中国民航报》，2014 年 11 月 27 日，http：//editor.caacnews.com.cn/mhb/html/2014-11/27/content_149268.htm，最后访问时间：2015 年 2 月 8 日。
③ 姚永强：《〈航空公司飞行员有序流动公约〉的正面意义》，载民航资源网，http：//news.carnoc.com/list/301/301483.html，2014 年 12 月 12 日，最后访问时间：2015 年 2 月 8 日。
④ 张起淮：《飞行员流动"公约"公然违法》，载新浪博客，http：//blog.sina.com.cn/s/blog_492a2cb40102v5z2.html，2014 年 11 月 28 日，最后访问时间：2015 年 2 月 8 日。

签订的内部《公约》绝不能凌驾于法律之上，公然限制飞行员平等就业和自由择业的权利。第三，《公约》违背了飞行员劳动争议的相关法律规定。我国目前的劳动法律制度已经比较完善，现行的如《劳动法》《劳动合同法》《劳动合同法实施条例》《劳动争议调解仲裁法》等法律法规，以及最高院转发的《关于规范飞行人员流动管理保证民航飞行队伍稳定的意见》（即"五部委104号文"），已经足以解决飞行员与用人单位间劳动争议问题。随着近几年飞行员劳动争议案件的增多，从最高院、地方各级人民法院、高检都接触过飞行员辞职纠纷的案件，并形成了大量的判例，司法实践的经验也已经比较丰富。《公约》的签订违背了现行的解决劳动争议的法律法规，不利于飞行员的有序流动。第四，《公约》多处违法，当属无效。《公约》虽然美其名曰"公约"，究其实质，无非是签约各航空公司间的一份合同。根据《合同法》第52条规定："有下列情形之一的，合同无效：（一）一方以欺诈、胁迫的手段订立合同，损害国家利益；（二）恶意串通，损害国家、集体或者第三人利益；（三）以合法形式掩盖非法目的；（四）损害社会公共利益；（五）违反法律、行政法规的强制性规定。"无论是航空公司间恶意联合，严重损害飞行员的合法权益，或者是以签订合同的合法形式掩盖航空公司进行市场垄断、打压新建航空公司的非法目的，还是严重违反《宪法》《劳动法》等法律法规的规定，其任意一种情形都足以判定该《公约》无效。

（二）关于未经审批从事航拍是否承担刑事责任的争论

北京国遥星图航空科技有限公司是一家从事无人机研发的高科技公司。在此次涉案的3名被告人中，郝某为北京国遥星图航空科技有限公司的飞行队长，乔某和李某为该公司的员工。检方指控①，2013年12月28日，郝某受北京国遥星图科技有限公司总经理牛某的指派，在明知本公司不具备航空摄影测绘资质且未申请空域的情况下，指派乔某、李某、王某（另案处理）对河北中色测绘有限公司承接的河北三河公务机场项目进行航拍测绘。乔某、李某、王某均在明知自己不具备操纵无人机资质以及不清楚公司是否申请空域的情况下，于第二天在北京市平谷区马坊镇石佛寺村南公路上，操纵燃油助力

---

① 李铁柱：《国内首起黑飞案 三人被追刑责》，载搜狐新闻，http://news.sohu.com/20141126/n406391517.shtml，2014年11月26日，最后访问时间：2015年2月10日。

航模飞机升空进行地貌拍摄。此案中涉及的航模飞机，展翼2.6米，机身长2.3米，高约60厘米。在当天的飞行拍摄过程中，这架航模飞机被解放军空军雷达监测发现为不明飞行物，后原北京军区空军出动直升机将其迫降。郝某等3人后被检方以"过失以危险方法危害公共安全罪"起诉至平谷区人民法院。

关于本案，争议的焦点在于应否追究相关人员的刑事责任。此前，未经审批从事通用航空活动，已经发生多起。在法律责任的承担上，要么被处以罚款，要么相关当事人被处以行政拘留，而此次检察机关追究当事人的刑事责任，则引起了较大争论。有观点认为，通用航空活动的政策法规远远落后于产业的发展和需求，当事人要么不了解相关规定，要么在申报航拍任务或申请飞行计划时，由于条条框框太多，获得审批较难，因此这种未经审批的飞行活动较为常见。政府部门应该明确政策法规，简化审批程序，而不应当简单地以追究当事人刑事责任的方式来处理。从本案表面上看，是关于法律责任性质之争，实际上反映的是空域的管理与使用。前已述及，空域管理改革正在稳步推进，相关法律在逐步制定、完善，相信随着空域管理法律制度的完善，"黑飞"这种现象将不再出现。

五、总结与展望

我国通用航空是一个潜力巨大、亟待开发的新兴产业和新的经济增长点。低空空域改革试点以来，通航企业和航空器年均增长率达到20%以上，[1]到2020年，我国通航作业飞机超过5 000架，飞行总量达200万小时，年均增长19%，[2]国内通用飞机需求总价值达155亿美元[3]。与巨大的社会需求相比，低空空域管理改革进程还需加快，改革的系统性还需加强。同时，必须认识到，伴随通用航空的发展，通用航空市场环境的培育需要一个过程，法律法规的出台和完善，也是一个渐进的过程，不可能一蹴而就，对于通用航空过于悲观或过于乐观的论调都不切实际。

---

[1] 中国民航局：《通航产业：潜力巨大的新经济增长点》，载中国民航局网，http：//www.caac.gov.cn/A1/201411/t20141124_69839.html，最后访问时间：2015年2月10日。
[2] 参见《国务院关于促进民航业发展的若干意见》（国发〔2012〕24号）中设定的通用航空发展目标。
[3] 中国民航局：《通航产业：潜力巨大的新经济增长点》，载中国民航局网，http：//www.caac.gov.cn/A1/201411/t20141124_69839.html，最后访问时间：2015年2月10日。

2015年，国家空管委在全国推进低空空域管理改革。中国民用航空局加强通用航空管理机构建设，统筹行业资源，探讨大通航管理模式，制定通用航空发展"十三五"规划，开展通用航空综合改革试点，系统梳理通用航空规章标准，进一步简化审批程序，尽快研究制定通用航空基础设施投资补助政策，加快通用机场、飞行服务站和航空汽油配送中心布局及建设步伐，加强通用航空人才培养，协调相关部门出台各种扶持政策，努力把通用航空培育成国家新的经济增长点。[①]

在政府部门的努力下，相信通用航空政策法规在2015年会有大的进展和突破，从而促进通用航空业的发展。随着通用航空的发展，通用航空市场主体之间的争议自然随之增加，有关通用航空领域的商事仲裁也将步入新阶段，遇到新问题。如何为通用航空市场主体提供更好的服务，是仲裁机构和仲裁人需要认真考虑的问题。而航空器托管、航空器融资租赁、航空保险的相关法律问题，需要结合实践，深入研究，以便利通用航空的发展。

第三节　争议解决年度观察（2016）[*]

一、概述

对于通用航空，2015年是不同寻常的一年。航空器制造取得了骄人的成绩。无人机作为通用航空领域的一匹黑马，脱颖而出。国内外众多投资机构看好无人机产业，并纷纷投资于无人机生产企业。国内无人机企业生产的民用无人机占到了全球产量的七成。无人机争议案例数量猛增，成为法院和仲裁机构一种新的案件类型。而有关无人机安全运营和监管的话题不仅是行业热点问题，更是全社会甚至是全球关注的话题。虽然我国没有出台对行业有

[①] 《2015年全国民航工作会议暨航空安全工作会议召开》，载中国民航局网，http：//www.caac.gov.cn/A1/201412/t20141226_70717.html，最后访问时间：2015年2月10日。

[*] 本节刊载于北京仲裁委员会编：《中国商事争议解决年度观察（2016）》，北京：中国法制出版社2016年版。Wolters Kluwer于2016年出版了该书的英文版。本书收录时略作修改。

重大影响的法律法规，但出台的政策和规范性文件依然让人信心满满。

（一）航空器制造取得重大成果

2015年，我国民用航空器制造业迎来丰收的一年，取得了丰硕的成果。2015年11月2日，我国自主研制的C919大型客机在上海中国商用飞机有限责任公司（以下简称中国商飞公司）总装下线，标志着我国大飞机制造进入了新阶段；2015年11月29日，国产首款支线客机ARJ21成功交付给启动用户成都航空有限公司（以下简称成都航空）。

1. 国产C919大型客机下线

2015年11月2日，我国自主研发的首架大型客机C919经过7年的设计研发，在上海中国商飞公司新建成的总装制造中心浦东基地厂房内正式下线。C919大型客机是我国首款按照最新国际适航标准研制的干线民用飞机，于2008年开始研制，基本型混合级布局158座，全经济舱布局168座、高密度布局174座，标准航程4 075千米，增大航程5 555千米。这不仅标志着C919首架机的机体大部段对接和机载系统安装工作正式完成，已经达到可进行地面试验的状态，更标志着C919大型客机项目工程发展阶段研制取得了阶段性成果，为下一步首飞奠定了坚实基础。C919大型客机所采用的新技术、新材料、新工艺对我国经济和科技发展、基础学科进步及航空工业发展有重要的带动和辐射作用。C919大型客机对中国民机产业发展、基础工业实力提升乃至践行制造强国都具有深远的意义。在C919大型客机的基础上，今后还可研制出加长型、缩短型、增程型、货运型和公务型等系列化产品。[1]

2. 国产ARJ21飞机取得三证

2014年12月30日，中国民用航空局在北京向中国商飞公司颁发了ARJ21-700飞机型号合格证，这标志着我国首款喷气支线客机通过了中国民用航空局型号合格审定，飞机设计满足保证安全的基本要求。2015年11月29日，中国民用航空局等相关管理部门向成都航空颁发ARJ21-700飞机国籍登记证、单机适航证、无线电台执照，这是第一架由中国商飞公司按照《运

---

[1] 《国产大型客机C919首架机在上海总装下线》，载新华网，http：//news.xinhuanet.com/local/2015-11/02/c_128384700_7.htm，2015年11月2日，最后访问时间：2016年1月20日。

输类飞机适航标准》(CCAR-25 部)国际适航标准设计、完全拥有自主知识产权生产的新型喷气式支线客机。ARJ21-700 标志着国内航线将首次出现国产喷气式支线客机的身影,更标志着我国走完了喷气式支线客机设计、试制、试验、试飞、取证、生产、交付的全过程,具备了喷气式支线客机的研制能力和适航审定能力。首架 ARJ21-700 飞机交付商用是建设民航强国进程的重要节点,是我国高端制造业发展的一个里程碑。[①] 三证的颁发意味着 ARJ21-700 飞机可以正式投入商业运营。[②]

3. 无人机生产异军突起

目前,我国已成为世界主要的民用无人机研发和生产国。据不完全统计,我国有 400 多家单位从事无人机研发、生产和销售。我国生产的民用无人机,尤其是消费级无人机已走在世界前列。我国生产的民用无人机占全球民用无人机总量的七成。深圳海关的数据显示,2015 年前 8 个月,深圳市出口无人机价值达 15.7 亿元(指人民币,以下同),比上年同期激增 23.1 倍。其中,美国和欧盟是主要出口市场。深圳市在其发布的《深圳市航空航天产业发展规划(2013—2020 年)》中,明确将无人机列为发展重点,提出"无人机腾飞工程",重点支持建设无人机产业基地,鼓励企业积极拓展国内外市场。[③]

此外,在通用航空器制造方面,国内厂商或独立生产,或与外方合作生产,新机型、新产品不断面世。例如,2015 年 2 月 6 日,我国首款拥有自主知识产权的电动载人飞机——RX1E "锐翔" 双座电动轻型飞机获得中国民用航空局的型号合格审定,将进入批量生产阶段。2015 年 10 月 18 日,意大利通用飞机制造商 Tecnam 公司宣布与辽宁联航神燕飞机有限公司签署独家协议,授权辽宁联航神燕飞机有限公司在我国生产三款 Tecnam 型号飞机。[④] 2015 年 11 月 28 日,吉林山河通用航空有限公司组装的两架轻型运动飞机在吉林省吉林市正式下线。本次下线的 "阿诺拉" 轻型运动飞机是我国内地首

---

① 《民航局为首架交付的 ARJ21 飞机颁发三证》,载中国民航局网,http://www.caac.gov.cn/A1/201512/t20151201_83464.html,2015 年 12 月 1 日,最后访问时间:2016 年 1 月 20 日。
② 《中华人民共和国民用航空法》第 37 条第 1 款规定:"具有中华人民共和国国籍的民用航空器,应当持有国务院民用航空主管部门颁发的适航证书,方可飞行"。
③ 熊丽:《全球民用无人机中国产占七成》,《经济日报》2016 年 1 月 7 日。
④ 《航联神燕获授权在中国生产 Tecnam 型号飞机》,载民航资源网,http://news.carnoc.com/list/326/326511.html,2015 年 10 月 18 日,最后访问时间:2016 年 1 月 22 日。

个获得中国民用航空局颁发轻型运动飞机适航证的民族品牌。[1]

（二）通用航空机队和企业持续增长

2015年，通用航空飞机和企业数量均保持增长态势。通用航空机队方面，截至2013年年底，我国通用航空机队在册总数为1 654架。截至2014年年底，我国通用航空机队在册总数为1 952架。相比2013年，2014年新增298架，同比增长18%。截至2015年年底，我国通用航空机队在册总数为2 127架。相比2014年，2015年新增175架，同比增长9.0%。通用航空企业方面，截至2013年年底，我国内地实际拥有飞机的通航企业208家。截至2014年年底，我国内地实际拥有飞机的通航企业257家。相比2013年，2014年新增49家，同比增长24%。截至2015年年底，我国内地实际拥有飞机的通航企业298家。相比2014年，2015年新增41家，同比增长16%（见表8-3）。[2]

表8-3　2013—2015年通用航空机队和企业发展变化

时间	通用航空机队 在册总数/架	同比增长/%	实际拥有飞机 通航企业/家	同比增长/%
2013年	1 654	—	208	
2014年	1 952	18	257	24
2015年	2 127	9.0	298	16

二、新出台的法律法规或其他规范性文件

2015年，整个行业或社会期盼的有关通用航空法律法规并没有出台，但这并不等于说这方面乏善可陈。事实是，通用航空首次出现在中央的文件中，通用航空基础设施网络的建设被提到了前所未有的高度。同样，在国务院的文件中，更进一步提出通用飞机产业化。此外，中国民用航空局出台了《通用航空包机飞行（短途运输）经营管理暂行办法》。因应无人机的快速发展，

---

[1] 《吉林山河通航两架轻型飞机在吉林经开区下线》，载新华网，http://www.jl.xinhuanet.com/2013jizhe/2015-11/28/c_1117291202.htm，2015年11月28日，最后访问时间：2016年1月22日。

[2] 资料来源：《通航2015年终盘点》，载通航资源网，http://www.garnoc.com/2015tonghang/pc/，最后访问时间：2016年1月20日。

一部无人机运行方面的规定和一部无人机行业标准相继问世,在规范无人机安全运行和生产质量方面必将发挥重要作用。

(一)《中共中央关于制定国民经济和社会发展第十三个五年规划的建议》①

《中共中央关于制定国民经济和社会发展第十三个五年规划的建议》(以下简称《"十三五"规划建议》)在第三部分"坚持创新发展,着力提高发展质量和效益"中提出:"拓展基础设施建设空间。实施重大公共设施和基础设施工程。实施网络强国战略,加快构建高速、移动、安全、泛在的新一代信息基础设施。加快完善水利、铁路、公路、水运、民航、通用航空、管道、邮政等基础设施网络。"通用航空发展面临的瓶颈之一是基础设施不足,《"十三五"规划建议》聚焦这一突出问题和明显短板,明文提出加快完善通用航空基础设施网络,对于通用航空的发展意义重大。更为重要的是,《"十三五"规划建议》将通用航空提到前所未有的高度,将通用航空从民航中独立出来,与铁路、公路、水运、民航等并列,足见通用航空对促进经济发展的重要性。可以展望,在"十三五"期间,有关通用航空的基础设施建设方面,如通用航空机场建设、飞行服务站、航空汽油供应等基础设施建设,将迎来大发展。

(二)《中国制造2025》②

2015年5月8日,国务院印发了《中国制造2025》,这是我国实施制造强国战略的第一个十年行动纲领。在该文件的第三部分"战略任务和重点"中,"航空装备"被作为突破发展的重点领域:"航空装备。加快大型飞机研制,适时启动宽体客机研制,鼓励国际合作研制重型直升机;推进干支线飞机、直升机、无人机和通用飞机产业化。突破高推重比、先进涡桨(轴)发动机及大涵道比涡扇发动机技术,建立发动机自主发展工业体系。开发先进机载设备及系统,形成自主完整的航空产业链。"对通用航空而言,《中国制

---

① 2015年10月29日中国共产党第十八届中央委员会第五次全体会议通过,载人民网,http://politics.people.com.cn/n/2015/1103/c1001-27772701-3.html,2015年11月3日,最后访问时间:2016年1月10日。

② 国发〔2015〕28号。

造 2025》提出的"产业化"和"产业链",指出了通用航空和整个航空业发展的方向和目标。如果说《"十三五"规划建议》是要解决通用航空发展的基础设施不足的问题的话,《中国制造 2025》则是要解决通用航空发展的另一要素——通航飞机的生产制造。在通用航空飞机的制造方面,我国已有一定的基础,但在生产规模、技术能力、质量等方面还有相当大的发展空间。《中国制造 2025》提出"通用飞机的产业化",目的在于从通用飞机研发、制造到维修形成完整的产业链,实现从量的集合到质的激变,使通用航空真正成为国民经济的重要组成部分。无论是通用航空飞机制造还是通航产业的发展,均是航空业的一部分。"形成自主完整的航空产业链",则是对航空制造业的更高要求。

(三)《通用航空包机飞行(短途运输)经营管理暂行办法》[①]

通用航空包机飞行是指通用航空企业使用 30 座以下的民用航空器(初级类航空器除外),按照与用户所签订文本合同中确定的时间、始发地和目的地,为其提供的不定期载客及货邮运输服务。此类服务不对社会公众发售机票,不提前公布航班时刻,根据需要决定飞行频次。《通用航空包机飞行(短途运输)经营管理暂行办法》使通用航空包机飞行有章可循,尤其是对航线距离不超过 500 千米的短途包机运输,是一种积极的探索,必将推动短途运输的正常化。

(四)《轻小无人机运行规定(试行)》[②]

这是我国发布的第一部有关无人机运行方面的规定。近年来,民用无人机的生产和应用在国内外蓬勃发展,特别是低空、慢速、微轻小型无人机数量快速增加,占到民用无人机的绝大多数。为了规范此类民用无人机的运行,中国民用航空局飞行标准司依据 CCAR-91 部,发布了《轻小无人机运行规定(试行)》。该规定适用于以下三类无人机:可在视距内或视距外操作的、空机重量小于等于 116 千克、起飞全重不大于 150 千克的无人机,校正空速不超过 100 千米/小时;起飞全重不超过 5 700 千克,距受药面高度不超过 15 米

---

① 由中国民用航空局运输司于 2015 年 9 月 28 日发布,自 2015 年 12 月 1 日起试行。
② 由中国民用航空局飞行标准司于 2015 年 12 月 29 日发布,自发布之日起生效。

的植保类无人机；充气体积在 4 600 立方米以下的无人飞艇。该规定对民用无人机机长的职责和权限、民用无人机驾驶员资格要求等 14 个方面做出了较为详细的规定。

（五）《民用无人机系统通用技术标准》[①]

《民用无人机系统通用技术标准》由中国（深圳）无人机产业联盟联合西北工业大学、海鹰航空通用装备有限责任公司、深圳市大疆创新科技有限公司等无人机制造企业，共同参与起草并联合制定。《民用无人机系统通用技术标准》内容包括应用范围、分类与代号、组成与主要技术参数、试验方法、检验规则、包装运输存储等七大部分。该标准的建立和启用，宣告了国内民用无人机产业长期没有行业标准历史的终结。该标准的发布填补了国内无人机领域的空白，无论对进一步推动我国无人机产业的进步与发展，还是拓展无人机系统的应用领域，都具有广泛而深远的意义。

三、典型案例

与往年相比较，重大案例方面，有关无人机买卖合同纠纷占了较大比重，这其中尤其以质量约定不明确或无约定而导致的纠纷最为突出，反映了行业快速发展而法律法规以及行业标准缺乏的现状。在通用航空器的买卖方面，因航空器没有取得适航证而导致合同目的无法实现，买卖双方因此诉诸公堂；在通用航空经营服务方面，因一方当事人不具备法定的经营资格而导致的纠纷也是一个突出的问题。这些纠纷，极具行业特色，航空器买卖合同在符合《合同法》等基本法律规定的情况下，如果不能满足通用航空方面的法律法规甚至规章，也有可能导致合同目的无法实现，交易不能顺利进行。因此，交易双方在签订合同之前，更应关注通用航空方面的法律规定，以便促进交易，减少纠纷。

（一）无人机产品质量标准的纠纷

2012 年 12 月 5 日，保利科技（珠海）有限公司（原告、上诉人）与珠海

---

① 由中国（深圳）无人机产业联盟于 2015 年 6 月 17 日发布。

经济特区绿色航空模型有限公司(被告、被上诉人)签订《设备采购合同》,约定:原告向被告购买一台 MAV 无人机天眼 X4 第一代,价格为 22 万元;货物验收合格,设备安装、调试、运转正常,原告向被告支付 10 万元;交货地点为原告所在地,交货时间为 2012 年 12 月 8 日前;被告负责免费为原告培训操作机维修人员,包括基本原理、操作使用和维修保养。被告保证以交机日为准的 2 个月内,以二代机置换一代机,到时原告结清剩余款项。如被告不能按期交货,除不可抗拒因素外,被告应向乙方支付延期违约金,每日按合同价的 0.3% 金额来计算。合同签订后次日,被告向原告交付了 MAV 天眼 -X4 无人机一台,原告于 2012 年 12 月 7 日向被告付款 10 万元。2013 年 3 月 1 日、2013 年 3 月 20 日,原告认为其购买的 MAV 天眼 -X4 无人机在使用过程中存在问题,要求被告解决。被告对原告提出的问题做出了书面回应。原告于 2013 年 4 月 15 日通过特快专递要求被告继续履行合同,2013 年 5 月 15 日又通过特快专递要求解除合同追究违约责任,2013 年 7 月 8 日起诉要求解除合同。截至起诉之日,被告未能向原告交付第二代 MAV 天眼 -X4 无人机。原告请求判令:(1)解除《设备采购合同》,被告退回货款 10 万元;(2)被告向原告支付违约金 9.9 万元(自 2013 年 2 月 8 日至判决生效之日);(3)被告承担本案全部诉讼费用。被告不同意解除合同,并同意向原告交付第二代 MAV 天眼 -X4 无人机。[①]

原审法院认为,本案争议的焦点在于被告是否构成根本违约。原告认为被告交付的第一代 MAV 天眼 -X4 无人机存在质量问题且未能在约定期限内置换第二代无人机,导致合同目的不能实现,主张被告已构成根本违约。从查明的事实来看,双方对于 MAV 天眼 -X4 无人机并无质量约定,且对于原告罗列的无人机存在的质量问题,被告并未确认,同时被告对原告提出的问题作出了合理的解释。对于未置换第二代无人机的问题,被告主张双方一直在协商合作事宜,故延迟了交付,被告为此提交了往来的邮件予以证明。因此,原告认为被告构成根本性违约的主张不能成立,原告要求解除合同,并要求退还货款、支付违约金的诉请,无事实和法律依据,原审法院不予支持。

原审原告不服原判,上诉称,原审法院认定事实不清,适用法律错误。

---

① 广东省珠海市香洲区人民法院(2013)珠香法民二初字第 1281 号民事判决书。

二审法院认为，上诉人主张一代无人机不符合质量标准，但未举证证明一代无人机的具体质量要求，被上诉人在《关于 X4-天眼（一代）飞行器现阶段存在问题》"解决方案"栏中的手写内容，仅为双方协商解决问题的方案，并无被上诉人承认一代无人机存在质量问题的表述，因此，上诉人有关一代无人机质量不符合要求的主张不成立。根据双方的《设备采购合同》第 5 条第 2 款的约定，被上诉人应于交付第一代无人机后 2 个月内（即 2013 年 2 月 7 日之前）置换二代机，否则应按合同价每日 0.3% 的标准支付违约金。可见，置换二代机是被上诉人的一项合同义务，被上诉人未履行该义务，上诉人有权依法解除合同。被上诉人称因双方协商而未置换二代机，但未举证证明，上诉人亦不认可，故被上诉人的该抗辩意见不成立。结合上诉人提供的特快专递详情单及《履行合同催告函》的文义，自 2013 年 4 月 16 日被上诉人收到该催告函后 15 日，合同即解除。因此，二审法院确认涉案买卖合同自 2013 年 5 月 1 日解除。

二审法院于 2014 年 5 月 6 日判决如下：（1）撤销原审法院的民事判决；（2）双方的《设备采购合同》于 2013 年 5 月 1 日解除；（3）被上诉人向上诉人支付违约金（以 22 万元为基数，按每日 0.3% 标准计算，自 2013 年 2 月 8 日起计至 2013 年 5 月 1 日止）；（4）驳回上诉人要求被上诉人退回货款 10 万元的诉讼请求。[①]

本案反映出的问题，应该是无人机整个行业带有共性的问题，特别是无人机及其零部件的质量标准。根据《合同法》，当事人就有关合同质量约定不明确，依照《合同法》第 61 条的规定仍不能确定的，按照国家标准、行业标准履行；没有国家标准、行业标准的，按照通常标准或者符合合同目的的特定标准履行。在无人机行业，国家标准和行业标准一概阙如。案例中被上诉人二审答辩称"无人机是新型工业产品，没有标准，绿色航模公司的产品无质量问题"一句，非常典型地说明了目前无人机行业无标准的现状。前已述及，2015 年 6 月国内一些科研机构和部分无人机企业共同制定了《民用无人机系统通用技术标准》，仅这一部标准尚不能覆盖无人机生产的方方面面。对于《合同法》所规定的"通常标准"和"特定标准"，则需要合同双方在合同

[①] 广东省珠海市中级人民法院（2014）珠中法民二终字第 32 号民事判决书。

中予以明确，否则，争议难免。本案就是典型例证。总之，在无人机及其零部件的买卖合同中，质量标准欠缺是表现比较突出的问题，由此连带影响到了验收和交货。在无国家标准和行业标准的情况下，细化、完善合同条款是避免纠纷的有效途径。

（二）通用航空器不具备适航证致合同目的无法实现的纠纷

庞某库（原告）与广州中德远达轻型飞机有限公司（以下简称远达公司，被告）双方签订的《轻型运动飞机销售合同》约定：庞某库购买远达公司代理的轻型运动飞机；标的物为德国 AUTOGYRO 公司制造的 CAVALON 飞机一架，总价合计 130 万元；远达公司确保其飞机产品的质量、设计和需要的航材配件；向庞某库提供具有符合适航条件的通用轻型运动飞机及技术咨询等。[①]

广东省高级人民法院认为，对于合同约定的适航条件的认定，应当理解为具备在我国办理适航手续的条件。但本案事实表明，诉争飞机不能在我国办理适航手续，无法取得适航证书，不能合法飞行。因此，由于远达公司提供给庞某库的通用轻型运动飞机不符合适航条件，违反了合同的约定，致使庞某库不能实现合同目的，庞某库有权要求解除合同。合同解除后，已经履行的，根据履行情况和合同性质，庞某库有权请求恢复原状、采取其他补救措施，并有权要求赔偿损失。故庞某库起诉要求解除其与远达公司之间的《轻型运动飞机销售合同》，要求远达公司向庞某库返还 CAVALON 轻型运动飞机购机款 130 万元以及支付相应利息的诉讼请求合法合理，二审判决予以支持，认定事实清楚，适用法律正确，处理并无不当。广东省高级人民法院于 2015 年 6 月 15 日做出民事裁定书，驳回远达公司的再审申请。

根据《中华人民共和国民用航空法》和《中华人民共和国民用航空器适航管理条例》[②]，"民用航空器必须具有民航局颁发的适航证，方可飞行。中国民用航空局颁发的适航证应当规定该民用航空器所适用的活动类别、证书的有效期限及安全所需的其他条件和限制"[③]。在申领适航证之前，还需取得

---

① 广东省高级人民法院〔2015〕粤高法民二申字第 504 号民事裁定书。
② 由国务院于 1987 年 5 月 4 日颁布，自 1987 年 6 月 1 日起施行。
③ 参见《中华人民共和国民用航空法》第 37 条和《中华人民共和国民用航空器适航管理条例》第 9 条。

型号合格证、生产许可证、国籍登记证。① "外国制造人生产的任何型号的民用航空器及其发动机、螺旋桨和民用航空器上设备，首次进口中国的，该外国制造人应当向国务院民用航空主管部门申请领取型号认可证书。经审查合格的，发给型号认可证书。"② 具体申办程序，《进口民用航空产品和零部件认可审定程序》③、《轻型运动航空器型号设计批准审定程序》④等文件有详细规定。

庞某库购买的轻型运动飞机系从德国进口，在飞行之前，必须取得适航证。而要取得适航证，应先申请取得型号认可证书，并取得国籍登记证。因为"在中华人民共和国境内飞行的民用航空器必须具有国籍登记证。在中华人民共和国注册登记的民用航空器，具有中华人民共和国国籍，国籍登记证由民航局颁发"⑤。根据上引法律规定，型号认可证书、适航证书应由航空器制造人申请领取。如果未能取得适航证，则意味着无法飞行。本案中庞某库所面临的就是这种情况。因此，在有关航空器的买卖中，适航证的取得至关重要，必须在合同中对此予以明确。航空器的买卖不同于一般商品的买卖，许多人想当然地认为只要购得航空器即可，殊不知，如果不能取得适航证，其购买航空器的目的就无法实现。

（三）不具备通用航空经营资质对合同效力的影响

苏州姑苏国际旅行社有限公司（原告、上诉人）与苏州若航交通发展有限公司（被告、被上诉人）于2014年9月24日签订《独家代理协议书》，约定甲方授权乙方作为中国大陆地区的甲方产品项目（包括现代苏州园区空中

---

① 参见《中华人民共和国民用航空法》第6条、第34条、第35条和《中华人民共和国民用航空器适航管理条例》第6条、第7条的规定。
② 参见《中华人民共和国民用航空法》第36条和《中华人民共和国民用航空器适航管理条例》第12条。
③ 该文件由原中国民用航空总局（现民航局）航空器适航审定司下发，自2000年1月1日起生效，文件的编号为AP-21-01R1，文件内容载中国民航局网，http://www.caac.gov.cn/E1/E2/SHSDL/200707/P020070720349086269267.pdf，最后访问时间：2016年1月22日。
④ 该文件由民航局航空器适航审定司于2015年2月6日下发，编号为AP-21-AA-2015-37R1。文件内容载中国民航局网，http://www.caac.gov.cn/E1/E2/SHSDL/201504/P020150430326874949890.pdf。自下发之日起，取代了2014年1月26日生效的《轻型运动航空器型号设计批准审定程序》（AP-21-AA-2014-37），最后访问时间：2016年1月22日。
⑤ 参见《中华人民共和国民用航空器适航管理条例》第11条。

之旅与人文苏州空中之旅）的独家代理商，授权独家代理期限自协议签订之日起至 2015 年 10 月 10 日止。其中现代苏州园区空中之旅的标准定价为 860 元/人次，人文苏州空中之旅的标准定价为 1 660 元/人次。合同第 6 条约定"乙方全年保证金总金额为 200 万元，乙方于本协议签订后 3 个工作日内支付给甲方此保证金后本合同暨行生效"。合同第 8 条约定由乙方设计、制作空中之旅观光项目的广告宣传，并承担广告宣传费用。合同自双方签订并在被告收到原告支付保证金后即时生效，有效期至 2015 年 10 月 15 日止。合同签订后，原告即向被告交纳 200 万元作为合同保证金。原告已经依据合同约定的内容对外出售空中之旅观光项目的票证给客户，购票客户已经由被告安排实际体验了空中之旅观光项目的飞行服务。法院还查明，原告于 2015 年 2 月 2 日发送律师函通知被告，要求被告提供《通用航空企业经营许可证》《商业非运输运营人运营合格证》。原告于 2015 年 3 月 18 日再次发送律师函给被告，称被告并不具备相应的航空经营资质，因此双方签订的《合作协议书》应当无效，要求对方退还保证金 200 万元，并支付相应利息损失给原告。被告确认收到原告的上述函件，亦确认被告未取得商业（非运输）航空运营人运行资格，但其已经做出解释，其开发的空中之旅观光项目中已经委托其他有相应资质的公司具体承担空中之旅观光项目的飞行游览业务。[1]

原审法院认为：合同的效力即合同的法律效力，是指已经成立的合同在当事人之间产生的法律约束力。有效的合同对当事人具有法律约束力，国家法律予以保护，无效合同不具有法律约束力。根据法律规定，依法成立的合同自成立时生效，当事人可以对合同效力约定附条件，附生效条件的合同，自条件成就时生效。本案中，当事人双方共同签订的《独家代理协议书》中约定"乙方全年保证金总金额为 200 万元，乙方于本协议签订后 3 个工作日内支付给甲方此保证金后本合同暨行生效"，即当事人约定的合同生效的条件。在庭审中，双方共同确认，原告已经足额支付保证金 200 万元给被告，故当事人之间约定的合同生效的条件已达成。经查，双方均具有缔约应具备的民事权利能力和民事行为能力，双方签订的《独家代理协议书》的内容为双方共同协商确认，系双方的真实意思表示，且不具备合同无效情形，故双

---

[1] 江苏省苏州市中级人民法院（2015）苏中商终字第 01307 号民事判决书。

方签订的《独家代理协议书》有效且已生效。至于原告所称被告无《独家代理协议书》中空中游览观光项目的经营资质属于合同无效的事由，根据法律规定，合同无效的情形包括：（1）一方以欺诈、胁迫的手段订立合同，损害国家利益；（2）恶意串通，损害国家、集体或者第三人利益；（3）以合法形式掩盖非法目的；（4）损害社会公共利益；（5）违反法律、行政法规的强制性规定。而违反《合同法》第 52 条中所称的"法律、行政法规的强制性规定"，系指效力性强制性规定。经查，被告是否取得相应经营资质的情况下订立合同的效力并无存在违反效力性强制性规定的情形。原告亦未能举证证明双方签订的《独家代理协议书》符合合同无效的其他情形，故原告诉讼请求中主张确认双方签订的《独家代理协议书》无效，并无事实与法律依据，不予支持。因双方签订的《独家代理协议书》有效存续，合同约定原告向被告支付 200 万元作为合同保证金，系双方的真实意思表示，故双方应当依照合同约定的内容履行义务，原告主张被告返还其保证金 200 万元及利息损失，并无事实与法律依据，不予支持。判决驳回原告的诉讼请求。原告不服，提起上诉。江苏省苏州市中级人民法院于 2015 年 10 月 26 日判决驳回上诉，维持原判。

本案的争议焦点是：超出经营范围的合同效力如何认定？换言之，在不具备通用航空经营资质的情况下签订的通用航空服务合同的效力如何？《通用航空经营许可管理规定》[1]："中国民用航空总局（以下简称民航总局）对通用航空经营许可进行统一管理。民航地区管理局负责实施本辖区内的通用航空经营许可和市场监管工作。未经民航地区管理局批准，任何单位和个人不得擅自筹建通用航空企业、购租民用航空器从事通用航空经营活动。"[2]根据此条规定，从事通用航空经营活动，必须先取得通用航空经营许可证。未经批准，"擅自筹建通用航空企业或航空俱乐部、购租民用航空器从事通用航空经营活动的，由民航总局或民航地区管理局责令其停止违法活动，并处以违法所得一万元以上三万元以下的罚款；没有违法所得的，处以一万元以下的罚款"[3]。从案情来看，被告确实没有取得通用航空经营许可证。那么，被告不

---

[1] 中国民用航空总局第 176 号令，2007 年 2 月 14 日公布，自公布之日起施行。
[2] 参见《通用航空经营许可管理规定》第 3 条。
[3] 参见《通用航空经营许可管理规定》第 33 条。

具备经营资质对合同效力有什么影响？是否会导致合同无效？

根据现行法律规定，判断合同效力的依据是法律和行政法规。"合同法实施以后，人民法院确认合同无效，应当以全国人大及其常委会制定的法律和国务院制定的行政法规为依据，不得以地方性法规、行政规章为依据。"[①]此条规定明确将地方性法规和行政规章排除在外。而《通用航空经营许可管理规定》从法律效力上看，仅仅是一部行政规章，自然不能依据行政规章而认定本案合同的效力。从法律上看，前引原审法院在其判决书中也明确指出，被告不具备资质签订合同不属于《合同法》所规定的无效合同的情形。《最高人民法院关于适用〈中华人民共和国合同法〉若干问题的解释（二）》第14条规定："合同法第五十二第（五）项规定的'强制性规定'，是指效力性强制性规定。"由此可见，只有违反法律、行政法规的效力性强制性规定的合同才无效，违反法律、行政法规的管理性强制性规定的合同并不当然无效。

然而，《最高人民法院关于适用〈中华人民共和国合同法〉若干问题的解释（一）》第10条规定："当事人超越经营范围订立合同，人民法院不因此认定合同无效。但违反国家限制经营、特许经营以及法律、行政法规禁止经营规定的除外。"对此条中的"特许经营"如何理解？通用航空经营需要取得通用航空经营许可证？这是不是属于"特许经营"？这一问题值得进一步研究。

四、热点问题

2015年，无人机成为通用航空领域的最大亮点，也是无人机无限风光的一年。国内无人机企业深受众多投资者的追捧，纷纷"献上"巨额资金，无人机产业更是蓬勃发展。无人机的"自由"飞行，引发了对无人机运行安全、监管的热议。

（一）无人机的广泛商业化运用

无人机因可以低空飞行、视野广、操作简单，而被广泛应用于各个领域。在测绘遥感、休闲观光、搜索救援、农业生产、交通管理、管路检查等生产生活的方方面面，都不乏无人机的身影。2015年国内外企业甚至开始尝试将

---

① 参见《最高人民法院关于适用〈中华人民共和国合同法〉若干问题的解释（一）》第4条。

无人机用于快递服务，如淘宝与圆通合作，首次尝试在北上广三地用无人机送货；①沃尔玛向美国联邦航空管理局提出了进行商用无人机飞行试验的申请，将试验利用无人机送货。②

（二）无人机商业化运用带来的安全问题

无人机的广泛商业化运营，带来了无人机产业的"野蛮"生长。无人机的"自由"飞行，相应地造成了许多安全隐患。首先是对航空安全的威胁。由于无人机飞行管理的法律体系不健全，以及无人机使用者对相关法规缺乏了解，无人机的飞行可以说是处于一种非常自由的状态，即什么时间飞行、在什么地方飞行、由谁操控完全由当事人自己决定。这种"无法无天"的飞行很可能影响到正常的民航飞行安全。如北京某公司在不具备航空摄影测绘资质且未申请空域的情况下，操控无人机升空进行地貌拍摄，导致多架次民航飞机避让、延误。其次是对地面第三人的生命财产安全造成威胁。如2012年9月25日，国内某公司所有的无人驾驶的遥控飞机在公路上紧急迫降着陆时与陈某驾驶的轿车相碰撞，造成无人机的尾部断裂、机翼受损，陈某车辆受损。

（三）无人机对个人隐私的泄露

无人机是"会飞的相机"。随着技术的发展与进步，无人机航拍变得炙手可热，其市场需求也在不断激增，越来越多的人加入无人机航拍领域中。关于无人机航拍侵犯隐私的报道，屡屡见诸报端。无人机还可能飞临一些军事基地、政府部门等敏感区域，可能威胁安全或泄露国家秘密。如美国当地时间2015年1月26日，美国白宫高级官员证实执法部门当天发现一架小型无人机降落在白宫地面；再如2015年4月9日，一架无人机降落在日本首相官邸屋顶，但直到2015年4月22日才被工作人员偶然发现。③

---

① 《淘宝圆通尝试无人机送货服务暂时没有推广计划》，载央广网，http://finance.cnr.cn/gs/20150204/t20150204_517646247.shtml，2015年2月4日，最后访问时间：2016年1月6日。
② 《沃尔玛也坐不住了申请测试无人机送货上门》，载环球网，http://tech.huanqiu.com/news/2015-10/7850597.html，2015年10月27日，最后访问时间：2016年1月6日。
③ 《日本警方闹乌龙飞行器侵入首相官邸2周后方发现》，载中国新闻网，http://www.chinanews.com/gj/2015/04-25/7233668.shtml，2015年4月25日，最后访问时间：2016年1月12日。

（四）多国加强对无人机的运行监管

正是因为无人机运行带来了诸多安全问题和隐私问题，无人机的安全运行和监管成为社会大众和政府部门共同关心的话题。为了保证安全，加强监管，中国、美国、日本等国家纷纷出台了无人机监管的法律法规。美国有《联邦航空局 2012 现代和改革法》（FAA Modernization and Reform Act of 2012）[1]、《模型飞机运行标准》（Model Aircraft Operating Standards）[2]等；我国出台了《民用无人机空中交通管理办法》（编号：MD-TM-2009-002）、《民用无人驾驶航空器系统驾驶员管理暂行规定》（AC-61-FS-2013-20）等；日本于 2015 年 12 月 10 日出台《改正航空法》，加入四个禁止，即禁止无人机在人口密集的地域飞行，禁止无人机在机场附近飞行，禁止无人机在涉及安全保障的设施及大量人员聚集的场所的上空飞行，禁止无人机在夜间飞行。[3]

在制定法律的同时，执法部门加大执法力度。2015 年 10 月 6 日，美国联邦航空局宣布，以违规操作无人机妨害空域安全为由，拟对一家航拍公司开出金额 190 万美元的创纪录罚款。美国联邦航空局在当天发布的声明中说，位于芝加哥的 SkyPan 国际公司在未经许可的情况下，于 2012 年 3 月至 2014 年 12 月间，在纽约和芝加哥违规进行无人机飞行 65 次，其中 43 次飞行发生在需得到放行许可才能进入的高度受管制的 B 类空域内。该航拍公司的无人机还缺乏双向无线电系统、应答器和高度计等有人操作航空器所必备的设备。美国联邦航空局以其无人机飞行方式"粗心、鲁莽，威胁人身或财产安全"拟进行处罚。[4]新疆一单位 2015 年 5 月在未办理空域和任务审批手续，也未申报飞行计划的情况下，使用"大白 II 型"无人机进行航空摄影测量活动。

---

[1] 美国联邦航空局官网，https：//www.faa.gov/uas/media/Sec_331_336_UAS.pdf，最后访问时间：2016 年 1 月 12 日。
[2] 美国联邦航空局官网，http：//www.faa.gov/documentLibrary/media/Advisory_Circular/AC_91-57A_Ch_1.pdf，最后访问时间：2016 年 1 月 12 日。
[3] 《日本修改法律限制无人机违法最高将处 50 万日元罚款》，载央广网，http：//china.cnr.cn/qqhygbw/20160112/t20160112_521114197.shtml，2016 年 1 月 12 日，最后访问时间：2016 年 1 月 16 日。
[4] 《美国无人机违规飞行被罚 190 万美元》，载中国新闻网，http：//www.chinanews.com/gj/2015/10-08/7557676.shtml，2015 年 10 月 8 日，最后访问时间：2016 年 1 月 16 日。

民航新疆管理局对这一单位做出了 2 万元的行政处罚。[①]

五、总结与展望

2015 年，通用航空亮点纷呈。通用航空首次在国家最高机关的文件中被重点提及，给人无限的遐想，给整个行业鼓足了干劲。C919 大型客机的下线和 ARJ21-700 飞机投入商业运营，是我国航空器制造业的两件大事，为我国薄弱的通用航空制造业照亮了前进的道路，其重要意义无论怎么评说都不为过。通用航空机队规模和企业数也是大幅增长。

无人机产业的快速发展给 2015 年通用航空书写了浓墨重彩的一页。无论在运行中存在什么问题，无人机给人们生产生活带来了极大的便利。随着无人机市场的进一步开发和生产技术的持续进步，未来几年无人机将会有更大的发展，必将给我们的生产生活带来更多的精彩。与此同时，有关无人机买卖、运营方面的纠纷自然随之产生。本节列举的案例，只是众多无人机纠纷案例中的一个小小缩影。

在通用航空器买卖、租赁等传统领域，通用航空器因不符合民航法规而导致合同目的无法实现成为发生纠纷的主要原因。因此，在关注《合同法》等基本法的同时，更应考虑民航法律法规甚至民航规章的要求。另外，通用航空器特别是公务机的买卖、租赁、托管，以及残值处理，日益成为公务机领域的焦点问题，有关法律问题值得进一步研究。在通用航空器的商业经营模式上，国外一些成熟的做法逐渐被更多的国内企业和个人所接受，例如公务机的产权共享模式[②]。国外的商业做法如何与国内法律法规相契合，也有待进一步地考察和研究。

2016 年是"十三五"的第一年，让我们以"积跬步，至千里"的耐心，期待政策落地生根，期待更多的通用航空法律法规出台，期待通用航空市场走向成熟，陪伴通用航空一起成长。

[①] 《新疆开出首张无人机罚单"黑飞"被罚 2 万元》，载新华网，http：//news.xinhuanet.com/legal/2015-10/29/c_1116981873.htm，2015 年 10 月 9 日，最后访问时间：2016 年 1 月 16 日。
[②] 产权共享是指航空运输企业购买公务机，然后再将公务机股份（购买 1/16、1/8、1/4 或 1/2 架飞机的产权，并获得相应飞行时数的使用权）出售给有需要的公司。购买者拥有飞机的部分产权，并可以转让。支付的费用包括一次性支付的部分飞机产权购买费用，定期支付按股份分摊的固定费用及每次使用时的租金。

第四节　争议解决年度观察（2017）[*]

一、五年回顾与概述

过去的五年（2012—2016年），是我国通用航空成长发展的一个重要阶段。这五年，有关通用航空的法律制度相继出台，尤其是有关顶层设计的政策性文件，频频亮相；民用航空器制造技术取得重大进展，相应带动了通用航空制造技术的进步和发展；通用航空企业纷纷成立，通用航空器和飞行员数量逐年攀升，通用航空飞行小时大幅提高；社会各界投资通用航空的热情持续高涨；地方省市政府发展和支持本省市通用航空的政策、规划纷纷涌现；通用航空服务国家和社会经济发展的能力和水平持续提高；法院和仲裁机构受理的通用航空领域的案件日渐增多。下面就近五年通用航空的发展做一回顾与概述。

（一）行业发展

在政策法规的引领支持下，近年来我国通用航空快速发展，通用航空器的自主研发制造稳步推进，低空空域管理改革试点取得初步成效。"十二五"以来，通用航空作业总量、在册航空器、通航企业年均增长率在两位数以上，分别为14.8%、17.2%、17.9%。[①]"截至2016年12月31日，我国有224家实际在运行的通用及小型运输航空公司，从业飞行人员2 524名，航空器1 472架，经批准的国内驾驶员航校共有20家。"[②]

1. 航空器的自主研发制造

正是因为上述政策的持续支持，民用航空器自主研发制造取得了重大进

---

[*] 本节刊载于北京仲裁委员会编：《中国商事争议解决年度观察（2017）》，北京：中国法制出版社2017年版。Wolters Kluwer 于2017年出版了该书的英文版。本书收录时略作修改。
[①] 中国民用航空局：《通用航空"十三五"发展规划》，2017年2月发布，第1页。
[②] 中国民用航空局飞行标准司：《2016年通用和小型运输运行概况》，2017年2月22日发布。1 472架航空器中，不包括中国民航飞行学院的220架航空器。

展。ARJ21-700 飞机在 2014 年、2015 年相继取得"三证"，2015 年 C919 大型客机下线就是证明。ARJ21-700 飞机和 C919 大型客机的研发制造，直接推动了我国通用航空器的研发能力和制造技术的提高。以中航工业为代表的我国通用航空器研发制造企业，在研发制造上长期耕耘，取得了一定成绩，如中航工业通飞研制的"海鸥"300 飞机，是我国首款具有自主知识产权的轻型水陆两栖飞机，填补了 5 吨级以下轻型水陆两栖飞机的空白；5 座单发涡桨轻型公务机"领世"AG300 是中航工业通飞根据我国通用航空市场发展的需要，通过引进、消化吸收、再创新研发的第一款轻型公务机，该机全部采用碳纤维复合材料结构，具有结构简单、重量轻、速度快、安全舒适、经济性好等特点。2016 年 7 月总装下线的大型灭火/水上救援水陆两栖飞机 AG600，是中航工业通飞的标志性产品，是森林灭火、应急救援和海洋资源开发、权益维护的重要装备。

2. 通用航空运营

通用航空运营方面，"工农林作业保持稳步增长，航空培训维持主要地位，公务航空企业数量、机队规模、飞行总量均年均增长 20% 以上；医疗救护快速发展，全国多个重点旅游城市和著名旅游景区开展了航空旅游业务；内蒙古呼伦贝尔市根河短途运输拓展至内蒙古全境，新疆开展了'阿勒泰—博乐—伊宁'通用航空短途运输运营，东中部部分地区开始发展通用航空短途运输，为通用航空公共服务均等化提供了较好的示范效应"。[①]

飞行小时、通用航空企业数量、机队规模、飞行员数量是衡量通用航空发展的四大指标。从飞行小时来看，除 2012 年增速较慢外，2011—2015 年中的其他四年同比增长均是两位数（见图 8-3）。

通用航空企业的总数虽然并不大，但 2011—2016 年，其增速也是以两位数增长（见图 8-4）。

从通用航空的机队规模来看，2011—2014 年增长较快，2015 年和 2016 年同比增长有所回落，但总体趋势是上升的（图 8-5）。

通用航空器飞行员的数量，从 2012 年的 991 人，到 2015 年的 2 830 人，增加了 2 倍多，但 2016 年有所下降（图 8-6）。

---

① 中国民用航空局：《通用航空"十三五"发展规划》，2017 年 2 月发布，第 1 页。

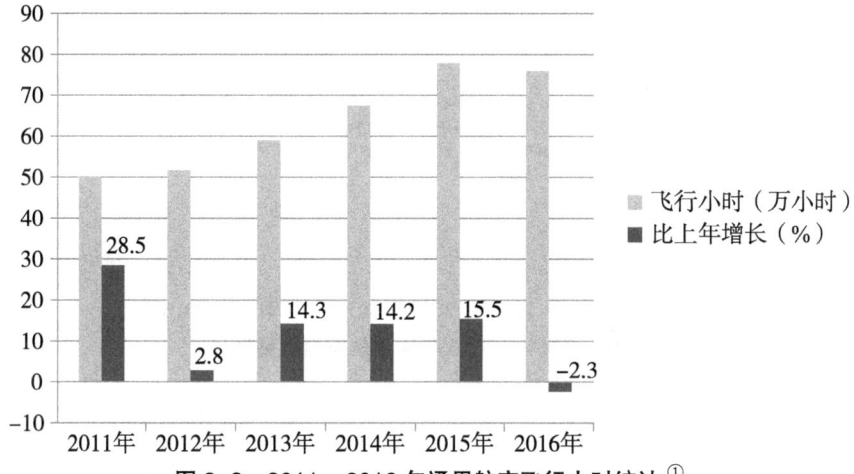

图 8-3　2011—2016 年通用航空飞行小时统计[①]

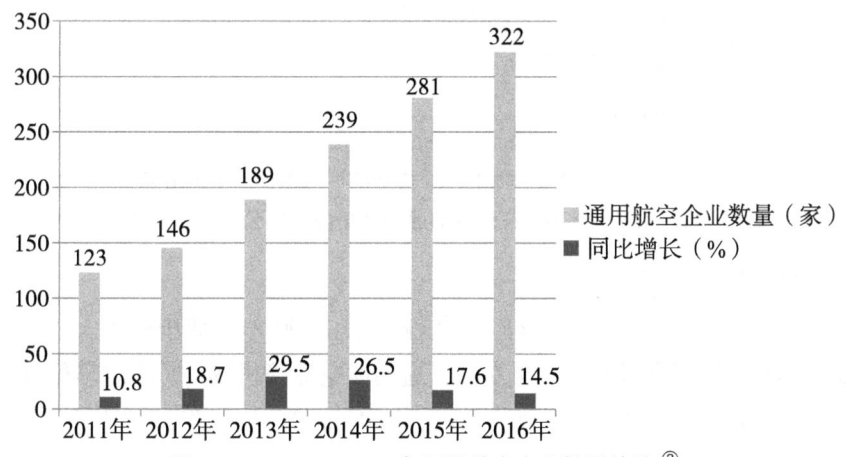

图 8-4　2011—2016 年通用航空企业数量统计[②]

---

① 数据来源：依据中国民航局发布的《民航行业发展统计公报》（2011 年、2012 年、2013 年、2014 年、2015 年、2016 年）整理。

② 数据来源：依据中国民航局发布的《民航行业发展统计公报》（2011 年、2012 年、2013 年、2014 年、2015 年、2016 年）整理。表中通用航空企业的数量，均为截至该年年底，获得通用航空经营许可证的通用航空企业。关于通用航空企业、通用航空器的数量，历年的《民航行业发展统计公报》和《通用和小型运输运行概况》两者的统计数字并不一致，《2016 年通用和小型运输运行概况》对此的解释是："由于通航企业需要取得经营许可（依据《通用航空经营许可管理规定》）和运行合格证（依据 CCAR-91 或 CCAR-135FS）方可运行，3 家企业取得经营许可后处于运行合格审定状态，还有部分企业未进入实质运行，因此本通告的公司数据小于通航经营许可颁发数量；由于通航企业存在较多兼职情况，本通告给出的是飞行员总数，不累计兼职情况；由于部分航空器处于封存、销售转让、老化故障等状态，或者用于非商业用途，因此本通告航空器数量仅指运行中的航空器数量，小于注册数量"。

图 8-5　2011—2016 年通用航空器数量统计[①]

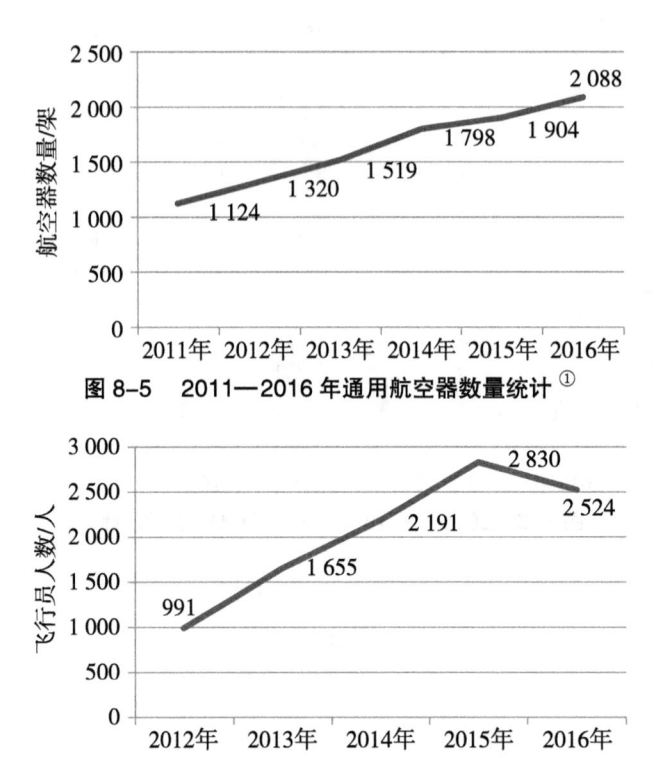

图 8-6　2012—2016 年实际在运行的通用及小型运输公司飞行员人数统计[②]

3. 通用机场建设

截至 2015 年,我国共有 210 个运输机场,300 余个通用机场,"十二五"时期通用机场数量年均增长 4% 左右,通用航空保障机场 1.5 小时车程覆盖了全国 94% 的 GDP、79% 的人口、75% 的国土面积,机场保障能力稳步提升。开展了沈阳法库、深圳南头、珠海三灶、海南东方 4 个飞行服务站建设试点,重庆、青岛、烟台、成都等地区飞行服务站加快建设,北京、上海、深圳、珠海等地建成 10 个固定运营基地,通用航空综合保障能力不断夯实。[③]

4. 通用航空服务业

以航空金融服务为例,近年来不仅成立了大量的融资租赁公司,而且这

[①] 数据来源:依据中国民航局发布的《民航行业发展统计公报》(2011 年、2012 年、2013 年、2014 年、2015 年、2016 年)整理。这里的航空器数量,是截至该年年底,通用航空企业在册航空器的总数。

[②] 数据来源:依据中国民用航空局飞行标准司 2016 年 3 月 8 日发布的《2015 年通用和小型运输运行概况》、2017 年 2 月 22 日发布的《2016 年通用和小型运输运行概况》整理。

[③] 中国民用航空局:《通用航空"十三五"发展规划》,2017 年 2 月发布,第 1 页。

些企业纷纷布局通用航空市场。在上海自贸区成立后，上海国金租赁有限公司以融资租赁方式，向山东通用航空服务有限公司出租了一架由俄罗斯直升机集团卡莫夫制造公司生产的卡–32A11BC 直升机，成为自贸试验区成立后首单成功运作的通用航空器融资租赁业务。[1] 融资租赁产业进入了快速增长的新阶段，截至 2014 年 5 月底，"区内已累计引进 406 家境内外融资租赁母公司和 SPV 项目子公司，累计注册资本超过 286 亿元人民币，运作的租赁资产中，包括 60 架民航客机、3 架直升机"。[2]

再以天津东疆保税港区的航空金融服务为例，随着天津自贸试验区挂牌、"金改 30 条"等政策出台及融资租赁环境持续完善，融资租赁公司大量成立。截至 2016 年 9 月，东疆保税港区已累计注册飞机租赁企业 920 家（含 35 家总部型飞机租赁公司），共完成 754 架飞机租赁业务，约占全国飞机租赁业务 90% 的市场份额，同时，东疆还完成了飞机离岸租赁、飞机联合租赁等 30 余种创新模式。[3] 虽然从数量上来说，通用航空器的租赁在整个民用航空器租赁中占比不高，但至少通用航空器的租赁业务已经开启。正因为市场主体看到了通用航空市场的发展潜力，所以积极谋划布局通用航空市场，如中民国际融资租赁股份有限公司未来 5 年将完成针对通航产业三个重要板块的投资，包括支持建设 100 座正规的通航机场，投资采购 100 架直升机，投资扶持 100 家具备承接空中紧急医疗救援任务能力的医院。[4]

（二）制度建设

我国民用航空业伴随着国民经济的迅速发展而不断发展壮大。但是在这个发展过程中，民用航空的发展并不均衡，即运输航空快速发展并呈现出"一枝独秀"的局面，而通用航空却显得"慢条斯理"。例如，在 2005 年，我国航空运输量已仅次于美国，成为世界第二大航空运输国，但通用航空的发

---

[1] 曲晓丽：《上海自贸试验区：首单通用航空器融资租赁交付完成》，载《国际商报》2014 年 3 月 16 日。又见凤凰网，http：//finance.ifeng.com/a/20140316/11900760_0.shtml，最后访问时间：2016 年 12 月 28 日。
[2] 尹乃潇：《融资租赁概念有望起航》，http：//news.163.com/14/0529/09/9TDE2GRD00014AEE.html，最后访问时间：2017 年 2 月 19 日。
[3] 万红：《全国九成飞机租赁在天津东疆保税港区完成》，载人民网，http：//tj.people.com.cn/n2/2016/0923/c375366-29048484.html，2016 年 9 月 23 日，最后访问时间：2017 年 2 月 19 日。
[4] 《中民租赁布局通用航空 五年欲建设百座机场》，《每日经济新闻》2016 年 5 月 25 日。

展一直比较缓慢。体现在制度层面上，有关通用航空的法律、法规和规章相当稀少（表8-4），基本上形成"122"的格局，即一部法律、两部法规、两部规章。上述法律制度，制定时间较早，为通用航空的初期发展奠定了制度基础。近年来，随着通用航空的发展，通用航空制度建设的步伐明显加快，法规政策纷纷出台（表8-5）。在制度建设上，基本上是沿着三条主线进行：一条是为通用航空的发展进行顶层设计；一条是从全产业链的视角规划通用航空；一条是为通用航空的发展简政放权。

表8-4　1996年—2016年有关通用航空的法律、法规和规章

名称	通过（颁布）部门	施行时间	主要内容
民用航空法	全国人大常委会	1996年3月1日	—
国务院关于通用航空管理的暂行规定[①]	国务院	1986年1月6日	成立通用航空企业的审批条件和程序
通用航空飞行管制条例	国务院、中央军委	2003年5月1日	建立了通用航空飞行活动的审批管理
非经营性通用航空登记管理规定[②]	中国民用航空总局	2004年11月12日	非经营性通用航空的登记管理
通用航空经营许可管理规定[③]	交通运输部	2016年6月1日	通用航空经营许可的条件和程序

注：①国发〔1986〕2号。
②2004年10月12日中国民用航空总局局务会议通过（中国民用航空总局令第130号），2004年10月12日公布，自2004年11月12日起施行。
③2007年2月14日中国民用航空总局发布（中国民用航空总局令第176号）。2016年3月24日交通运输部颁布了修改后的《通用航空经营许可管理规定》，自2016年6月1日起施行。

表8-5　2010—2016年年通用航空重点政策法规

序号	政策法规名称	发布部门	发布时间
1	关于深化我国低空空域管理改革的意见	国务院、中央军委	2010年8月19日
2	国务院关于促进民航业发展的若干意见	国务院	2012年7月8日
3	国务院关于发布政府核准的投资项目目录（2014年本）的通知	国务院	2014年11月18日
4	"十三五"国家战略性新兴产业发展规划	国务院	2016年11月29日

续表

序号	政策法规名称	发布部门	发布时间
5	国务院办公厅关于印发促进民航业发展重点工作分工方案的通知	国务院办公厅	2013年1月14日
6	国务院办公厅关于促进通用航空业发展的指导意见	国务院办公厅	2016年5月13日
7	国务院办公厅关于加快飞机租赁业发展的意见	国务院办公厅	2013年12月20日
8	通用航空飞行任务审批与管理规定	总参谋部、民航局	2013年12月1日
9	通用航空发展专项资金管理暂行办法	民航局、财政部	2012年
10	引进通用航空器管理暂行办法	民航局	2012年12月24日
11	关于加强公务航空管理和保障工作的若干意见	民航局	2013年2月5日
12	通用航空包机飞行（短途运输）经营管理暂行办法	民航局	2015年9月28日
13	民用航空工业中长期发展规划（2013—2020年）	工信部	2013年5月22日

1. 通用航空发展的顶层设计：产业属性的定性和低空空域改革的启动

通用航空制度建设的第一条主线是对通用航空进行顶层设计。这些年来，三部有关通用航空发展的国家级文件先后出台：《关于深化我国低空空域管理改革的意见》（国发〔2010〕25号，以下简称《空域改革意见》）、《国务院关于促进民航业发展的若干意见》（国发〔2012〕24号，以下简称《民航业发展意见》）、《国务院办公厅关于促进通用航空业发展的指导意见》（国办发〔2016〕38号，以下简称《通用航空业发展意见》）。这三大国家级文件对于通用航空发展的重要意义，体现在以下四个方面：

第一，将大力发展通用航空上升到国家政策层面。2012年国务院发布的《民航业发展意见》提出要大力发展通用航空。在巩固农、林航空等传统业务的同时，积极发展应急救援、医疗救助、海洋维权、私人飞行、公务飞行等新兴通用航空服务，加快把通用航空培育成新的经济增长点。加强通用航空基础设施建设，完善通用航空法规标准体系，改进通用航空监管，创造有利于通用航空发展的良好环境。另外,《通用航空业发展意见》又从七个方面就通用航空的发展提出了指导意见。上述两份文件,将通用航空的发展上升到国家政策层面,通用航空成为国家大力倡导发展的产业,这对通用航空的发展将产生深远的影响。

第二,通用航空业被定性为战略性新兴产业。在《民航业发展意见》中,民航业被认为是我国经济社会发展重要的战略产业。《通用航空业发展意见》更进一步指出,通用航空业是以通用航空飞行活动为核心,涵盖通用航空器研发制造、市场运营、综合保障以及延伸服务等全产业链的战略性新兴产业体系,具有产业链条长、服务领域广、带动作用强等特点。不管是"战略产业"还是"战略性新兴产业",标志着通用航空业在国家社会经济发展中的重要地位和重大作用。

第三,统筹通用航空与公共航空运输协调发展。运输航空与通用航空共同组成了民用航空的两翼,通用航空短途运输和通勤业务可以对干、支线航空运输形成有效补充。发展通用航空,有利于推进产业结构优化调整、提升经济发展质量和效益、带动和壮大旅游等相关产业、增强公共服务保障能力、构筑完善的民航运输体系。通用航空是运输航空的补充,为运输航空提供人力和技术支撑。正是基于上述认识,《通用航空业发展意见》提出统筹通用航空与公共航空运输协调发展,目的是实现运输航空与通用航空"两翼齐飞"。

第四,正式启动低空空域管理改革。低空空域的严格管制是制约我国通用航空发展的主要瓶颈之一。《空域改革意见》启动了低空空域管理改革,其不仅提出了改革的总体目标,而且列出了阶段目标,明确分类划设低空空域,按照管制空域、监视空域和报告空域划设低空空域,区分不同模式实行分类管理试点。该份文件提出加快推进深化低空空域管理改革试点,构建低空空域法规标准体系,建立高效便捷安全的运行管理机制,同时也指出了为适应通用航空飞行时效性强的特点,研究在监视、报告空域实行空管部门监督管理和通用航空用户自主运行、自负责任的运行管理模式。《空域改革意见》为低空空域管理改革划定了路线图,制定了时间表。《民航业发展意见》进一步提出加大空域管理改革力度,以充分开发和有效利用空域资源为宗旨,加快改革步伐,营造适应航空运输、通用航空和军事航空和谐发展的空域管理环境,统筹军民航空域需求,加快推进空域管理方式的转变。《通用航空业发展意见》则明确提出扩大低空空域开放，优化飞行服务，提高审批效率。

2. 通用航空全产业链设计：推动通用航空上中下游产业同步发展

通用航空制度建设的第二条主线，是从全产业链的视角，设计规划通用航空的发展，除通用航空运营外，将通用航空器的研发制造、维修、买卖、租赁以及驾驶员培训等一并纳入通用航空的范畴之内，出台了包括航空器研发制造、维修、租赁等一系列政策法规，为通用航空业的全面、整体发展建立了制度基础。

第一，鼓励通用航空器的自主研发和制造。综观近年出台的规章政策，通用航空器的自主研发制造成为规章政策的主要内容之一；积极支持国产民机制造是《民航业发展意见》确定的主要任务之一；鼓励民航业与航空工业形成科研联动机制，加强适航审定和航空器运行评审能力建设，健全适航审定组织体系；积极为大飞机战略服务，鼓励国内支线飞机、通用飞机的研发和应用；引导飞机、发动机和机载设备等国产化，形成与我国民航业发展相适应的国产民航产品制造体系。《通用航空业发展意见》对于通用航空器的研发和制造提出了具体的目标和要求：一是提出了发展目标，即通用航空器研发制造水平和自主化率有较大提升，国产通用航空器在通用航空机队中的比例明显提高；二是要求提升制造水平，构建国家通用航空业研发创新体系，鼓励建立通用航空业创新平台，提高关键技术和部件的自主研发与生产能力，加快提升国产化水平，发展具有自主知识产权、质优价廉的通用航空产品；支持大型水陆两栖飞机、新能源飞机、轻型公务机、民用直升机、多用途固定翼飞机、专业级无人机以及配套发动机、机载系统等研制应用。

此外，《国务院关于印发"十三五"国家战略性新兴产业发展规划的通知》（国发〔2016〕67号）提出，促进通用航空制造与运营服务协调发展。《中国制造2025》（国发〔2015〕28号）、《关于推动交通提质增效提升供给服务能力的实施方案》（发改基础〔2016〕1198号）等政策性文件，重申了通用航空器的自主研发制造。

第二，推动通用航空服务业发展。从产业链角度看，通用航空器维修、通用飞行培训、航空器租赁、通用航空器代管服务等属于通用航空的下游产业。为推动通用航空下游服务业的发展，相关政策持续发力推动。如通用航空器的租赁，《国务院关于印发中国（上海）自由贸易试验区总体方案的通知》(国发〔2013〕38号)允许和支持各类融资租赁公司在试验区内设立项目子公司并开展境内外租赁服务；国务院办公厅于2013年12月20日印发《关于加快飞机租赁业务发展的意见》(国办发〔2013〕108号)，明确了改进购租管理、加大融资力度、完善财税政策、开拓国际市场、加强风险防控、完善配套条件、支持先试先行等七项政策措施；推动健全飞机资产等级、托管、交易、处置等方面法律法规，加快建立和拓展飞机交易市场，鼓励飞机租赁企业开展国产飞机租赁业务，例如在2015年8月26日国务院原总理李克强主持召开国务院常务会议上，确定加快融资租赁和金融租赁行业发展的措施，更好地服务实体经济。会议确定，对融资租赁公司设立子公司不设最低注册资本限制，对船舶、农机、医疗器械、飞机等设备融资租赁简化相关登记许可或进出口手续等。

3. 通用航空领域的简政放权：机场建设和飞行活动的管制改革

通用航空制度建设的第三条主线，是在通用机场的建设和运营上，下放审批权限；在通用航空飞行活动的审批上，取消审批。这一制度上的变革，极大地调动了市场主体参与通用航空的积极性，为通用航空的发展注入了新的活力。

第一，下放通用机场建设的审批权限。在通用机场建设方面，审批权下放、简政放权是一大趋势。《国务院关于发布政府核准的投资项目目录(2014年本)的通知》(国发〔2016〕72号)规定，新建运输机场项目由国务院、中央军委核准，新建通用机场项目、扩建军民合用机场(增建跑道除外)项目由省级政府核准。《通用航空业发展意见》进一步提出完善审核程序：由省级发展改革部门组织编制辖区内通用机场布局规划，征得民航地区管理局、战区空军(空域管理部门)同意，报省级人民政府批准，抄报国家发展改革委、财政部、交通运输部、民航局和中央军委联合参谋部、空军；新建通用机场项目执行现行规定，由省级人民政府按照批准的规划审批(核准)。

第二，取消通用航空飞行任务审批程序。以前，进行通用航空飞行活动，申请和报批是前置程序，得到相关部门的批准才可进行飞行活动；2013年颁布的《通用航空飞行任务审批与管理规定》[①]，则一改之前的做法，明确规定除

[①] 中国人民解放军总参谋部、中国民用航空局2013年11月6日发布，自2013年12月1日起施行。

九种特殊情况外,通用航空飞行任务不需要办理任务申请和审批手续,但在飞行实施前,须按照国家飞行管制规定提出飞行计划申请,并说明任务性质。这一改革举措,进一步便利了通航飞行活动。

(三)争议案件

近年通用航空领域的争议案件(表8-6),正好印证了通用航空业的发展。第一,通用航空领域的争议案件数量呈增长趋势。2010年之前,全国法院审理的通用航空领域的案件比较少,但2010年之后,数量逐渐增加;第二,从案件类型上看,逐渐扩及整个通用航空产业链,从通用航空器及其零配件买卖纠纷,到通用航空运营导致的财产和人身损害,从通用航空器租赁和融资租赁纠纷到航空保险纠纷,从通用航空器代管服务纠纷到通用航空飞行服务纠纷,从飞行培训纠纷到通用航空器维修纠纷,几乎覆盖了整个产业链上的业务;第三,案件呈现出复杂性,这种复杂性体现在两个方面:一是案件涉及多种法律关系,比如一个案件同时涉及航空器代管服务和航空器租赁或融资租赁两种法律关系;二是案件的国际性,要么案件的当事人一方是外国公司或自然人,要么案件在国外履行。第四,案件争议金额较大,少则几十万元人民币,多则几百万甚至上千万元人民币,尤其是在通用航空器的买卖、维修、融资租赁方面。

表8-6 近年通用航空领域典型争议案件

序号	双方当事人	案件类型	审理法院及案号	作出判决(裁定)时间
1	重庆徽帝航空设备有限公司 上海豪海通用航空有限公司	航材买卖	重庆市渝北区人民法院民事判决书(2012)渝北法民初字第14306号	2014年1月14日
2	宁夏翼杨通用航空俱乐部有限公司 西安中联航空科技有限责任公司	航空器买卖	西安市阎良区人民法院民事判决书(2014)阎民初字第00934号	2015年3月23日
3	海南亚太通用航空有限公司 上海豪海通用航空有限公司	航空器融资租赁	上海市普陀区人民法院民事判决书(2014)普民二(商)初字第209号	2014年3月21日

续表

序号	双方当事人	案件类型	审理法院及案号	作出判决（裁定）时间
4	上海华办船舶物资贸易有限公司 上海豪海通用航空有限公司	航空器融资租赁	上海市普陀区人民法院民事判决书（2015）普民五（商）撤初字第1号	2016年4月28日
5	陈某 武汉新民通用航空有限公司	航空器租赁	日照市东港区人民法院民事裁定书（2016）鲁1102民初2071-1号	2016年3月10日
6	广东聚翔通用航空有限责任公司 湖南华星通用航空有限公司	航空器租赁	长沙市中级人民法院民事判决书（2015）长中民二终字第08539号	2016年3月17日
7	庞某亚 天津福莱客航空科技有限公司	航空器租赁	天津市第二中级人民法院民事判决书（2016）津02民终4147号	2016年9月26日
8	中国太平洋保险股份有限公司上海分公司 上海豪海通用航空有限公司	航空保险	上海市第一中级人民法院民事判决书（2013）沪一中民六（商）终字第349号	2014年1月22日
9	中国太平洋财产保险股份有限公司安阳中心支公司 安阳通用航空有限责任公司	航空保险	安阳市中级人民法院民事判决书（2014）安中民一终字第2950号	2015年1月7日
10	中国平安财产保险股份有限公司上海分公司 上海天翼通用航空有限公司	航空保险	上海市浦东新区人民法院民事判决书（2014）浦民六（商）初字第11698号	2015年1月20日
11	华彬亚盛通用航空（北京）有限公司 上海中意通用航空有限公司	航空器代管服务	上海市浦东新区人民法院民事判决书（2015）浦民二（商）初字第831号 上海市第一中级人民法院民事判决书（2015）沪一中民四（商）终字第2283号	一审：2015年9月9日 二审：2016年3月28日

续表

序号	双方当事人	案件类型	审理法院及案号	作出判决（裁定）时间
12	重庆通用航空有限公司 重庆新纽沃德通用航空有限公司	航空器代管服务	重庆市渝北区人民法院民事判决书（2015）渝北法民初字第18884号	2016年8月5日
13	颜某峰 珠海瀚星通用航空有限公司	航空器代管服务	珠海市中级人民法院民事判决书（2016）粤04民终1712号	2016年9月20日
14	北京恒顺意达经贸有限公司 环天通用航空有限公司	飞机模型定做	北京市朝阳区人民法院民事判决书（2014）朝民（商）初字第30818号	2014年11月13日
15	上海东方通用航空有限公司 上海西科斯基飞机有限公司	航空器整机维修	上海市第一中级人民法院民事判决书（2016）沪01民终1471号	2016年4月12日
16	上海西科斯基飞机有限公司 上海东方通用航空有限公司	航空器零配件维修	上海市浦东新区人民法院民事判决书（2016）沪0115民初39170号	2016年8月3日
17	罗某男 西安航空基地金胜通用航空有限公司	飞行培训	西安市阎良区人民法院民事判决书（2013）阎民一初字第00640号	2013年10月28日
18	肖某星 西安航空基地金胜通用航空有限公司	飞行培训	西安市中级人民法院民事判决书（2014）西中民一终字第00017号	2014年7月17日
19	西安斯迈通用航空有限公司 中飞通用航空有限责任公司	飞行服务	西安市阎良区人民法院民事判决书（2016）陕0114民初347号	2016年5月11日
20	云南瑞锋通用航空有限公司 云南驼峰跳伞俱乐部有限公司	跳伞飞行服务	昆明市中级人民法院民事判决书（2016）云01民终1885号	2016年7月21日

二、新出台的法律法规或其他规范性文件

2016 年，国务院、国家发改委、交通运输部、民航局、国家体育总局均有规章或政策性文件出台（表 8-7），在这些规章和政策性文件中，《关于促进通用航空业发展的指导意见》（以下简称《通用航空业发展意见》）和《通用航空经营许可管理规定》对行业发展有重大影响。

表 8-7　2016 年出台的规章和政策性文件

序号	名称	发布部门	发布时间
1	关于促进通用航空业发展的指导意见	国务院办公厅	2016 年 5 月 17 日
2	"十三五"国家战略性新兴产业发展规划	国务院	2016 年 12 月 19 日
3	通用航空经营许可管理规定	交通运输部	2016 年 4 月 7 日
4	关于推动交通提质增效提升供给服务能力的实施方案	国家发改委、交通运输部	2016 年 6 月 6 日
5	关于做好通用航空示范推广有关工作的通知	国家发改委	2016 年 11 月 7 日
6	近期推进通用航空业发展的重点任务	国家发改委	2016 年 11 月 14 日
7	关于进一步深化民航改革工作的意见	民航局	2016 年 5 月 27 日
8	民用无人驾驶航空器系统空中交通管理办法	民航局	2016 年 9 月 21 日
9	关于鼓励社会资本投资建设运营民用机场的意见	民航局	2016 年 11 月 3 日
10	中国民用航空发展第十三个五年规划	民航局	2016 年 12 月 22 日
11	提升通用航空服务能力工作方案	民航局	2016 年 12 月 24 日
12	民用无人机驾驶员管理暂行规定	民航局	2016 年 7 月 11 日
13	空中游览	民航局	2016 年 8 月 17 日
14	热气球运行指南	民航局	2016 年 8 月 24 日
15	航空运动产业发展规划	国家体育总局	2016 年 11 月 8 日

（一）《通用航空业发展意见》

2016 年通用航空领域出台的法律法规和其他规范性文件中，就重要性和对行业的影响而言，莫过于《通用航空业发展意见》。这是新中国成立以

来国务院出台的第一个促进通用航空业发展的政策性文件，明确了未来五年我国通用航空业发展的总体思路和主要任务，是"十三五"时期指导我国通用航空改革和发展的纲领性文件，标志着我国通用航空业进入了新的发展阶段。《通用航空业发展意见》明确了培育通用航空市场、加快通用机场建设、促进产业转型升级、扩大低空空域开放、强化全程安全监管五大任务，确定了我国未来五年通用航空的发展目标，即到2020年，建成500个以上通用机场，基本实现地级以上城市拥有通用机场或兼顾通用航空服务的运输机场，覆盖农产品主产区、主要林区、50%以上的5A级旅游景区。通用航空器达到5 000架以上，年飞行量200万小时以上，培育一批具有市场竞争力的通用航空企业；通用航空器研发制造水平和自主化率有较大提升，国产通用航空器在通用航空机队中的比例明显提高。通用航空业经济规模超过1万亿元，初步形成安全、有序、协调的发展格局。

为贯彻落实《通用航空业发展意见》的重要决策部署，国家发改委于2016年10月11日印发了《近期推进通用航空业发展的重点任务》的通知（发改基础〔2016〕2160号），从培育通用航空市场、加快通用机场建设、促进产业转型升级等五个方面进行了任务分工。民航局出台了《贯彻〈关于促进通用航空业发展的指导意见〉重点任务分工方案》及通用航空工作问题清单。

（二）《通用航空经营许可管理规定》

与修改前的《通用航空经营许可管理规定》相比，修改后的《通用航空经营许可管理规定》主要变化有两个方面：一是降低了准入门槛；二是拓展了通用航空服务领域。

1. 准入门槛的降低

降低了准入条件，主要有：（1）取消通用航空经营许可原有的筹建认可环节，充分简化经营许可程序；企业可根据自身已开展的专业人员配备、航空器购置、机场使用、制度建设、手册编写等工作情况，直接申请通用航空经营许可；（2）降低了企业自有航空器的条件，由要求企业设立时的两架航空器须为完全所有权，调整为购买或租赁方式皆可，以此减轻企业设立时的资金压力，同时支持国内飞机租赁业的发展；（3）降低企业准入条件，取消了购置航空器自有资金额度的要求,方便投资人开展经营项目,更好地满足市场需求;(4)降低了企业设立时对基地机场的要求,允许通用航空企业可以与其使用航空器相适应的"起降场地"作为基地机场。

2. 通用航空服务领域的拓展

《通用航空经营许可管理规定》拓宽了服务范围,这主要表现在三个方面:一是结合市场需求,将原有的甲、乙、丙三类经营项目修改为甲、乙、丙、丁四类,增设丁类项目,把气球、飞艇以及拥有特殊适航证的航空器经营的业务纳入范围;二是合并了一些经营项目,将"公务飞行""出租飞行""通用航空包机飞行"修改为"包机飞行",将"飞机播种""空中施肥""空中喷洒植物生长调节剂""空中除草""防治农林业病虫害""草原灭鼠""防治卫生害虫"统一为"航空喷洒(撒)";三是新增了"电力作业""跳伞飞行""个人娱乐飞行""运动驾驶员执照培训"等经营项目。

三、典型案例

通用航空产业既包括通用航空飞行活动,也包括与通用航空飞行活动具有技术经济关联性的通用航空研发、制造、维修、培训和金融服务等。近年的有关通用航空的案件,将通用航空的这一特点体现得淋漓尽致,除通常的航空器买卖合同纠纷外,航空飞行导致的财产损害、航空器融资租赁、航空保险、航空器托管以及航空培训纠纷——涌现,这些案件有两大特点:第一,案件与通用航空的运行有很大的关联性;第二,通航行业规章成为确定争议双方权利义务、解决争议的重要依据或参考。

(一)航空器租赁合同:租赁期间航空器受损能否依据《保险理赔协议》索赔

广东聚翔通用航空有限责任公司(以下简称聚翔公司)与湖南华星通用航空有限公司(以下简称华星公司)于2014年3月18日签订《飞机租赁协议》,双方就EC120B(注册号B-7156)直升机租赁项目概况、合同价款及付款条件、双方的权利义务、违约责任等进行了约定,并明确:乙方(聚翔公司)负责作业期间的飞机清洗,确保飞机不得有任何损坏。后华星公司将该飞机交付聚翔公司(飞行时间为13小时44分钟)。2014年3月26日下午,聚翔公司操作涉案直升机进行飞行训练，在启动飞机时由于聚翔公司飞行员操作失误，致飞机发动机受损，后经透博梅卡（天津）直升机发动机有限公司更换发动机高压涡轮组件，聚翔公司花费维修费用 931 460.74 元。

2014 年 4 月 6 日，双方签订《广东聚祥（翔）通用航空有限公司飞行事故处理方案》，就事件发生经过、事故的处理意见达成一致并确定：聚翔公司对此次事故负全部责任并承诺负责到底，尽一切力量将飞机恢复至适航状态后交还华星公司，并负责华星公司的全部直接和间接损失。2014 年 5 月 5 日，双方签订《保险理赔协议》，确定：在保证甲方（华星公司）"B-7156"飞机正常作业及该架飞机保险利益不受损失的前提下，在"B-7156"飞机做完首次 300 小时定检后，由甲方牵头、乙方（聚翔公司）协助向保险公司索赔；保险理赔事宜结束后，如甲方收到保险公司支付的理赔费用，在 5 个工作日内，甲方将该理赔费用返还给乙方。原告聚翔公司认为，被告华星公司未依协议启动保险索赔程序，导致聚翔公司垫付的维修费等共计 100 万元不能得到赔付，因此诉诸法院，请求判令华星公司承担 100 万元的维修费用。[1]

一审法院认为，承租人应当妥善保管租赁物，因保管不善造成租赁物毁损、灭失的，应当承担损害赔偿责任。聚翔公司作为承租人，理应妥善保管其所租赁的飞机，现因其自身过错造成作为出租人的华星公司所有的飞机受损而产生的维修花费，不仅是聚翔公司与华星公司的约定义务，更是法定义务。另外，根据华星公司庭后提交的保单（PAAN201343010000000003）显示保险期间为"北京时间 2013 年 9 月 13 日 0 时 0 分起至 2014 年 9 月 12 日 24 时 0 分止"，能够证实 EC120B（注册号 B-7156）直升机发生事故时尚在保险期内。该院认为，原、被告于 2014 年 5 月 5 日签订的《保险理赔协议》系双方真实意思表示，合法有效。从约定内容上看，此协议实为附条件的合同，该合同成就的条件为："在'B-7156'飞机做完首次 300 小时定检后。"原告认为，"首次 300 小时定检"系飞机生产厂家规定的定检时间，亦是被告可以控制的时间；被告认为，因为飞机受损部位系发动机，必须确保飞机适航才能向保险公司申请理赔，根据协议，华星公司的义务仅限于提出索赔申请，并未作出自愿承担损失的承诺。该院认为，原、被告双方均系航空公司，对

---

[1] 湖南省长沙市中级人民法院（2015）长中民二终字第 08539 号民事判决书。

通用航空器的一般运行和飞行规则是熟悉与了解的，对于约定的《保险理赔协议》成就的条件，双方是明确知道具体含义并认可的。经查，截至2015年4月11日，涉案飞机的飞行时间为248小时16分钟，因双方约定向保险公司理赔时间为"做完首次300小时定检后"，故所附条件未成就，被告华星公司的抗辩成立。原告可以在该协议所附条件成就后，再寻合法途径解决。原审判决：驳回广东聚翔通用航空有限责任公司的诉讼请求。判决后，原告不服提起上诉，二审维持原判。

本案是在航空器租赁期间，因承租人操作航空器不当，造成航空器发动机受损，承租人通过与保险公司签订《保险理赔协议》，期望将维修费用由保险公司承担。本案既涉及航空器的租赁、运营、维修，又涉及航空器的保险，涵盖了通用航空的四大项业务，颇具典型意义。

就法院裁判思路而言，法院依据双方签订的《飞机租赁协议》，认定承租人应承担损害赔偿责任。依据《保险理赔协议》，认定该协议属于附条件的合同，因所附条件未成就，所以不能依据合同要求华星公司履行合同义务。但细究起来，本案的《保险理赔协议》所附的条件的成就，具有很大的不确定性。因为双方约定的"在'B-7156'飞机做完首次300小时定检后"，在时间上根本无法确定。在华星公司将直升机交付聚翔公司时，该机的飞行时间仅为13小时44分钟，离300小时还有很大的差距。而要达到300飞行小时，取决于华星公司自己的业务量和向外出租的飞行小时，因此什么时候达到300小时，是个未知数，有可能在达到300小时，已超过了保险合同的保险期间（保单显示保险期间为"北京时间2013年9月13日0时0分起至2014年9月12日24时0分止"），除非华星公司在到期前续保。因此，《保险理赔协议》本身是含糊不清的，说明双方特别是聚翔公司对于"300小时定检"未能正确理解和把握其含义。从纠纷防范角度来说，正因为不确定成就上述条件约定的时间是否在保险公司认可的申请理赔的时间范围内，因此聚翔公司与华星公司均应及时向保险公司办理申请理赔手续。但聚翔公司没有提供证据证明飞机出现事故后，已通过华星公司向保险公司报案，并移交办理索赔事项应当提供的资料，也没有证据证明聚翔公司在起诉前向华星公司提出申请索赔的要求，所以聚翔公司无权要求华星公司赔偿其经济损失。

（二）通用航空器维修合同：航空器的维修费用如何确定

2013年8月30日，上海东方通用航空有限公司（以下简称通用公司）与上海西科斯基飞机有限公司（以下简称西科斯基公司）双方当事人签订《直升机维修委托协议》，约定：鉴于通用公司一架施韦策S-300C直升机（序列号S-1934）遭到损坏，西科斯基公司接受通用公司委托，处理该直升机送到美国修理机构修理事宜，具体为由西科斯基公司与美国修理机构签订英文版本修理协议（原合同协议附件2），通用公司作为第三方在协议上签字盖章确认，由西科斯基公司办理进出口的相关手续，包括国外运输、国外运输保险、国内报关，以及向美国修理机构付款；美国修理机构预计修理费为107 691.19美元，最终修理报价将在直升机运到美国进行深度检查后才能报出，其他费用包括但不限于国外往返运输、运输保险、关税（2%）和增值税（17%）等，关税和增值税在总价（含修理费用，国外运输费用与运输保险）基础上计算，上述各项费用均由通用公司承担，并以发票金额为准（修理费用以国外修理机构提供发票为准，运输费用与运输保险以运输代理公司提供发票为准，关税和增值税以税单为准，其他杂费等以相应发票为准），相关金额参见运输代理报价（原合同协议附件3）；按照协议约定，通用公司应向西科斯基公司支付服务费，修理服务费将按照美国修理机构修理费用20%收取，运输报关代理服务费按国内外往返运输费用及运输保险、关税和增值税及附件3所列举的杂费10%收取。2013年10月21日，通用公司向西科斯基公司支付修理费预付款人民币50万元。从2014年6月至12月，西科斯基公司分六次向美国修理机构汇款共152 405.35美元（合人民币941 081.04元），在汇款申请书上的交易附言中列明为"直升机零件"或"直升机配件款"。合同签订后，通用公司除支付修理费预付款人民币50万元外，其余款项分文未付。西科斯基公司遂向上海市浦东新区人民法院起诉，诉请通用公司付款。[①]

一审法院根据合同约定，判令通用公司支付修理费、服务费等费用。判决后，通用公司不服，向上海市第一中级人民法院提起上诉，称仅凭西科斯基公司提供的6笔汇款凭证就认定修理费为人民币941 081.04元，缺乏事实依据。《直升机维修委托协议》中预计修理费为107 691.19美元，西科斯基公

---

① 上海市第一中级人民法院（2016）沪01民终1471号民事判决书。

司没有向通用公司汇报该项费用增加的情况,也没有证据证明上述汇款款项系用于维修涉案飞机。而且6笔汇款中有2笔是汇给瑞士公司,西科斯基公司没有把需要从瑞士公司购买直升机零件的情况告知通用公司,也无法证明该款项用于购买直升机零件。

二审法院认为,西科斯基公司在原审中提交的6张汇款凭证上均明确记载付款目的系直升机零件或直升机配件款,且该6笔汇款的发生时间与涉案直升机运往美国以及修理后从美国运返上海的时间能够互相吻合,该等证据已经能够达到民事诉讼所要求的高度盖然性的证明标准,通用公司未能举出反证加以推翻,故原审依据该等证据认定修理费的数额并无不当。因此,判决驳回上诉,维持原判。

在我国,通用航空器有相当数量是从国外购买。在通用航空器发生故障需要修理时,限于维修能力不足、零配件短缺,往往需要送往国外原生产厂家或有维修能力的厂家进行修理,由此必然产生维修费用。考察近年通用航空器维修案件,因维修费用产生的纠纷逐渐增多。

不管是法院还是仲裁庭,对于此类案件,其裁判思路均是依据双方合同的约定,以及双方当事人的证据确定维修费用。本案法院的裁判充分体现了这一裁判思路。双方当事人合同约定维修费用以最终发票金额为准,并且原告确实举证证明其向美国修理机构汇款6笔,用于修理被告的直升机。被告提出"没有证据证明上述汇款款项系用于维修涉案飞机"的观点,不能说没有道理,但正如法院所言,被告未能举出反证加以推翻,法院以高度盖然性的证明标准,认定了原告的证据,支持了原告的主张,并无不当。

航空器维修实践中,限于通用航空器生产制造的高度专业性、技术性、复杂性,其维修也非一般厂家所能胜任,通常情况下均需回到原厂或具备一定资质能力的厂家进行维修。因此,对于送修之前的预估费用,只是对于航空器故障的初步推测,真正的故障原因,只能在航空器送达维修厂家进行彻底检查后才能确定,依据故障原因,确定维修方案,包括是否需要更换相关零配件。如需要更换零配件,还需要向有关生产厂家采购。因此,原先的预估维修费用与实际发生的费用相差较大,经常是实际维修费用大大高出预估费用,一旦维修费用超出航空器所有人送修前的预期,航空器所有权人常常以维修质量不合格或其他原因拒绝付款,本案就是典型例证。被告在一审时以维修质量不合格为由拒绝付款，二审时又以原告所汇款项是否用于其航空器修理为由提出抗辩。为了避免因维修费用产生的纠纷，双方当事人除了在合同中约定维修费用以最终维修发票为准外，还应就以下事项进行详细的约定：

第一，航空器维修事务的处理情况。在维修合同中，即便是送国外厂家维修，应对航空器维修事务的处理情况进行约定，比如航空器的维修方案、维修进展、需要采购的航材等等事项，向航空器所有权人进行通报。虽然航空器所有权人对于航空器维修并不在行，但有权了解航空器的维修事务。本案中，被告指出，原告没有将费用增加情况、需从瑞士公司购买直升机零件的情况对其进行告知，致使其处于不知情的状态。我国《合同法》第401条规定："受托人应当按照委托人的要求，报告委托事务的处理情况。委托合同终止时，受托人应当报告委托事务的结果。"根据该条规定，受托人有义务报告委托事务的处理情况，但前提条件是委托人提出要求。因此，如不在合同中约定，受托人无义务报告维修事务。但为了合同顺利履行，受托人应将涉及航空器维修的重大事项如更换关键零配件及时报告委托人。委托人也应在合同履行过程中，关注维修进展，询问维修情况，提出自己的要求。

第二，对于涉及较大金额的零配件购买，应在购买之前与航空器所有权人进行确认。签订维修合同时，无法确切知道故障原因，从而不可能就更换、购买零配件在合同中进行约定。因此，在维修过程中，一旦要对关键零配件或金额较大的零配件进行更换，就需要从市场购买，在购买之前，应向航空器所有权人说明情况，航空器所有权人签字认可，再行购买。这样，使航空器所有权人及时了解航空器维修状况，避免日后航空器所有权人提出"过度维修"或维修费用过高其不知情的质疑，抑或购买的航材是否用于其航空器的怀疑。航空器所有权人依据维修费用，确定是否继续维修，因为如果维修费用过高，超出航空器的残值，航空器所有权人也可能会放弃维修。

总之，航空器维修是一件费钱费时的事情，维修费用高，维修时间长，特别是送国外维修，时间更长，费用更高。在送修之前，航空器所有权人对于维修费用一定要有心理准备和预期，对相关事项在合同中详细约定，在合同履行过程中也应关注维修进展，做到心中有数，不能放任不管，事后算账。

(三)航空保险合同：通用航空器发生全损后如何理赔

2012年9月16日，中国太平洋财产保险股份有限公司安阳中心支公司（以下简称保险公司）与安阳通用航空有限责任公司（以下简称通航公司）签订航空器综合保险单，载明："保险期限自2012年9月17日0时起至2013年9月16日24时止；承保航空器类型为R-22；航空器用途为飞行训练、培训、航测、航拍、飞机播种病虫害防治、比赛表演广告；飞行地理范围，中国境内，不含香港、澳门；免赔额，涉及对航空器机身损失或损坏：机身保额的5%／每架航空器、每次事件，当一次事件损失涉及一个以上免赔额时，应以最高免赔额作为由该事件引起的所有损失的累计免赔额；第三者责任损失：无，乘客法定责任：无；投保的险种：机身一切险，总承保金额2 600 000元，费率2.1%，保费54 600元，第三者责任险，总承保金额400 000元，费率0.4%，保费1 600元……第四部分，A适用于整个保单的除外责任，（1）非法用途……（2）地域限制，除非由不可抗力所致，当航空器超出保单明细表第5项所述的飞行地理范围时；（3）飞行员……（4）航空器运输……（5）起降区域，除非由不可抗力所致，当航空器在不符合制造商建议或规定的场地起飞、降落或试图起飞、降落时；（6）合同责任……（7）乘客数量……（8）赔偿分摊……（9）战争、劫持和其他风险……"

2013年8月30日，通航公司R22／B-7014号直升机在安阳机场执行培训任务时，在距安阳机场北（340度）约7.5千米处撞击距地面5.1米高的光缆和钢索后在农田坠地，飞机未起火，机上人员无伤亡，未对地面人员造成损害，构成一起通用航空一般飞行事故。2013年9月17日，安阳卓诚轻型航空器维修工程有限公司"关于直升机B-7014损伤情况的鉴定报告"载明："……四、调查鉴定结论，鉴于直升机损伤情况较为严重，经工程评估，结论如下：1.机体无修复价值，2.发动机无修复价值，3.旋翼无修复价值。五、措施与建议：按报废处理。"

通航公司遂诉诸法院，请求法院判决保险公司按照承保金额赔偿，但保险公司认为应该按照航空器实际价值赔偿。[1]

原审法院认为，通航公司与保险公司签订的航空器综合险保单，系双

---

[1] 河南省安阳市中级人民法院（2014）安中民一终字第2950号民事判决书。

方当事人的真实意思表示，且不违反法律法规的强制性规定，属于合法有效的合同，双方均应按照合同约定履行各自的权利义务。因 R22/B-7014 号直升机在 2013 年 8 月 30 日 15 时 45 分左右的飞行事故中撞击距地面 5.1 米高的光缆和钢索后在农田坠地，经鉴定，直升机损伤情况较为严重，经工程评估，按报废处理，根据飞行事故调查报告，该事故属于保险公司保险责任范围内，因通航公司与保险公司在航空器综合险保单中约定机身一切险总承保金额 2 600 000 元，通航公司也按照该承保金额向保险公司缴纳了保费，现在该航空器已报废，保险公司应当依合同约定给予赔付，通航公司要求保险公司赔偿机身一切险 2 470 000 元，予以支持。保险公司辩称 R22/B-7014 号航空器购买金额为 1 810 080 元，该飞机于 2010 年 9 月 8 日大修，大修后飞行时间 1 739.01 小时，剩余寿命 460.99 小时，剩余大修价值占比为 20.954%。R22 飞机一次大修费用为 1 800 000 元，所以翻修费用与飞机原价值相当，以一次翻修费用作为重置价值，飞机剩余价值为 37.717 2 万元（1 800 000 元 × 20.954%），故原告通航公司要求赔偿的数额计算有误。此答辩意见认为飞机剩余价值为 37.71 720 000 元，缺乏事实和法律依据，不予采信。依照我国《合同法》第 8 条、第 44 条、第 107 条，我国《保险法》第 12 条、第 13 条、第 14 条，《中华人民共和国民事诉讼法》第 64 条、第 142 条的规定，判决：（1）被告中国太平洋财产保险股份有限公司安阳中心支公司于本判决生效后十日内赔偿原告安阳通用航空有限责任公司保险金共计 2 470 000 元；（2）驳回原告安阳通用航空有限责任公司的其他诉讼请求。一审判决后被告不服，提起上诉，二审驳回上诉，维持原判。

航空保险合同纠纷，较为常见的是有关保险合同的效力问题、保险费的支付问题等，本案的特殊性在于，在航空器发生全损后，保险公司是按照保险合同承保金额赔偿还是按照航空器全损前的实际价值赔偿？

从法院判决来看，法院完全依据合同约定。双方在合同中约定 R22/B-7014 号航空器"机身一切险，总承保金额 2 600 000 元、费率 2.1%、保费 54 600 元；免赔额，涉及对航空器机身损失或损坏：机身保额的 5%／每架航空器、每次事件"。法院正是基于双方上述合同约定，判决保险公司按照双方保险合同的约定承担保险责任。

实际上，该航空器于 1997 年 5 月 29 日由安阳航校运动学校航空服务部向中仪明达进出口公司付款 1 810 080 元购得，系 R22/B-7014 号直升机当时的购买价，现要求保险公司赔偿 2 470 000 元，对于保险公司而言，实属太高，但双方在签订保险合同时，投保的险种为机身一切险，总承保金额 2 600 000 元，现无从得知这 2 600 000 元是如何得来的，如果在保险合同中明确承保金额，一旦发生飞行事故，按照保险合同的约定赔付是毫无疑问的。因此，对于保险人，在承保之前必须综合考虑承保的航空器类型、该航空器已有的飞行时间、质量状况，以及通用航空公司的运行情况，以确定最终的承保金额。因为我国目前的通用航空器类型多样，且用途不同，有国产的，有进口的，有组装的，有的已经飞行几百甚至几千小时，有的尚未用于飞行。保险公司在承保时对于这些因素均应予以考虑，然后再决定是否承保以及承保金额。

四、热点问题

在通用航空飞行活动中，"无证"飞行是一个比较突出的问题。"无证"飞行引起的安全问题，已成为社会大众关注的热点问题。同时，在航空器代管服务中，相关法律问题也引起了业界内外的广泛关注和讨论。下面就这两方面的问题做一初步介绍。

（一）关于通用航空的"无证"飞行问题

通用航空飞行活动中，"无证"飞行已不是个别现象，"无证"飞行的后果往往是机毁人亡。2015 年 5 月 3 日，河南乔治海茵茨飞机制造有限公司、北京乔海航空设备有限公司、CHENWEI 使用北京乔海航空设备有限公司自行组装、所有的两人座轻型运动飞机在安徽省淮北市进行飞行活动。当日 12 时 17 分左右，该飞机发生撞地坠毁事故，造成机上人员赵某宇和 JASONREID 两人死亡。经民航华东地区管理局查明，该飞机无适航证、国籍登记证和民用航空电台执照等证照，且此次飞行未向军、民航空管理部门申报，是一起非法飞行的通用航空一般飞行事故。该案的特殊情况：河南乔治海茵茨飞机制造有限公司、北京乔海航空设备有限公司、CHENWEI 在明知其不具备型号认可证和生产许可证，未取得经营许可，不具备从事航空活动资格，且飞行活动未向军、民航空管部门申报，没有申请空域，且该飞机未取得适航证、国籍登记证和民用航空器电台执照等证照，不具备适航状态的情况下，由CHENWEI指令，河南乔治海茵茨飞机制造有限公司、北京乔海航空设备有限公司组织实施并使用该飞机进行非法飞行，造成飞行事故。[①]

根据我国《民用航空法》和《适航管理条例》，在进行通用航空飞行活动之前，应取得航空器适航证、国籍登记证和民用航空电台执照。航空器适航证是适航当局对航空器制造符合性的批准，其作用在于确认每架航空器都是按照批准的设计和经批准的质量体系制造的。这"三证"的取得，标志着航空器处于适航状态，具备了飞行活动的条件，可以从事飞行活动。取得"三证"，是从事通用航空飞行活动的法定要求，也是通用航空飞行活动的安全保障。解决这一问题的关键，是从事通用航空飞行活动的主体，必须树立安全观念和法治意识，不管通用航空器是从国外进口的整机还是进口的零配件组装而成，抑或是国内生产的通用航空器，在飞行之前，必须取得"三证"，唯其如此，飞行活动才有保证，否则发生事故是必然的。

（二）不具备航空器代管人资质对合同效力和合同履行的影响

航空器代管人，"是指为航空器所有权人代管航空器，按照与所有权人之间签订的多年有效的项目协议为所有权人提供航空器的运行管理服务，经局方审定取得局方颁发的运行规范的法人单位"[②]。按照该定义，航空器代管人要为所有权人提供航空器的运行管理服务，但提供这一服务的前提是经民航局审定并取得民航局颁发的运行规范。

航空器代管服务，"是指航空器代管人按照本章中的适用要求向所有权人提供的管理及航空专业服务，该种服务工作至少包括航空器运行安全指导材料的建立和修订工作，以及针对以下各项所提供的服务：（1）代管航空器及机组人员的排班；（2）代管航空器的维修；（3）为所有权人或代管人所使用的机组人员提供训练；（4）建立和保持记录；（5）制定和使用运行手册和维修手册"[③]。按照《一般运行和飞行规则》K章分类，航空器代管业务分为两

---

① 北京市第三中级人民法院（2016）京03民辖终882号民事裁定书。
② 参见《一般运行和飞行规则》K章第91.903条（a）。《一般运行和飞行规则》（中国民用航空总局令第118号，CCAR-91-R2）于2007年8月30日由中国民用航空总局局务会议通过，2007年9月10日公布，自2007年11月22日起施行。
③ 参见《一般运行和飞行规则》K章第91.903条（h）。

种：一种是小型航空器代管，主要用于作业飞行；另一种是大型航空器代管业务，主要用于私用远途飞行。目前，我国从事航空器代管业务的公司有27家，其中从事小型航空器代管业务的有7家，从事大型航空器代管业务的有20家。[1]

从上述对于航空器代管人和代管服务的定义和内容可以看出，航空器代管服务不是一般意义上的管理服务，而是非常专业的航空运营服务，是要为航空器的安全飞行提供保障，涉及极强的专业性和技术性，正因为如此，必须经过民航政府主管部门的审定，只有审定合格的才予以颁发运行规范，可以从事航空器代管服务。"航空器代管人必须经局方按照本章审定合格并获得局方颁发的航空器代管人运行规范，方可使用由其代管的航空器在中华人民共和国境内实施私用飞行。"[2]根据以上规定，从事航空器代管服务，必须具备航空器代管人资质，这是前提条件。具有航空器代管人资质，表明企业具备履行航空器代管服务的能力，反之，则说明企业不具备合同履行能力。不具备航空器代管人资质，虽然不影响航空器代管服务合同的效力，但却会影响合同的履行。通用航空实践中，有些通用航空企业不具备通用航空器代管人资质，却从事航空器代管服务。对此，法院的观点是，从事航空器代管服务必须取得航空器代管人资质[3]。如不具备代管人资质，则一方可诉请法院解除航空器代管服务合同。

综上所述，如不是《一般运行和飞行规则》中所界定的航空器代管人，则不能提供航空器代管服务。一旦涉诉，法院将会认为不具有合同履行能力，或无能力履行合同义务。近年来，通用航空公司纷纷发展航空器代管业务，行业规章规定要从事航空器代管业务，必须经民航局审定合格并取得民航局颁发的运行规范，这已成为航空器代管人从事航空器代管业务的前提条件。因此，对于意欲从事航空器代管业务的通用航空公司，应按照《一般运行和飞行规则》规定的条件和程序，向民航局提出申请，取得运行规范。对于航空器的所有权人，在联系通用航空公司进行航空器代管服务时，应在签订合

---

[1] 参见中国民用航空局飞行标准司2016年3月8日发布的《2015年通用和小型运输运行概况》。
[2] 参见《一般运行和飞行规则》K章第91.901条（a）。
[3] 上海市浦东新区人民法院（2015）浦民二（商）初字第831号民事判决书，上海市第一中级人民法院（2015）沪一中民四（商）终字第2283号民事判决书。

同之前首先进行资质调查，查询相关的通用航空公司是否具备代管资质，如不具备航空器代管资质，以及日后也不可能获得该资质，则应寻找新的合作对象，以免产生纠纷。

五、总结与展望

过去的五年，在通用航空领域发生了诸多前所未有的变化。从"战略性产业"到"战略性新兴产业"，通用航空在国家经济发展中的地位日益明确和清晰。从最初局限于通用航空飞行活动到从整个产业链角度定义通用航空，通用航空的范围大大拓展，体现的是认识和观念上的改变，其客观效果是促进通用航空的协调、整体、同步发展。从重管理到"放管结合，以放为主"，表明了通用航空监管政策的重大转向。

政策法规的引导、鼓励、支持，使得沉睡多年的通用航空业，焕发出勃勃生机。无论是通用航空器的制造，还是通用航空飞行，抑或是通用航空服务业，均以全新的姿态积极前进，以崭新的形象呈现在我们面前。随着通用航空业的快速成长，通用航空领域的争议也日渐增多，遍及通用航空业的方方面面。但是，制约通用航空业发展的相关因素依然存在：低空空域改革政策落地缓慢、通用机场数量不足、服务保障设施不配套、通航飞机制造和引进受限、人员资质门槛要求过高，这些制约因素导致通航发展经营成本居高不下，经营活动结构性失调，市场需求得不到有效满足。在此背景下，简政放权、分类分级管理将成为通用航空业未来改革的方向。具体来说，有以下三方面[1]：

第一，继续创新通用航空发展政策。降低经营性通航企业许可审定门槛，简化非经营性通用航空登记管理；降低通用航空器引进门槛；拓展通用航空服务领域，全面推进交通通勤等8项试点工作；制定无人机和运动类航空器经营许可管理办法。

第二，创造通用航空发展环境。编制通用机场管理规定，对通用机场实施分类分级管理。完善通用机场标准建设，推进水上机场建设标准编制；加快通航基础设施建设，鼓励企业和个人投资建立通用机场；鼓励支线机场增

---

[1] 参见中国民航局《2017年民航工作八大主要任务》，载中国民航局网，http://www.caac.gov.cn/ZTZL/RDZT/2017GZH/201612/t20161223_41322.html，最后访问时间：2017年1月6日。

设通用航空设施、开展通航业务；规范通航业务使用机场服务收费项目和标准；推进建立空域使用与飞行申请负面清单制度；研究建立应急救助飞行审批绿色通道；推进目视飞行航图编制工作。

第三，改进通用航空管理模式。推进分类分级管理，探索通用航空发展新路径；改进通用航空监管模式，坚持"放管结合"，重点解决好"放"的问题。

制度的创新和逐渐落地，必将激发社会各界投资参与通用航空的热情，我国的通用航空将迎来一个新的发展阶段。"冬天来了，春天还会远吗？"

商事仲裁作为争议解决的方式之一，必将在通用航空领域发挥其独有的优势，为通用航空业的发展保驾护航。

后　记

　　本书是对我航空法研究成果的一个梳理和汇集。部分论文发表时间较早，部分是最近这两三年发表的。较早的论文中，有些数据还是当年的数据，未作改动，一是可以让读者看到当时的真实情况，二是与现在做一对比，可看出我国在民用航空法实践中的相关法律法规的发展变化，故原貌保留。另外，虽然部分论文发表时间较早，但讨论的问题在今天仍然是航空立法和司法需要研究并解决的重要问题。《中华人民共和国民用航空法》的修订至今尚在进行中[①]，《中华人民共和国航空法》的制定也已提上议事日程，十四届全国人大常委会已将其列入"需要抓紧工作、条件成熟时提请审议的法律草案"，[②] 而2014年失联的马来西亚航空公司MH370航班旅客家属损害赔偿案，在等待了九年之后，终于在2023年年底迎来了法院的开庭审理。[③] 对这些航空立法或司法案件，书中论文均有分析论述，提出的观点或结论，时至今日并没有过时，仍然具有现实意义。

　　航空法研究，虽从国际航空法条约开始，但最后落脚点是国内，最终目的是服务于国内航空法治建设。如本书第一章的四篇论文，前两篇是关于

[①] 2023年10月8日，司法部办公厅向民航有关单位发出了《〈中华人民共和国民用航空法（修订草案征求意见稿）〉征求意见的函》（司办函[2023]1311号），主要是向航空公司等单位征求意见。

[②] 《十四届全国人大常委会立法规划》，载全国人大网，2023年9月8日，http://www.npc.gov.cn/npc/c2/c30834/202309/t20230908_431613.html，最后访问时间：2023年12月10日。

[③] 《马航MH370乘客家属索赔案今天开庭审理》，共有40多名乘客的家属提起了诉讼，案件将于2023年11月27日至12月6日在北京朝阳法院分别开庭审理。见央视新闻，2023年11月27日，https://news.cctv.com/2023/11/27/ARTI0ZJFyntGapQS3U4WNZ5F231127.shtml，最后访问时间：2023年12月10日。

《华沙公约》《蒙特利尔公约》的研究，其中第一篇是关于公约适用问题的研究，提出了不同于一般条约适用的观点，对于我国条约适用理论有所突破和创新，对于我国司法实践更具指导意义。第二和第三篇论文，对于我国法院审理MH370案件具有一定的参考价值。第四篇从维护国家主权、安全及发展利益的角度，提出了完善我国航空法的建议措施。

如果说本书的研究还有一点意义或价值的话，那就是不仅有理论上的探索，而且所提出的观点或建议多年后在航空政策或航空立法上有所体现。如第七章关于通用航空的研究，对于空域资源，提出以国家立法明确空域的管理与使用，具体建议如下："由全国人大制定一部空域方面的基本法——《空域管理法》。《空域管理法》应整合《民用航空法》《飞行基本规则》中有关空域的内容，兼顾国防和民航发展，从空域管理体制、运行机制、管理主体、权限范围等方面作一全面规定，厘清相关各方权限、职责等。"该论文写于2013年，而在十年后的今天，有关部门发布了《中华人民共和国空域管理条例（征求意见稿）》。[①] 该意见稿的起草说明指出，"制定《条例》是从国家立法层面加强和规范空域管理"，主要明确立法目的、适用范围，阐述空域权属、空域管理机构、空域管理原则等问题。[②]

北京大学苏力教授曾提出"苏力之问"——"什么是你的贡献？"说实话，尽管本书涉及中国航空法治建设中的一些重要理论和实务问题，但也不是尽善尽美，还有进一步探讨和完善的必要。即便如此，有比没有强，起码为他人研究提供了指引或一个批判的靶子，并且书中的文章，基本上是基于航空法治实践中出现的问题而进行的研究，用时下的话来说是问题导向，在某种意义上也可以说是捕捉了时代的命题。1999年《蒙特利尔公约》的研究是如此，欧盟261条例的研究也不例外。欧盟261条例由我最先翻译并上传到网络，现在网上流传的中文版本还是我当年翻译的版本，只不过文本中已不见原翻译者的姓名。因此，研究国际航空法条约、欧美的航空立法及司法

---

① 《关于征求〈中华人民共和国空域管理条例（征求意见稿）〉意见的通知》，载中国民航局网，http://www.caac.gov.cn/HDJL/YJZJ/202311/t20231108_221957.html，最后访问时间：2023年12月10日。

② 《中华人民共和国空域管理条例（征求意见稿）起草说明》，载中国民航局网，http://www.caac.gov.cn/HDJL/YJZJ/202311/P020231108392097874016.pdf，最后访问时间：2023年12月10日。

实践，并与中国的航空实践相结合，为中国航空立法、司法实践以及交通强国建设提供参考借鉴，也算是一点贡献吧。

《中华人民共和国民用航空法》自1996年施行以来，已有二十多年，中国航空业也今非昔比，第三架C919已于近日交付中国东方航空公司。[①] 在中国航空业阔步前进的时候，航空法研究也应紧跟时代步伐，中国航空法也需要现代化。在2023年11月18日举办的第七届航空法治论坛上，我将论坛主题确定为"面向世界和未来的中国航空法治现代化路径"，就是希望在两个面向（世界和未来）的前提下，探讨中国航空法治现代化的实现路径。毕竟，我们处于百年未有之大变局下，航空的国际性，需要我国在航空法治领域做出变革和回应，而这应该是我们这代航空法学人的使命和责任！

本书的出版得益于北外法学院的资助，在此深表谢忱！北外法学院创造良好学术氛围，鼓励并坚定支持学术研究，在涉外法治人才培养和法学研究上取得了骄人的成绩。在这样一个温暖的集体中，任教治学写作，无比舒心。另外，还要感谢张起淮先生，本书第八章通用航空争议解决年度观察，是受北京仲裁委员会邀请，与张起淮先生合作撰写，现经先生授权，一并收入本书。中国政法大学张彤教授、宋连斌教授在论文写作中不吝赐教，获益良多，在此亦表感谢！知识产权出版社张荣女士，认真审校书稿，仔细编辑，在章节安排上更是提出了建设性意见，其专业素养与敬业精神，令人敬佩！

此刻，窗外的雪花时隐时现，2023年北京的第二场雪已逐渐接近尾声，虽然天气预报说是暴雪，但在市区也没感到雪下得有多大。2023年是不同寻常的一年，期待即将到来的2024年更加美好！

董念清

2023年12月15日于北京

[①] 《东航接收第三架C919》，载新华网，2023年12月9日，http://www.xinhuanet.com/2023-12/09/c_1130017250.htm，最后访问时间：2023年12月10日。